ZHONGGUO XIANGCUN ZHEN
ZHIKU BAOGAO
（2021）
XIANGCUN ZHENXING QIANYAN WENTI YANJIU

中国乡村振兴智库报告（2021）

乡村振兴前沿问题研究

国家乡村振兴局中国扶贫发展中心
中国农业大学国家乡村振兴研究院 编

中国农业出版社
北 京

本书编写委员会

编 委 会 主 任：

  黄承伟 林万龙

编委会副主任：

  曾佑志 罗朝立

编 委 会 成 员：

  李 慧 马俊茹 刘 一

  印 超 萧子扬 罗 猛

项 目 专 家 组

组长：林万龙　中国农业大学副校长、中国农业大学国家乡村振兴研究院副院长、经济管理学院教授

成员：左　停　中国农业大学国家乡村振兴研究院副院长、人文与发展学院教授

蓝红星　四川农业大学管理学院副院长、教授，四川省农村发展研究中心主任

任金政　中国农业大学经济管理学院副院长、教授

李谷成　华中农业大学经济管理学院院长、教授

赵晓峰　西北农林科技大学人文社会发展学院院长、教授

许　朗　南京农业大学经济管理学院教授

赵鸭桥　云南农业大学经济管理学院院长、教授

潘伟光　浙江农林大学浙江省乡村振兴研究院执行院长、教授

武　晋　中国农业大学人文与发展学院副院长、教授

于乐荣　中国农业大学人文与发展学院副教授

前　言

FOREWORD

　　民族要复兴，乡村必振兴。实施乡村振兴战略，是党的十九大作出的重大决策部署，是新时代"三农"工作的总抓手，是实现中华民族伟大复兴的一项重大任务，围绕立足新发展阶段、贯彻新发展理念、构建新发展格局，必须适应新形势新要求，走中国特色社会主义乡村振兴道路。

　　党的十八大以来，在以习近平同志为核心的党中央坚强领导下，我们始终坚持把解决好"三农"问题作为全党工作重中之重，持续加大强农惠农富农政策力度，扎实推进农业现代化和新农村建设，全面深化农村改革，农业农村发展取得了历史性成就，为党和国家事业全面开创新局面提供了重要支撑。

　　为贯彻落实习近平总书记重要讲话精神和党中央、国务院关于巩固拓展脱贫攻坚成果、全面推进乡村振兴的决策部署，推动社会各界对乡村振兴前沿问题的关注和研究，经国家乡村振兴局批准，中国扶贫发展中心通过严格程序选定中国农业大学为合作方，联合开展"《中国乡村振兴智库报告（2021）》——乡村振兴前沿问题研究"。由中国农业大学联合西北农林科技大学、南京农业大学、华中农业大学、四川农业大学、浙江农林大学、云南农业大学6所院校有关专家协同研究，形成了系列专题报告，并于近期通过结项评审。

　　该报告研究站在脱贫攻坚转向乡村振兴的历史节点，基于中华民族伟大复兴与百年未有之大变局的战略高度分析研究了 11 个方面的重大战略问题。包括：从脱贫攻坚到乡村振兴、预防返贫监测预警与干预帮扶体系、易地扶贫搬迁后续帮扶模式、扶贫资产管理长效机制、产业融合助推乡村产业兴旺、乡村建设行动、城乡融合的基本公共服务、脱贫攻坚与乡村振兴衔接的金融支持、少数民族地区乡村治理现代化、浙江推进乡村振兴实践、乡村振兴国际经验及启示。

　　报告成果得到国家乡村振兴局党组主要负责同志的肯定性批示。现将研究成果编辑成册，供参考。

本书编写委员会

2021 年 10 月

目 录

CONTENTS

前言

导　　论

全面建设社会主义现代化国家，实现中华民族伟大复兴，最艰巨最繁重的任务依然在农村，最广泛最深厚的基础依然在农村。解决好发展不平衡不充分问题，重点难点在"三农"，迫切需要补齐农业农村短板弱项，推动城乡协调发展；构建新发展格局，潜力后劲在"三农"，迫切需要扩大农村需求，畅通城乡经济循环；应对国内外各种风险挑战，基础支撑在"三农"，迫切需要稳住农业基本盘，守好"三农"基础。

以习近平同志为核心的党中央高度重视"三农"工作，在 2021 年"中央 1 号"文件、全国脱贫攻坚总结表彰大会等文件和会议中明确强调，新发展阶段"三农"工作依然极端重要，须臾不可放松，务必抓紧抓实，要坚持把解决好"三农"问题作为全党工作重中之重，把全面推进乡村振兴作为实现中华民族伟大复兴的一项重大任务，举全党全社会之力加快农业农村现代化，让广大农民过上更加美好的生活。

随着全面小康社会的建成和"十四五"开局起步，系统梳理党中央和国务院有关巩固拓展脱贫攻坚成果、全面推进乡村振兴工作决策部署及政策措施，结合"两会"代表委员的相关建议提案、各地实践探索、理论研究热点问题以及主流媒体相关报道等，确定若干最前沿的乡村振兴理论问题，深入分析每个问题的出现背景、研究意义、解决措施及成效，对仍存在的问题分析其作用机理，提出解决对策或相关建议，可以为实现巩固拓展脱贫攻坚成果同乡村振兴有效衔接的阶段目标提供政策参考，具有重要的参考价值和现实意义。

经国家乡村振兴局批准，在中国扶贫发展中心组织和指导下，中国农业大学国家乡村振兴研究院牵头承担《中国乡村振兴智库报告》组稿和统筹工作。《中国乡村振兴智库报告》主要内容包括："从脱贫攻坚到乡村振兴""预防返贫监测预警与干预帮扶体系的构建""易地扶贫搬迁后续帮扶模式""扶贫资产管理助力巩固拓展脱贫攻坚成果的长效机制研究""产业融合助推乡村产业兴旺""实施乡村建设行动""城乡融合的基本公共服务""脱贫攻坚与乡村振兴衔接的金融支持""中国少数民族地区乡村治理现代化""浙江高质量推进乡村振兴的实践经验与启示""乡村振兴的国际经验及启示"等 11 个专题。对于上述专题的选择和确定主要是基于以下三大方面的考虑：

第一，聚焦过渡期（专题 1 至专题 4）

在过渡期，迫切需要从理论上阐述清楚脱贫攻坚和乡村振兴两大战略之间的政策契合度、实践衔接度。为此，报告选择了预防返贫监测预警干预体系的构建、易地扶贫搬迁后续扶持政策的实施和扶贫项目资产后续管理问题。通过总结分析所取得的经验和所形成的政策体系、人才、公共服务、基础设施、治理结构资源等，研究如何依托乡村振兴战略，补牢产业发展基础，改善基本公共服务，提高治理能力，巩固拓展脱贫攻坚成果，并实现与乡村振兴的有效衔接。

专题 1"从脱贫攻坚到乡村振兴"归纳了脱贫攻坚所取得的伟大成就，分析阐述了乡村振兴的重要意义，并从实践逻辑层面剖析了由脱贫攻坚向乡村振兴顺利过渡的底线任务、衔接内容和融合要点。

专题 2"预防返贫监测预警与干预帮扶体系的构建"明确提出，建立返贫预警机制和干预帮扶体系是巩固脱贫攻坚成果工作的基本内容，因而需要健全完善防止返贫的预警和帮扶机制，对涉及"三保障"的重点风险问题提出有关预案，实现及时预警、核实和帮扶。

专题 3"易地扶贫搬迁后续帮扶模式研究"基于对全国易地扶贫搬迁点的深入调研、访谈，重点对易地扶贫搬迁后续帮扶模式的典型做法、经验与问题进行了总结。

专题 4"扶贫资产管理助力巩固拓展脱贫攻坚成果的长效机制研究"强调，现阶段，我国已经形成了相对完善的扶贫资产管理制度体系，但扶贫资产管理的政策体系还有待进一步完善和落实、扶贫资产管理助力脱贫质量巩固与拓展的长效机制仍有待持续贯彻。

第二，兼顾未来（专题 5 至专题 9）

政策研究应有一定的前瞻性。不仅要研究过渡期如果巩固拓展脱贫攻坚成果，还应为全面推进乡村振兴提供政策储备。为此，报告选择了产业融合和产业发展问题，乡村建设行动、城乡融合的基本公共服务、金融支持乡村振兴问题和民族地区的乡村治理问题进行研究。

专题5"产业融合助推乡村产业兴旺：内在逻辑、现实困境与实现路径"通过构建科学的指标体系，实证评估了当前农村产业融合发展的现状，系统研究了产业融合推动乡村产业兴旺的内在逻辑、现实困境和实现路径。

专题6"实施乡村建设行动，助力乡村全面振兴"提出，应当从优化生产生活生态空间、持续改善村容村貌和建设美丽宜居乡村等维度着眼，具体从推动村庄规划建设、县域城乡融合发展、农村基本公共服务建设、农村环境建设和农村人才体制机制改革五个方面入手来开展乡村建设行动。

专题7"城乡融合的基本公共服务"强调，城乡融合发展的基本公共服务机制建设是全面推进乡村振兴的重要路径。必须健全城乡融合发展的体制机制，推进基本公共服务更普惠均等可及，完善城乡一体的社会保障制度，形成一种城乡融合、适度下沉的基本公共服务网络。

专题8"脱贫攻坚与乡村振兴衔接的金融支持政策研究"通过梳理脱贫攻坚同乡村振兴衔接相关金融支持政策，基于不同金融机构类别划分，归纳梳理了政策性银行金融机构、大型商业银行金融机构、农业保险及资本市场、中小型银行和其他社会资本机构六类金融机构相关措施。

专题9"中国少数民族地区乡村治理现代化研究"指出，少数民族地区乡村治理的现代化不仅是乡村振兴的重要内容，而且关乎国家统一、民族团结、乡村发展和各民族的幸福，需要在强调国家认同、民族认同、文化认同和道路认同的基础上，努力实现全国各族人民经济发展、社会融入和文化融合的乡村治理现代化目标。

第三，借鉴国内外经验（专题10至专题11）

以已经实现现代化的主要发达国家为例，总结这些国家实现乡村现代化的路径和经验，将有助于把握我国乡村振兴的路径以及可能出现的问题。我国沿海发达省份如浙江等，已经在乡村振兴发展方面开展了极为有益的探索。研究展示这些国内外的经验做法，可为我国乡村振兴特别是中西部地区未来的发展提供借鉴。

专题10"浙江高质量推进乡村振兴的实践经验与启示"通过从农村现代化、农业现代化、农民现代化、城乡融合化四个视角对浙江高质量推进乡村振兴的实践成效、经验特点和启示进行了梳理总结。

专题 11 "乡村振兴的国际经验及启示"强调，从现代化视角梳理主要发达国家（英国、美国、德国、日本、韩国）在现代化进程中处理工业和农业、城市和乡村关系问题的经验，对我国全面实施乡村振兴战略具有借鉴意义。同时明确，任何超越目前发展阶段而实施的政策措施都是超前的、不切实际的，唯有立足国情，顺应发展阶段的基本规律，稳妥有序地推进乡村振兴才是适合中国的乡村振兴之路。

专题 1　从脱贫攻坚到乡村振兴

林万龙　程鹏飞

本专题归纳了脱贫攻坚所取得的伟大成就，站在脱贫攻坚转向乡村振兴的历史节点，基于中华民族伟大复兴与百年未有之大变局的战略高度分析阐述乡村振兴的重要意义，将确保两个底线（确保国家粮食安全、防止规模性返贫），做好两个衔接（小农户与现代农业的有机衔接、巩固拓展脱贫成果同乡村振兴有效衔接），促进两个融合（一二三产融合、县域内城乡融合）作为全面实施乡村振兴的关键点，并从实践逻辑层面剖析由脱贫攻坚向乡村振兴顺利过渡的底线任务、衔接内容和融合要点。结合当前工作实际，提出要准确把握"规模性返贫"和"巩固拓展衔接"的政策内涵，为实现巩固拓展脱贫攻坚成果同乡村振兴有效衔接的阶段性目标提供政策参考。

在全党全国全社会的共同努力下，我国已如期完成了脱贫攻坚的既定目标。2021 年 2 月 25 日，习近平总书记在全国脱贫攻坚总结表彰大会上庄严宣告，我国脱贫攻坚战取得了全面胜利，现行标准下 9 899 万农村贫困人口全面脱贫，832 个贫困县全部摘帽，12.8 万贫困村全部出列，区域性整体贫困得到解决，完成了消除绝对贫困的艰巨任务。2021 年 7 月 1 日，在庆祝中国共产党成立 100 周年大会上，习近平总书记代表党和人民再次庄严宣告，经过全党全国各族人民持续奋斗，我们实现了第一个百年奋斗目标，在中华大地上全面建成了小康社会，历史性地解决了绝对贫困问题，正在意气风发向着全面建成社会主义现代化强国的第二个百年奋斗目标迈进。

乡村振兴是为了实现第二个百年目标，开启全面建设社会主义现代化国家新征程的重大战略举措。2020年中央农村工作会议上，习近平总书记强调：脱贫攻坚取得胜利后，要全面推进乡村振兴，这是"三农"工作重心的历史性转移。从二者关系来看，脱贫攻坚为实施乡村振兴战略奠定坚实基础，而乡村振兴则是全面脱贫成果的巩固和深化。民族要复兴，乡村必振兴。从脱贫攻坚转入乡村振兴，是实现民族复兴的一项重大举措。

一、脱贫攻坚伟大成就为全面实施乡村振兴战略奠定了坚实基础

党的十八大以来，以习近平同志为核心的党中央把扶贫工作摆到治国理政的突出位置，将脱贫攻坚纳入"五位一体"总体布局和"四个全面"战略布局，把贫困人口全部脱贫作为全面建成小康社会和实现第一个百年奋斗目标的底线任务。在实践中我国采取超常规举措，以前所未有的力度推进脱贫攻坚，并如期实现了现行标准下贫困人口全部脱贫，创造了我国减贫史上的伟大奇迹，也为全球减贫事业贡献了中国智慧和中国方案。脱贫攻坚历史性地解决了农村绝对贫困问题，其重要意义在于贫困地区的生产生活条件的提升、经济社会面貌的改善以及乡村治理体系的完善，更重要的是脱贫攻坚弥补了农村发展的突出短板，为全面实施乡村振兴战略奠定了坚实的基础（黄承伟，2021）。

（一）如期实现贫困人口全部脱贫补齐了乡村振兴最大的短板

改革开放以来，我国成功解决了几亿农村贫困人口的温饱问题，但是依然存在部分人群难以摆脱贫困，贫困问题依然是经济社会发展中最突出的"短板"。截至2015年底，我国共有5 630万农村建档立卡贫困人口，主要分布在832个国家扶贫开发工作重点县、集中连片特困地区和12.8万个建档立卡贫困村。这些贫困人口贫困程度更深、减贫成本更高、脱贫难度更大。经过5年的奋战，我国如期实现了贫困人口全部脱贫、贫困村全部出列、贫困县全部摘帽，区域性整体贫困基本解决，贫困地区和贫困群众同全国一道进入全面小康社会，为实施乡村振兴战略奠定了良好基础（图1）。

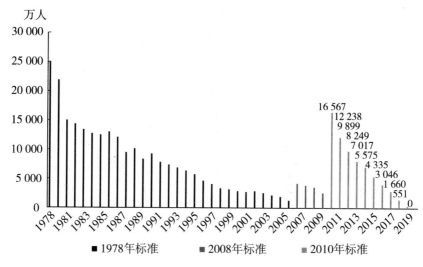

图 1　贫困标准与贫困人口数量

数据来源：作者根据相关资料整理。

（二）脱贫地区经济社会面貌巨变为乡村振兴战略的全面实施打下了扎实的物质基础

脱贫攻坚战打响之后，贫困地区农村居民的收入实现快速增长，增速高于同期全国农村居民的收入增速。2016—2020 年，贫困地区农村居民人均可支配收入从 8 452 元增长到 12 588 元，年均名义增速达 10.5%，比同期全国农村居民人均可支配收入名义增速高 2%。其中，2020 年尽管存在新冠肺炎疫情、南方洪涝灾害等不利因素的影响，贫困地区农村居民可支配收入名义增速依然达到了 8.8%，而同期全国农村居民收入的名义增长为 6.9%（图 2）。建档立卡户人均可支配收入增长更快，2015—2019 年，建档立卡户人均可支配收入从 3 416 元增加到 9 808 元，年均增速达 30.2%；工资性和经营性收入占比从 77.5% 上升到 80%，转移性收入占比从 20.5% 下降到 16.9%，财产性收入占比从 2% 上升到 3.1%。

家庭耐用消费品拥有量的变动情况更能客观体现贫困群众不断攀升的消费水平。脱贫攻坚以来，贫困地区居民实现了家庭耐用消费品的从无到有再到升级换代，汽车、洗衣机、电冰箱、移动电话、计算机等现代耐用消费品拥有数显著增加（表 1）。洗衣机和电冰箱基本成为家庭必备品，

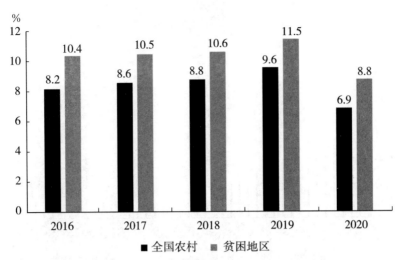

图 2 贫困地区与全国农村居民收入名义增速的比较

数据来源：国家统计局，2016—2020 年历年国民经济和社会发展统计公报。

移动电话基本成为劳动力的必备品。耐用消费品的增加，不仅使贫困农户从繁重的家庭劳动中解脱出来去从事更多的生产经营活动，而且对外信息交流的接入设施设备条件明显改善，有助于缩小脱贫户和一般农户之间的信息鸿沟。

表 1 贫困地区农户耐用消费品拥有量改善情况

年份	汽车 （辆/百户）	洗衣机 （台/百户）	电冰箱 （台/百户）	移动电话 （部/百户）	计算机 （台/百户）
2015	8.3	75.6	67.9	208.9	13.2
2016	11.1	80.7	75.3	225.1	15.1
2017	13.1	83.5	78.9	234.6	16.8
2018	19.9	86.9	87.1	257.8	17.1
2019	20.2	90.6	92.0	267.6	17.7

数据来源：《2020 中国农村贫困监测报告》《2015 中国农村贫困监测报告》。

（三）乡村治理体系不断完善为乡村振兴的实施提供了宝贵的治理经验

为了确保脱贫攻坚的顺利实施，我国建立健全了责任、政策、投入、治理、监督考核五大体系，形成了脱贫攻坚和持续减贫的制度保障。一是构建了责任清晰、各负其责、合力攻坚的责任体系。"中央统筹、省负总责、市县抓落实"的工作机制不断强化，同时形成东西部扶贫协作、定点扶贫以及社会各界合力攻坚的机制。二是形成了强力支撑的政策体系。中共中央办公厅、国务院办公厅和国务院扶贫开发领导小组办公室制定配套文件 19 个，中央和国家机关各部门出台政策文件或实施方案，形成政策的强大合力，各地也不断完善脱贫攻坚系列文件。三是完善了脱贫攻坚投入体系。坚持政府投入的主体和主导作用，仅中央财政专项扶贫资金投入就从 2013 年的 379.48 亿元增加到 2020 年的 1 461 亿元；2016 年至 2020 年 6 月底，全国 832 个贫困县累计整合相关涉农资金约 1.5 万亿元。与此同时，引导金融资本和社会资金积极参与扶贫开发。四是全面构建脱贫攻坚基层治理体系。全国派出 25.5 万个驻村工作队、累计选派 290 多万名县级以上党政机关和国有企事业单位干部到贫困村和软弱涣散村担任第一书记或驻村干部。贫困地区基层干部通过开展贫困识别、精准帮扶，本领明显提高，基层组织得到加强，党在农村的执政基础得到巩固。五是脱贫攻坚的监督体系和考核体系不断规范并得到严格执行。

必须强调的是，上述治理体系的不断健全不仅为脱贫攻坚提供了组织体系的支持与保障，也在实践中极大改善了贫困地区的干群关系，提升了贫困群众的精神风貌和内生发展动力，为全面实施乡村振兴战略提供了宝贵经验。

二、从"两个大局"高度认识乡村振兴战略重大意义

在十九大报告中，习近平总书记首次提出要实施乡村振兴战略。2018 年中央 1 号文件将实施乡村振兴定位为新时代"三农"工作总抓手。而在如期实现第一个百年目标后，2021 年中央 1 号文件进一步将乡村振兴提升到与民族复兴相关联的战略高度，指出："民族要复兴、乡村必振兴"，并明确提出"全面建设社会主义现代化国家，实现中华民族伟大复兴最艰巨最繁重的任务依然在农村、最广泛最深厚的基础依然在农村。"

2019 年 5 月，习近平总书记在江西考察时指出："领导干部要胸怀两

个大局，一个是中华民族伟大复兴的战略全局，一个是世界百年未有之大变局，这是我们谋划工作的基本出发点"。党的十九届五中全会深入分析了当前和今后一个时期我国发展环境面临的深刻复杂变化，提出要"统筹中华民族伟大复兴战略全局和世界百年未有之大变局"。"两个大局"是党和国家领导人统筹国内国际发展态势做出的战略判断，因此乡村振兴战略的重大意义也必须站在"两个大局"的高度来深刻认识。

（一）立足中华民族伟大复兴战略全局认识乡村振兴战略的重大意义

从民族复兴大局考量乡村振兴的重要意义，必须清醒地认识以下基本事实。

1. 我国将始终存在大量人口居住在乡村

改革开放以来，伴随工业化的推动，我国城镇化进程也逐步提升，1996 年我国城镇化水平由 1978 年的 18％上升至 30％。而后我国城镇化进程开始加速，截至 2020 年末我国常住人口的城镇化率已超过 60％。目前中国城镇化中期阶段行将结束，城镇化的增速将逐步放缓。据林毅夫（2013）、徐匡迪（2013）、魏后凯（2013）等研究预测，我国未来城镇化率将维持在 70％～80％，到 2050 年我国的城镇化水平有可能接近天花板。当前我国农村常住人口数量约为 5.89 亿，未来我国仍将有3 亿～4.5 亿的人口生活在农村地区，相当于甚至超过美国全国的人口规模。

2. 尽管贫困地区面貌发生巨大变化，但城乡发展差距依然明显

脱贫攻坚解决了绝对贫困问题，提升了落后群众的收入水平，带动了乡村经济建设，提升了农村地区的基础设施和公共服务，但目前我国城乡之间的发展差异依然明显。以人类发展指数（HDI）指标来衡量，整体而言，在过去的 40 年中，城乡 HDI 的相对差距从 1978 年的 1.48 减小到2017 年的 1.26，但差距仍然明显：中国城镇在 1988 年便已步入"中等"人类发展组别，于 2007 年步入"高"人类发展组别，而农村在 2007 年才步入"中等"人类发展组别，至今未步入"高"人类发展组别（图 3）。总体来说，以 HDI 来衡量，乡村发展落后城镇 20 年以上（林万龙、陈蔡春子，2021）。

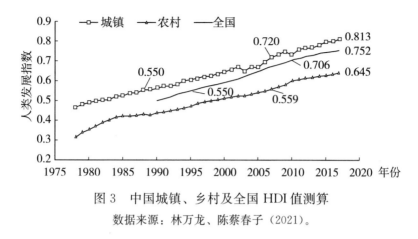

图 3 中国城镇、乡村及全国 HDI 值测算

数据来源：林万龙、陈蔡春子（2021）。

3. 实现共同富裕依然任重道远

目前来看，实现共同富裕道阻且长。从城乡收入差距来看，1985 年，城镇居民的人均纯收入为农村居民的 1.9 倍，此后逐年拉大，2009 年达到了 3.3 倍；此后年份差距有所缩小，但仍接近 2.6 倍，仅相当于 1992 年的差距水平。从农村内部来说，如果将人均可支配收入按人口五等分分组，那么，2001 年最低收入组的人均可支配收入大约为最高收入组的 14.8%，2019 年则下降到了 11.8%；最低收入组人均可支配收入占农村居民平均的人均可支配收入的比重，2001 年为 34.0%，2019 年则下降到了 26.6%；脱贫攻坚期内低收入群体相较于高收入群体和平均收入水平的收入差距几乎没有缩小（图 4）。

以上分析表明，未来如此庞大的人口居住在乡村，如果城乡发展差距、收入差异不缩小，农村低收入群体与其他群体之间的收入差距不缩小，那么，就很难说乡村得到了振兴，也很难说中华民族实现了复兴。

（二）立足百年未有之大变局认识乡村振兴的重大意义

2017 年 12 月，习近平总书记在接见回国参加驻外使节工作会议的使节时发表重要讲话指出："放眼世界，我们面对的是百年未有之大变局"。此后在国内国际多个重要场合讲话时，他都反复提出"百年未有之大变局"问题（徐光春，2021）。这也是习近平总书记坚持并运用历史唯物主义和辩证唯物主义的立场、观点、方法，深刻分析当前国内外发展大势所得出的一个重大科学论断。

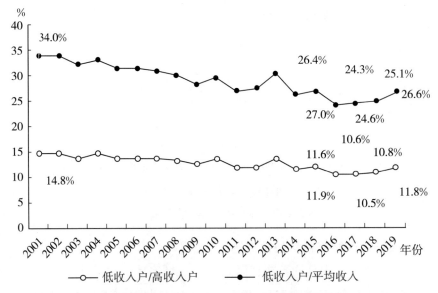

图 4　农村居民人均可支配收入五等分不同收入组的收入差距

资料来源：作者根据历年《中国统计年鉴》数据计算。

百年未有之大变局的一大标志是中国的崛起。1978 年，中国经济总量占美国的比率为 6.3%，占全球经济总量的比例为 1.8%。历经 40 余年的改革开放，我国经济体量已不可同日而语。刚刚过去的 2020 年，中国经济体量占全球的比例已超过 17%，而中国占美国的比例更是达到 70%（图 5）。中国共产党建党一百年后的今天，正处于实现中华民族伟大复兴战略全局和百年未有之大变局的交汇期，百年大变局对中国的影响极为广泛、深刻、重大。中华民族现在比历史上任何时期都接近中华民族复兴的目标，但也面临着更为复杂的国际形势、外部压力和尖锐斗争。全面推进乡村振兴既是补齐我国经济发展短板、夯实发展基础的要求，更是应对疫情侵袭、全球化挑战的关键战略措施，也更加彰显出乡村振兴的压舱石作用。

1. 百年大变局下必须稳住农业的基本盘

应对百年未有之大变局带来的不确定性，需要增强风险意识，牢牢把握发展的主导权，确保国家安全。对我国这样一个拥有 14 亿人口的大国来说，粮食安全是国家安全的重要基础，确保粮食安全始终是治国理政的头等大事。我国用占世界 7% 的耕地生产了全球 21% 的谷物、25% 的肉

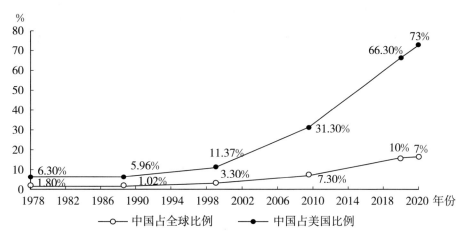

图 5 1978—2018 年中国经济总量变化

资料来源：作者根据相关数据计算。

类、30% 的水果、养活了世界 22% 的人口，是非常了不起的成就。但同时也应清醒地认识到，我国粮食消费量的增长仍快于产量的提高，粮食生产和消费长期处于"紧平衡"状态，耕地保护的压力仍然很大，"谁来种地"的问题并未得到根本性解决，种质资源卡脖子问题突出，粮食安全问题仍然有很大的隐忧。对于坚持总体国家安全观，加强国家安全体系和能力建设而言，实施粮食安全战略也是题中应有之义。因此，百年未有之大变局下中华民族的伟大复兴必须要有强大的农业作为支撑，农业产业和粮食产业的振兴，既是乡村产业振兴的重要内容，也是百年未有之大变局下确保国家安全的需要。

2. 激发农村地区的巨大消费潜力是实现国内大循环的重要保障

应对百年未有之大变局，必须加快形成"以国内大循环为主体、国内国际双循环相互促进"的新发展格局。激发农村地区的巨大消费潜力是实现国内大循环的重要保障。根据程国强（2020）研究发现，目前乡村消费品零售额只有 6 万多亿元，占整个社会消费品零售总额（41 万亿元）的比重不足 15%。经济学的基本原理揭示：收入相对较低的群体，其边际消费倾向较高。因此，提升低收入群体的收入水平，可以显著提升总体消费水平。事实上，测算数据显示，近年来，我国农村居民家庭边际消费倾向确实显著高于城镇居民家庭（图 6）。因此，在国内大循环中的背景下，扩大内需的重要市场在农村。实施乡村振兴战略，提升农村居民收入水平，可以显著扩大农村消费市场，促进形成以国内循环为主的"双循环"发展格局，应对百年未有之大变局带来的风险挑战。

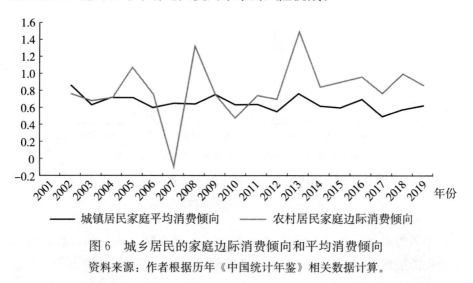

图6　城乡居民的家庭边际消费倾向和平均消费倾向

资料来源：作者根据历年《中国统计年鉴》相关数据计算。

（三）全面实施乡村振兴战略要抓好两个"底线"、促进两个"融合"、做好两个"衔接"

1. 抓好两个"底线"

一是确保国家粮食安全底线。百年未有之大变局背景下，确保国家粮食安全意义更为重大。全面实施乡村振兴战略，不仅不能削弱，而且必须强化国家粮食安全。保障粮食安全，重点要夯实"藏粮于地、藏粮于技"的物质基础。其中，"藏粮于地"的核心是耕地，要守住18亿亩*耕地红线，提高高标准农田建设标准和质量。"藏粮于技"的核心是种子，要加强种质资源保护利用和优良品种选育推广，开展农业关键核心技术攻关。

二是防止规模性返贫底线。目前，脱贫地区和脱贫人口的内生动力和自我发展能力亟待进一步提升，部分农村人口仍然存在返贫致贫风险。防止规模性返贫既是巩固拓展脱贫攻坚成果的基本要求，也是全面实施乡村振兴战略的底线性要求。

---

　　* 亩为非法定计量单位，1 亩≈667 平方米，下同。

2. 促进两个"融合"

一是一二三产融合发展。这既是构建现代农业产业体系、加快转变农业发展方式、促进农业现代化发展的必然要求，也是拓宽农业增收渠道、解决好小农户与现代农业有机衔接的重要抓手。

二是城乡融合发展。乡村产业发展离不开城市和乡村产业布局的合理调配，促进大城市、中型城市、小城市、县域、乡域的多层次产业发展布局，可以使产业、劳动力、人口的空间布局更加合理。实现共同富裕、实现更高质量的发展，一定要加快完善城乡一体化的基础设施和公共服务体系建设。要加快促进县域内城乡融合发展，实现县乡村功能衔接互补。

3. 做好两个"衔接"

一是小农户与现代农业发展有机衔接。我国特定的人口、资源禀赋决定了，在未来相当长的时期内，户均几十亩耕地的小农户经营仍将是我国未来农地经营的常态。正是基于此，中央一再强调，要促进小农户生产和现代农业发展有机衔接。在这一中国特色农业现代化发展道路中，社会化服务体系建设具有重大意义，是小农户背景下实现农业规模经济的重要手段。

二是巩固拓展脱贫攻坚成果同乡村振兴有效衔接。脱贫地区巩固脱贫成果是衔接乡村振兴的基础。中央已经决定，2020 年脱贫攻坚目标任务完成后，设立 5 年过渡期。在"十四五"时期实现了有效衔接之后，巩固拓展脱贫成果的体制和政策体系将逐步转化过渡为实施乡村振兴的体制和政策体系。

三、巩固拓展脱贫攻坚成果同乡村振兴有效衔接是未来五年中西部脱贫地区乡村振兴的重点工作

十九届五中全会公报和 2021 年中央 1 号文件均重点强调：要"实现巩固拓展脱贫攻坚成果同乡村振兴有效衔接"。2021 年 3 月发布的《中共中央国务院关于实现巩固拓展脱贫攻坚成果同乡村振兴有效衔接的意见》（以下简称"意见"）指出，脱贫攻坚目标任务完成后，设立 5 年过渡期。"意见"指出，在过渡期，脱贫地区要根据形势变化，厘清工作思路，做

好过渡期内领导体制、工作体系、发展规划、政策举措、考核机制等有效衔接，从解决建档立卡贫困人口"两不愁三保障"为重点转向实现乡村产业兴旺、生态宜居、乡风文明、治理有效、生活富裕，从集中资源支持脱贫攻坚转向巩固拓展脱贫攻坚成果和全面推进乡村振兴。也就是说，未来五年，中西部脱贫地区乡村振兴的重点工作是实现巩固拓展脱贫攻坚成果同乡村振兴有效衔接；五年过渡期结束后，脱贫地区就应该跟其他地区一样，将工作任务调整为全面推进乡村振兴了。

为此，未来 5 年中西部脱贫地区乡村振兴的工作任务主要是：

（一）巩固拓展脱贫成果

我国脱贫攻坚战取得了圆满胜利，但也应清醒地认识到，目前脱贫地区和脱贫人口的发展基础仍然较为薄弱，脱贫人口的内生动力和自我发展能力亟待进一步提升，中西部部分地区的农村人口仍然存在返贫致贫风险。对中西部部分脱贫县近 2 万个农户的调研数据显示（林万龙，2020），2019 年，人均纯收入最高的 25％脱贫户的人均纯收入已达 19 259 元，比全国农村居民人均可支配收入还高 20％；但人均纯收入收入最低的 5％和 10％脱贫户的人均纯收入则分别只有 3 737 元和 4 402 元，也就刚刚达到或超过当年的收入贫困标准（图 7）。对收入最高的 25％脱贫户来说，政策性收入占纯收入的比重为 15.1％；而对于收入最低的 5％和 10％脱贫户，政策性收入的比重则分别高达 43.9％和 38.6％。也就是说，如果没

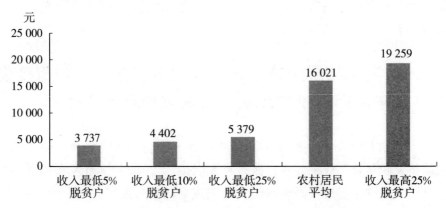

图 7 2019 年不同对象人均可支配收入比较

数据来源：作者根据脱贫摘帽抽查相关数据计算。

有政策性收入，对高收入脱贫户而言，收入水平仍可达到全国农村居民平均水平，不影响脱贫；但对于处于最低收入水平的脱贫户来说，则极有可能返贫。调研数据还显示，一部分非贫困户的收入状况不如脱贫户。由此可见，对于相当部分脱贫农户和而言，收入仍然偏低，且自我发展能力偏弱，存在较大的返贫风险；一部分非贫困户也存在致贫风险。

因此，在过渡期，必须高度重视巩固脱贫成果问题，防止规模性返贫。这也是全面实施乡村振兴战略的底线要求。为此，迫切需要尽快建设防止返贫监测大数据平台，加强相关部门、单位数据共享和对接，将脱贫不稳定户、边缘易致贫户以及因病因灾因意外事故等刚性支出较大或收入大幅缩减导致基本生活出现严重困难户作为重点监测对象，建立健全防止返贫监测预警和帮扶机制，坚持动态监测和及时干预帮扶相结合，早发现、早干预、早帮扶，防止规模性返贫。

（二）优化调整政策设计

可以预期，2020 年后，中国的乡村振兴和农村扶贫工作将面对三个群体：生活水平略高于绝对贫困标准且有较大返贫风险的兜底保障人群，生活水平显著高于绝对贫困标准、但低于相对贫困标准且返贫风险相对较小的（非兜底保障）相对贫困人群（以下简称"低收入户"）和一般农户。

从全国来看，2018 年，低保和特困人口在全国农村人口中占比 7.05%。如果未来将 10% 的最贫困人群纳入兜底保障范畴，那么，低限贫困标准所覆盖的另外的 15% 左右的人群，可作为低收入人群加以扶持。由此，全国三类农村人群比例大致为：10% 的兜底保障人群、15% 的低收入人群以及 75% 的一般农户。

由于兜底保障人群和低收入人群在致贫原因、贫困程度等方面均有很大差异，脱贫攻坚期搞"政策叠加"的做法在 2020 年后并不可取。另外，应缩小贫困群体和非贫困群体的福利差距，以利于扶贫政策融入到乡村振兴战略。具体来说：

一是对于兜底保障低收入户，应强化社会福利政策支持，增强该人群对这些政策的"可得性"。应进一步提高低保标准和特困补助，加大对兜底保障户在医疗、教育、住房、养老等公共服务领域的扶持政策力度，加大对兜底保障户的无条件现金支付政策力度。

　　二是对于非兜底保障低收入户，应强化经济发展政策支持，增强该人群对这些政策的"可及性"。对这部分低收入户，应改变脱贫攻坚期大量给予直接补贴的做法，增加市场支持，变政策的自动"可得"为主动的政策"可及"，即加大对扶持对象自主发展或参与产业活动的政策支持力度，将政策由单纯的"精准到人"转向"精准到人"与"精准到业"相结合，使相对贫困户更多地从普惠政策中受益。

　　三是对脱贫攻坚期制定的贫困户和非贫困户"非此即彼"的扶持政策应加以改进，以缩小低收入农户和一般农户的福利差距。应充分注意部分低收入农户，特别是非兜底保障低收入农户具有一定的收入水平和支付能力等特点，适当考虑成本—收益对等原则，提高政策效率和政策可持续性，平滑低收入农户和一般农户的福利差距。以脱贫攻坚期贡献巨大的医疗报销扶贫政策为例，我们通过调研和测算发现（林万龙、刘竹君，2021），在脱贫攻坚期贫困人口获得的医保报销是非贫困人口的 2 倍甚至 3 倍以上。脱贫攻坚期结束后，将现行的贫困人口医疗保障政策简单"复制"推广到非贫困人口，会给地方财政带来较大的压力，不具有可行性。可以考虑在分类识别保障对象的基础上，实施调整保费补贴政策、调整医疗报销政策和调整医疗保障基金账户结构三项措施，对脱贫攻坚期超常规的医疗保障扶贫政策进行调整，变医疗保障福利的"悬崖效应"为"缓坡效应"，将脱贫攻坚期的医疗保障扶贫政策逐步过渡融入乡村振兴战略。

（三）强化政策效果的可持续性

　　脱贫攻坚期间，确保现行贫困标准下所有贫困人口全部脱贫的任务重、时间紧，部分扶贫政策注重效果的即期性，可以理解。在新的历史时期，新的帮扶政策应更加强调政策效果的可持续性。具体来说，应实现以下几个转变：

　　一是由"重建轻管"向"建管兼顾"转变。脱贫攻坚期形成的一些扶贫固定资产，如安全饮水、乡村道路等，随着使用年限的增长，管护压力会逐步加大。2020 年后，帮扶建设的基础设施应更加注重完善管护机制，确保设施投资效益的长效性。

　　二是由城乡分割向城乡融合转变。为顺应城乡融合的发展趋势，部分帮扶政策应从城乡融合的视角出发加以完善。对帮扶群体的帮扶不能仅局限于农业、农村视角，还应更加注重从政策的城乡统筹和产业的融合发展等方面对帮扶政策加以完善和拓展。

三是由政府手段为主向政府—市场相结合转变。新的帮扶政策应更加注重调动金融资金、社会资本等各方面的资源，更好地发挥财政资金的杠杆效应，使扶贫手段由以政府手段为主向政府手段和市场机制相结合方向转变。

（四）衔接工作体制

一是领导体制和工作体系的衔接。中央统筹、省负总责、市县乡抓落实、五级书记等工作制度已被脱贫攻坚实践证明是当前促进我国农村落后地区经济社会发展的行之有效的工作体系和领导机制，未来五年要逐步将扶贫系统全面转化为乡村振兴系统，同时对于第一书记、驻村工作队、对口帮扶、东西部协作等工作机制要做到有机衔接。

二是规划、项目和考核机制衔接。应将实现巩固拓展脱贫攻坚成果同乡村振兴有效衔接的重大举措纳入"十四五"规划，将脱贫地区巩固拓展脱贫攻坚成果和乡村振兴重大工程项目纳入"十四五"相关规划，进入后脱贫时代应继续开展后评估等考核评估行动。

三是政策体系的有机衔接。对于脱贫攻坚期内有助于提升落后地区个人发展能力的财政投入政策、金融服务政策、健康帮扶政策等应当在未来五年进行平稳过渡，对于"十四五"期间能够巩固拓展脱贫成果的政策体系，逐步转化成为实施乡村振兴的重要体制体系。

综上，在脱贫攻坚如期完成的背景下，当前农村工作已进入全面推进乡村振兴的新阶段。站在全新的历史起点，需要更加准确地领会中央政策精神，更加全面地关注人类未来的发展道路。而在"十四五"这个重要的过渡期内若能顺利实现巩固拓展脱贫攻坚成果同乡村振兴有效衔接，既有助于构建长效的防贫减贫机制，又有利于促进农业农村现代化。因此要准确把握"巩固""拓展""衔接"的内涵，在实践中统筹收入、教育、养老、医疗等工作，注重扶持政策向中西部欠发达地区倾斜，立足两个全局、两个循环，进一步激发落后地区和落后群体的活力，从而全面推动乡村振兴、加快社会主义现代化进程。

四、准确把握"规模性返贫"和"巩固拓展衔接"的政策内涵

（一）准确把握"规模性返贫"的政策内涵

习近平总书记多次强调，要坚决守住防止规模性返贫的底线。在五年过渡期，防止出现规模性返贫是巩固拓展脱贫成果同乡村振兴有效衔接的首要任务和目标。为此，迫切需要尽快建立防止返贫监测大数据平台，建立健全防止返贫监测预警和帮扶机制，坚持动态监测和及时干预帮扶相结合，做到早发现、早干预、早帮扶。

2021年5月，我们对甘肃某脱贫县进行了实地调研。应该说，该县高度重视巩固脱贫成果、防止规模性返贫问题。早在2021年1月，该县就按照"怎么脱贫就怎么巩固"的工作思路，初步探索建立了一套行之有效的防止返贫监测和帮扶机制，定期摸排，开展针对性帮扶，持续巩固拓展脱贫攻坚成果。抽样调查的300余名脱贫户和防止返贫监测户"两不愁三保障"和饮水安全持续巩固，收入来源总体稳定，没有发现返贫和致贫。

但是，从该县的情况来看，自2019年确定纳入防止返贫监测系统的农户名单后，至今未做任何调整。对因灾出现返贫风险的脱贫户，只开展帮扶不纳入监测；对一些存在返贫风险的农户，也只进行预警不纳入监测。2020年以来，该县排查识别出存在一定返贫风险的预警户数量是监测户数量的1.3倍。虽然该县设立了预警户台账，对这些预警户进行了监测和帮扶，但不纳入监测系统，存在监测和帮扶的"盲点"。

究其原因，在于一些干部对"规模性返贫"存在的不解和顾虑。在跟县乡村各级干部座谈中，大家普遍咨询和感到困惑的一个问题是，什么是规模性返贫？返贫人数或比例达到多少就算是规模性返贫？基层同志普遍希望有一个量化的标准，认为这样工作有依据、好操作。由于没有这么一个标准，普遍的心态是对应纳尽纳存在顾虑，一定程度存在控制监测规模的现象，以规避可能的规模性返贫问责。

由此来看，为了有效开展工作，把工作做实做细，切实降低返贫风险，必须对"规模性返贫"的政策内涵加以准确把握和阐释。

首先必须明确，不宜制定一个规模性返贫的量化标准。因为无论制定一个多高的防止规模性返贫量化标准，都会使相关工作处于进退两难的境地。具体来说：

一是，脱贫攻坚期后不应该再出现原贫困标准下的贫困人口。脱贫攻坚期我们党的一个庄严承诺就是要实现现行贫困标准下贫困人口全部脱贫。我们党践行并实现了这一庄严承诺。在脱贫攻坚期结束、全面实施乡村振兴战略并迈向第二个百年奋斗目标的进程中，自然没有理由削弱脱贫攻坚期所取得的伟大成果，出现再次贫困现象。

二是，在实践操作中，任何量化的规模性返贫标准都是不合适的。脱贫攻坚期贫困县摘帽的关键性指标之一是贫困发生率低于 2%（西部地区）或 3%（中部地区）。无论以 2% 或 3% 来界定规模性返贫，都意味着工作回到了起点，且这一标准下将再次出现大量贫困人口，这是绝对不可接受的；即便采用任何一个与之相比更严格的标准即更低的返贫率，那么也都意味着，只要把返贫人口比例控制在这一比率之下，就实现了防止规模性返贫的目标。这显然与巩固脱贫成果的工作目标不相符合，也不是一种对人民负责任的工作态度。

那么，应如何正确理解"规模性返贫"？在现实中，总会有各种原因导致少量人口暂时处于收入锐减、支出锐增或住房安全、义务教育、基本医疗缺乏保障的状况。防止规模性返贫并不是要求绝对不能出现这种状况，这既不客观，也不现实。应从工作要求的角度去理解防止规模性返贫。所谓防止规模性返贫，更多是指对人民群众、对巩固脱贫成果高度负责任的工作态度、工作作风和工作举措。具体来说，防止规模性返贫的工作要求应包括以下四个"到位"。

责任落实到位。各级党委和政府要落实落细巩固脱贫成果主体责任、行业部门责任、帮扶责任和监管责任等责任。

政策设计到位。对于政策未调整的，要确保政策不加以调整时不会引致返贫；进行了政策调整的，要确保新的政策设计不会给脆弱人群带来新的返贫风险。

监测预警到位。要对风险人群应纳尽纳，及时动态调整；监测信息要及时、完整；预警要及时、准确。

有效帮扶到位。在风险发生时，要及时采取针对性、精准性的帮扶措施，确保把风险后果遏制在萌芽状态；要以最快、最有效的政策措施解决风险发生后给帮扶对象带来的暂时性困难。

脱贫攻坚期的责任体系、政策体系、帮扶措施已经证明是一套确保贫困人口脱贫的行之有效的体制机制。在过渡期，只要各级政府确实做到了上述四个"到位"，那么规模性返贫就不会发生。因此，四个"到位"既是确保不发生规模性返贫的保障，也是对各级政府是否有效防止了规模性返贫的度量标准。

（二）准确把握巩固、拓展和衔接的政策内涵

1. 准确把握"巩固"的内涵

巩固脱贫成果的基本体现就是要巩固"两不愁三保障"成果，确保脱贫人口不返贫、不产生新的贫困人口。为此，需要建立对农村低收入人口和欠发达地区帮扶机制，保持财政投入力度总体稳定，接续推进脱贫地区发展；需要健全防止返贫监测和帮扶机制，做好易地扶贫搬迁后续帮扶工作；需要加强扶贫项目资金资产管理和监督，推动特色产业可持续发展，健全农村社会保障和救助制度。

需要巩固脱贫攻坚期实施的对贫困和低收入人群发挥可持续帮扶效果的系列政策措施。脱贫攻坚期实施的许多政策措施，例如金融帮扶政策、教育帮扶政策、兜底保障政策等，不仅在脱贫攻坚期发挥了重要作用，在"十四五"时期还将对防止致贫返贫、缓解相对贫困起重要作用，这些有效的政策措施应继续加以坚持并根据情况变化不断完善。

需要巩固脱贫攻坚期形成的行之有效的帮扶体制机制。实践证明，中央统筹、省负总责、市县乡抓落实的工作机制，五级书记一起抓的工作力度，精准施策、精准评估的工作理念，社会各级共同参与的工作格局等，都是脱贫攻坚期行之有效的宝贵经验，也是需要巩固的脱贫成果之一，应充分吸收运用到"十四五"时期对低收入人口和欠发达地区的帮扶工作中，吸收运用到乡村振兴战略的实施工作中。

2. 准确把握"拓展"的内涵

拓展脱贫成果的首要含义是帮扶对象的拓展。巩固不等于固化。对于脱贫攻坚期通过有效帮扶已经有了较强自我发展能力的稳定脱贫群体，该从帮扶政策中退出的必须退出。对于致贫风险较大的边缘群体，应纳入帮

扶范围。因此，"意见"中提到的低收入人口，不是建档立卡贫困人口的简单复制或扩大，应根据实际状况进行动态调整。

拓展脱贫成果还应包括帮扶标准的拓展。脱贫攻坚期提出的"两不愁三保障"标准，是根据我国全面建成小康社会、实现第一个百年目标提出来的帮扶标准。"十四五"时期是我国实现第二个百年目标的起步时期，必须为全面建设社会主义现代化国家开好局、起好步。"十四五"时期应该对低收入人口提出更高的帮扶标准，促进低收入人口和欠发达地区更高质量发展。

拓展脱贫成果还要有帮扶政策的调整和完善。脱贫攻坚期的部分帮扶政策，带有一定突击性，造成了帮扶对象和非帮扶对象在政策享受方面的"悬崖效应"，使得政策可推广性受限。需要对政策设计加以调整优化，拓展政策包容性，变特惠性政策为特惠性与普惠性相结合的政策。

3. 准确把握衔接的内涵

衔接是巩固拓展的递进。巩固脱贫成果是衔接乡村振兴的前提和基础，拓展脱贫成果是衔接乡村振兴的手段。只有脱贫成果巩固了，才能考虑接下来如何在脱贫地区和欠发达地区进一步实施乡村振兴。只有通过动态调整帮扶对象、提出更高的帮扶标准、调整完善帮扶政策等拓展脱贫成果的方式，脱贫攻坚期形成的体制成果、政策成果才能融入到乡村振兴战略的体制和政策体系之中，从而实现与乡村振兴的有效衔接。在"十四五"时期实现了有效衔接之后，巩固拓展脱贫成果的体制和政策体系，将逐步转化过渡为实施乡村振兴的体制和政策体系。

衔接之中和衔接之后仍有巩固任务。目前有一种普遍的认识，即巩固拓展脱贫成果是第一阶段的任务，完成这一任务后，接下来就要进入全面实施乡村振兴战略的第二阶段工作了。这一认识在实际工作中的表现就是，有的脱贫县（特别是基础条件较好、率先脱贫的县）认为自己巩固脱贫成果已经完成了，因而工作的关注点转向了乡村振兴，在领导体制、考评体系、政策举措等方面只有乡村振兴的内容，不再有巩固脱贫攻坚成果的内容；有的脱贫县迫不及待地想要尽快"了结"巩固任务，尽快进入所谓的第二阶段工作。以上情况，都会导致对巩固任务的弱化，加大返贫风险。必须清楚，巩固脱贫成果和实施乡村振兴有效衔接不是截然分开的两个阶段的任务；相反，巩固脱贫成果的任务不仅应贯穿于过渡期，而且应贯穿于全面实施乡村振兴时期，是实施乡村振兴的应有之义。因此，无论在哪个时期，巩固脱贫成果都是工作任务之一，都必须体现在领导体制、考评体系、政策举措等各个方面。

◆ **参考文献**

程国强，朱满德. 2020. 新冠肺炎疫情冲击粮食安全：趋势、影响与应对 [J]. 中国农村经济 (5).

黄承伟. 2021. 设立脱贫攻坚过渡期的政策指向和多重意蕴 [J]. 人民论坛 (11).

林万龙，陈蔡春子. 2021. 中国城乡差距 40 年 (1978—2017) 比较：基于人类发展指数的分析 [J]. 河北师范大学学报（哲学社会科学版）(3).

林万龙，刘竹君. 2021. 变"悬崖效应"为"缓坡效应"？——2020 年后医疗保障扶贫政策的调整探讨 [J]. 中国农村经济 (4).

林万龙. 2021. 关于低收入人群界定及扶持政策取向的思 [R]. 递交给中央农村工作领导小组办公室的政策报告.

林毅夫. 2013. 中国城市化率未来十年向 75% 迈进 [N]. 南方都市报，10-13.

宋洪远. 2004. 调整城乡关系：国际经验及其启示 [J]. 经济社会体制比较 (3).

魏后凯，苏红键. 2013. 中国农业转移人口市民化进程研究 [J]. 中国人口科学 (5).

武汉大学乡村振兴研究课题组. 2021. 脱贫攻坚与乡村振兴战略的有效衔接——来自贵州省的调研 [J]. 中国人口科学 (2).

徐光春. 2021. 中国共产党百年辉煌与百年未有之大变局 [J]. 红旗文稿 (3).

徐匡迪. 2013. 中国的城镇化 [J]. 中国发展观察 (4).

【作者简介】 林万龙，中国农业大学副校长，中国农业大学国家乡村振兴研究院副院长、经济管理学院教授，原国务院扶贫开发领导小组专家咨询委员会委员，长期从事"三农"政策和农村贫困问题研究；程鹏飞，中国农业大学经济管理学院博士研究生。

专题 2　预防返贫监测预警与干预帮扶体系的构建

左　停　刘文婧　赵梦媛

建立返贫预警机制和干预帮扶体系是巩固脱贫攻坚成果工作的基本内容。脱贫攻坚结束后，部分脱贫户仍面临一定程度的内在脆弱性、社群边缘性，在外在风险的影响下，他们仍存在返贫的风险，需要健全完善防止返贫的预警和帮扶机制，对涉及"三保障"的重点风险问题制定有关预案，实现及时预警、核实和帮扶。第一，应扩大一般性的监测范围、明确防止贫困的重点监测对象；第二，应合理确定监测和预警标准，并通过建设防止返贫大数据监测平台，根据预警标准的临界程度对监测对象实行等级划分和标识管理；第三，根据监测对象的不同情况，及时实施风险消除干预措施，包括社会保障、防贫政策保险等风险应对的保护性措施和持续提升脱贫户生计能力、抗逆力等发展性措施。

2020 年中国实现现行标准下的 9 899 万农村贫困人口全部脱贫，以消除绝对贫困为目标的脱贫攻坚工作取得了全面胜利。但作为一个具有复杂性、系统性和动态性特征的社会经济现象，贫困问题往往会表现出生产和再生产的交替更迭、循环往复过程。中国农村贫困的内在本质是脆弱性，它是与外在的特定风险相联系的，农村生计系统的脆弱性、生产要素与资源配置转换的受限性、自然环境的复杂性以及政治经济和社会文化环境的低交互性，导致 2020 年后脱贫人口返贫的压力长期存在。而以动员式、战役式为主的事后治理模式容易陷入"扶贫—脱贫—返贫"的恶性循环，对实现可持续脱贫的作用存在一定局限，难以从根本上完全化解脆弱性返贫和冲击性致贫风险。

贫困与风险之间的关系十分复杂。一是特定人群的生计系统具有脆弱性，二是该人群所处的风险环境会恶化他们的生计状况，三是该人群缺乏有效的安全防范和风险缓解机制，因而无法得到有效的保护，三者共同作用会使风险引致最终的贫困。农户生计资产的缺乏，也有可能降低农户抵御风险的能力，从而影响到农村的贫困问题。

以往对于遭受贫困风险的人群关注主要集中在不同类型脆弱性人口之上，而对于农村刚脱贫人口的贫困风险状况研究较少；脱贫人口面临着家庭收入的水平或结构的"断崖式"变动时，也会造成贫困，这种变动可能由家庭整体更换生存环境（移民）、更换支柱性收入来源（农业收入与非农收入之间的变更）或者经历自然灾害引起，也可能由家庭成员劳动就业的中断（例如外出农民工的返乡再就业）引起。当前仍存在一些不稳定的脱贫人口囿于低水平的生计系统，可供选择的生计方式狭窄，自身的发展能力和抗逆力较弱，需要在政府、社会提供的抗逆资源、服务和政策的作用下才能加强。

过渡期将从过去解决大面积的确定性贫困转向今后瞄准少部分不确定的贫困，中国贫困治理体系也亟须循序渐进、不断创新，通过适应性转型与时俱进。这一目标客观上要求农村发展的战略与政策实现从"扶贫"向"防贫"转变，从侧重事后治理转至事前事后治理并重，从简单的致贫维度转至更多维度上的防贫治理，通过提前实行针对性的精准防贫政策，全方位提升脱贫攻坚质量。通过落实防止返贫致贫的帮扶机制来降低风险和脆弱性、提高个体的抗逆力，实现农户家庭的资产增值、效益最大化和生计结果的可持续发展，是巩固当前脱贫攻坚成果的重要保障。

早在 2017 年 3 月，习近平总书记在参加十二届全国人大五次会议四川代表团审议时就强调"防止返贫和继续攻坚同样重要"。2019 年中央 1 号文件和同年召开的全国扶贫开发工作会议都明确指出，要建立健全返贫监测预警和动态帮扶机制，减少和防止脱贫人口返贫；2020 年 3 月 6 日，习近平总书记出席决战决胜脱贫攻坚座谈会并作重要讲话，进一步明确要求"要加快建立防止返贫监测和帮扶机制，对脱贫不稳定户、边缘易致贫户以及因疫情或其他原因收入骤减户或支出骤增户加强监测，提前采取针对性的帮扶措施，不能等他们返贫了再补救。"2021 年中央 1 号文件提出巩固脱贫攻坚成果是实现巩固拓展脱贫攻坚成果同乡村振兴有效衔接的一项重要任务，要健全防止返贫动态监测和帮扶机制，对易返贫致贫人口及时发现、及时帮扶，守住防止规模性返贫底线。2021 年 2 月，习近平总书记主持中央政治局第二十八次集体学习中强调，"要增强风险意识，研判未来我国人口老龄化、人均预期寿命提升、受教育年限增加、劳动力结构变化等发展趋势，提高工作预见性和主动性。"因此，梳理过渡期脱贫人口易返贫的潜在风险点，实行动态和精准管理策略以守住不发生规模性返贫的底线成为重要的理论问题、政策问题和实践问题。2021 年 4 月，国务院新闻办公室发布《人类减贫的中国实践》白皮书中提到，解决稳定脱贫问题就要建立防止返贫的监测和帮扶机制，防止返贫和产生新的贫困。2021 年 6 月正式实行的《中华人民共和国乡村振兴促进法》也要求"建立健全易返贫致贫人口动态监测预警和帮扶机制"。建立防止返贫监测和帮扶机制既是"十四五"时期的一项重点工作，为解决相对贫困和巩固拓展脱贫攻坚成果明确了具体的工作路线，也为实现稳定和可持续脱贫做出了一系列的安排部署。

一、预防贫困的基本理论框架

（一）脆弱性、边缘性与贫困预防

预防贫困涉及对贫困产生的原因和机理的理解，是贫困治理的根本。打赢脱贫攻坚战解决了长期的绝对贫困问题，但仍会存在暂时性贫困和相对贫困问题。暂时性贫困与脆弱性和风险问题有关。暂时性贫困如果得不到及时解决也会演变为长期贫困。相对贫困主要表现为与"正常状态"相比差距过大的问题，也即边缘性问题，随着社会基本需求的普遍提升，边缘性问题的叠加会把相对贫困转变为绝对贫困。脆弱性和边缘性并不必然表现出贫困，而是具有更大的绝对或相对贫困的发生可能，激化贫困发生的风险是一个外生因素。打赢脱贫攻坚战，不仅消除了绝对贫困现象，在一定程度上，脆弱性和边缘性的"内生症状"也得到一定的缓解，但在外在风险的激化下，仍有可能导致贫困现象的产生。

脆弱性最早产生于生态学、环境学和灾害学研究领域，主要用于分析生态系统受打击的程度和对风险的抵御能力。20 世纪 90 年代脆弱性作为一个重要的概念应用在贫困研究中，贫困脆弱性最早由世界银行提出，是指个人或家庭面临某些风险的可能，并且由于遭遇风险而导致财富损失或生活质量下降到某一社会公认的水平之下的可能，脆弱性高是贫困的特征之一，脆弱性和风险的关系程度是衡量贫困的重要指标。

边缘性的贫困问题是把贫困群体置于特定的社会经济系统中予以考虑，考察其与作为参照的"正常群体"的距离。边缘性可能具有一定的地理和社会文化特点，如山区、边疆地区；在大部分地区，它主要是社会经济结构的表现，如失业群体或非正式就业部门；同时，它也可能是社会政策实施过程的结果，表现为过程性的边缘化或社会排斥。边缘性，既是个体的概念，也是群体的、抑或区域的概念。要解决或缓解相对贫困问题就要削弱相关群体边缘化的程度。

边缘性与脆弱性也有相互联系。往往边缘性特点强的地区或群体，其脆弱性也大，而其自身资源的获取能力薄弱，又会进一步强化其脆弱性和边缘性。脆弱性和边缘性分析有助于我们提升对绝对贫困意外相关问题的敏感性，帮助我们更系统地设计防贫监测对象、监测内容，制定和实施更具针对性和相关性的帮扶政策。

（二）生计过程、风险与贫困预防

内生动力和能力是决定个体脆弱性的重要因素，妇女、老人、儿童、残疾人等弱能群体一般是处于风险中的脆弱性群体，他们的生计资本抗风险能力极其脆弱。风险—脆弱性的相互作用在一定程度上决定了农户家庭的生计资本（物质资本、人力资本、自然资本、社会资本和金融资本）的性质和存量。抗逆力一方面是指个体在风险—脆弱性相互作用的逆境中表现出的适应能力和恢复能力，另一方面也来自外部环境中制度和政策的保障和预防措施。脆弱性和抗逆力也是相互作用的，一般来说个体的脆弱性越大，对应的抗逆力就越差，反之随着抗逆力的提高，个体的脆弱性也会降低，风险—脆弱性—抗逆力三者的相互作用决定了生计策略的类型，与此同时生计策略反作用于三者。

脆弱性—风险相伴而生、不是孤立存在的，二者的关系是相对的、动态的，并共同嵌入于农户家庭的生计系统中。即风险的程度是潜在的危害和脆弱性的乘积,如果个体的脆弱性越大、遭受潜在危害的风险越大。风险来源于地区和个人两个层面,地区层面主要指自然灾害、经济波动和重大突发公共卫生安全事件等外生因素,个人层面主要为因疾病、失业、财产损失等突发事件导致即期收入水平的骤减,也在不同程度上影响未来家庭的消费水平和基本生活需要的满足程度。在全球化和社会转型的背景下,新的不稳定和脆弱性因素和安全隐患增加,并产生链式的扩散放大效应,如一些农村地区生态环境恶劣、生产生活条件薄弱、收入和消费水平较低、农户的市场参与度不高、在社会参与中遭到社会排斥的现象等多种风险叠加交织在一起,则会进一步加剧农村地区和低收入人口的脆弱性。

个体获取的资源和社会身份会随生命周期的发展历程而发生变化,家庭处于生命周期的何种阶段影响着家庭的生产和生活的各个方面,如家庭整体收入、家庭分工、消费状况、劳动力结构等,在不同的生命阶段影响个体或家庭贫困的脆弱性因素存在差异。在儿童时期,家庭主要是以孩子的教育支出为主。当前我国农村义务教育的可获得性和可承受性已得到保障,但在学前教育和高等教育的支出上还存在压力,如普惠性学前教育资源依然不足,农村地区、深度贫困地区和城镇新增人口集中区的普惠性公办幼儿园占比较低,存在价格偏高、师资力量不足的问题,这些农村地区在教育意识、师资力量、教学水平和教育效益等方面还存在不足。到了成年阶段,一些农村家庭的劳动力转移到城市就业,由于农民工的工作流动频繁、非正规经济部门的用工制度不规范等原因,农民工养老保险参保率长期在低位徘徊,在城市享有待遇的机会不平等的现象,存在劳动权益保障问题和失业的风险。随着身体机能的衰退,老年人逐渐退出劳动力市场,疾病成为影响此阶段生活质量的主要脆弱性因素,然而农村养老服务基础设施薄弱、养老服务专业人才匮乏,养老服务的有效供给与农村老年人的消费能力都存在不足,伴随着人口结构和家庭结构的变化,家庭养老保障的功能也逐渐减弱。由此看来,生命历程的每个阶段是相互联系的,前一个阶段的生活水平对下一个阶段的生活具有重要的影响,所以要从个体和家庭的全生命周期发展视角认识和应对贫困问题,需要制定和实施预防贫困的实施方案和工作机制,做好跨生命周期的资源配置和保障工作。

风险对于贫困的影响一般是通过收入差距和消费差距直观地表达出来。虽然当前已如期实现绝对贫困的目标，人均收入高于绝对贫困线，但还有一部分群体大大低于社会平均收入或中位数收入。例如 2019 年农村高收入组家庭和低收入组家庭可支配收入绝对差值为 31 786.8 元，较 2013 年的绝对差值（18 445.8 元）增加了 72.32%，农村内部的收入差距和不平等问题日渐加重。这些低收入群体在外界风险保障措施不足的情况下，基于当前收入水平和对防范未来风险的考量，采用主动防范的"消费平滑"（如高储蓄）策略，并对未来收入和发展造成抑制。财富分配不合理和收入不平等还会引发这部分群体进入市场获得教育、健康、文化、政治等资源、社会权利的被剥夺状况，因社会资源和权利的缺失被排斥到主流生活之外而陷入贫困，再分配中教育、医疗、健康等公共服务资源的不平等会进一步加剧个人、家庭和地区间的相对贫困状态，处于社会底层的社会群体会由于此种分化产生明显的相对剥夺感和缺失感。社会分层和不平等的产生，一方面是因为个体的脆弱性和应对风险的能力不足，另一方面是针对性的公共政策和公共服务不足带来的环境的脆弱性，尤其是处于扶贫标准边缘却无法享受国家扶贫政策的贫困"边缘户"，这种心理不平衡和相对剥夺感更加强烈。虽然存在脆弱性的个体并不一定表现出贫困，但边缘户遇到风险陷入贫困的可能性较大，如通货膨胀会带来一定时期内的物价上涨、劳动力市场的波动，这会影响家庭日常的支出，如子女的教育、家庭房屋修缮、医疗保健的支出遭到挤压。

对于风险管理常见的做法就是将风险进行分担和转嫁，如灾后的补偿、预留发展成本。从风险防控和预防的角度，在提高贫困人口可持续增收的能力方面，需要在风险发生之前给予他们更多的关注和政策扶持，针对性地安排弱化社会不平等和相对剥夺感的一系列政策举措，以降低潜在隐患变成现实风险、现实风险变成现实危害的可能性。

二、健全完善防止返贫的监测体系

2020 年消除现行标准下绝对贫困现象后，国家反贫困的重心将转向贫困预防和解决"相对贫困"问题，为避免相对贫困问题的恶化和返贫现象的出现，需要健全完善监测体系，合理确定监测标准，建设防止返贫大数据监测平台，实施帮扶对象动态管理。

（一）防止返贫的监测对象

防贫监测对象要以家庭为单位，重点监测脱贫不稳定户、边缘易致贫户以及因病因灾因意外事故等刚性支出较大或收入大幅缩减导致基本生活出现严重困难户。监测对象的收入较低，个体的发展能力、社会权利和社会保障水平处于弱势地位，脱贫攻坚中的兜底保障对象中老年人、未成年人、重病患者、重度残疾人所占比重较大，其中老年人贫困形势将更加严峻，农村独居、留守和空巢老人贫困现象更为突出，单一生计活动脆弱性较强、抵御风险的能力较差；农村残疾人的弱势性在抗击风险的脆弱性和社会网络资源的稀缺性的双重压力下凸显，更多地表现出"困"而非"贫"的特征，是需要重点监测的人群；农村留守妇女和留守儿童的社会支持网络稀缺，也是需要重点监测的对象。随着生活成本和各种突发事件增加，这类人群的家庭收支平衡在短时间内难以恢复，陷入持久性贫困的可能性较大。此外，易地移民搬迁户和城市农民工群体的社会支持网络的凝聚力不足。在城乡二元结构体制下，农民工在流入地的保险、医疗和教育、住房等社会保障和社会支持资源不足，易遭到城市的社会排斥与阶层分化。脱贫攻坚期间实施易地移民搬迁的 1 000 万人口中的农村社区集体新型社会网络正处于重塑阶段，嵌入在社会支持网络上的社会资本不足，难以经受住外来风险的冲击，在传统家庭保障和集体经济保障的功能弱化的情况下，农村社区支持性的互惠网络资源不足则会在一定程度上影响他们抵御家庭生计风险的能力。

（二）重点人群的监测范围

虽然目前已实现消除绝对贫困目标，但实际生活中仍存在一部分低收入人口、贫困边缘户、易致贫返贫户等特殊困难群体。其中"贫困边缘人群"与"农村低收入人口"在很长时间内作为同类关注群体，具有较大的共性特征。2020 年后相对贫困问题也会不断凸显，低收入人口中生计脆弱性较高的人群也极易陷入贫困的状态。笔者尝试用国家统计局中数据预估我国农村低收入家庭的规模。《2020 年中国统计年鉴》统计了农村居民按收入从低到高五等分组的人均可支配收入情况，最低收入组 20% 家庭为全国农村中的低收入户，平均收入为 4 262.6 元，为了估算最低收入组的上限收入，这里根据五等分组平均收入的趋势进行多项式曲线拟合，估算最低收入组 20％ 的上限收入约为 8 041 元，约为当年农村居民人均可支配中位数（14 389 元）的 55.85％，低收入组与其他分组的收入还存在一定的差距。OECD 国家、欧盟国家以可支配收入中位数的一定比例作为相对贫困标准，我国学者对相对贫困的收入测算采用收入比例法测量，中位数更接近大众收入客观水平。根据各地经济发展水平的差异，其收入测算标准为农村居民可支配收入中位数的 40％～60％。按照这个标准测算，我国农村的低收入人口比例大致在 22％～30％。重点监测对象的规模可以根据当地社会经济发展情况按当地农村总人口或扶贫建档立卡人口规模的一定比例控制。

（三）健全完善防止返贫的监测指标体系

除了关注监测对象家庭的人口基本生活、收支状况、生产经营等状况，还应适当考虑救助申请家庭的劳动力水平、务工状况、就业情况、健康状况、教育程度等因素，综合评估、预测困难群众的生活情况和面临的风险。易地扶贫搬迁后续防返贫也是防止返贫工作中的重要内容，搬迁后的扶持和发展还面临很多困难和挑战。陕西省铜川市率先开发了易地扶贫搬迁后续防返贫监测系统，主要包括基本信息分析、就业创业信息分析、产业保障信息分析、防返贫信息监测、安置点保障信息分析等监测模块，统一动态监测，及时调整帮扶政策、确保易地扶贫搬迁群众不返贫。对重大突发事件和灾害的识别和监测也是从源头上减少风险的重要措施，例如对农业生物灾害、自然灾害监测预警，为提前进行灾害防治和准备工作提供有利时机，密切关注潜在困难的群体，实行等级划分和标识管理，以提高救助措施的针对性和有效性。

（四）建设防止返贫监测大数据平台

精准的数据支撑是脱贫攻坚成功的基础。以国家脱贫攻坚普查结果为依据，以现有全国扶贫开发信息系统为基础，建立健全防止返贫监测大数据平台。实现与民政、残联、教育、医保、卫生、住建等部门的信息互联互通，形成包括易致贫人群等困难群体在内的跨部门的防贫大数据支持系统。不断完善基础数据库，充分利用先进技术手段提升监测准确性。做好相关工作台账中的数据收集和整理分析工作，动态更新相关信息。强化统计监测和数据分析、挖掘和利用，认真做好相关工作台账中的数据收集和整理分析工作。落实专人按照定点定期动态管理，相关部门加强沟通衔接和信息共享，及时发现和确定返贫、致贫的高风险对象名单。与相关行业主管部门进行比对筛查，动态更新原全国扶贫信息系统中的信息，充分挖掘大数据平台对政策制定的支持功能，充分发挥平台"自上而下"和"自下而上"跟踪监测的作用。

贵州省遵义市打破部门之间的数据壁垒，充分激活数据潜能，依托电子政务网有效融合公安、民政、医保、教育、住建、人社等部门数据信息，并会同原市扶贫办建成"遵义市防贫监测预警帮扶平台"，平台通过数据"聚、通、用"，实现身份信息数据校验、家庭成员医保、易地扶贫搬迁等信息自动填充和风险智能预判等功能，减少了基层工作人员资料核查比对、手工数据填写、人工数据分析等方面的工作量，提高了工作效率。黑龙江省开发了"防止返贫监测一键申报"小程序或扫码等方式进入申报页面，农户通过页面提交申请人姓名、身份证号码、地址及联系电话等相关信息，由各县原扶贫（乡村振兴）部门指定专人随时接收，并及时分配给农户所在乡村，随时安排乡村干部入户核查，实现即申即核，提速增效。此外，还可将扶贫项目资金和资产管理纳入防止返贫大数据平台，及时更新基础信息、变动情况和收益分配等信息台账。

完善防贫监测工作机制，优化防贫监测工作程序。进一步完善县（区）、镇（乡）、村、组的立体化、全方位的监测网格体系，要建立农户主动申请、部门做比对、基层干部定期跟踪回访、宏观景气分析等相结合的易返贫致贫人口发现和核查机制。县（区）级根据部门行业的监测数据及时开展定期检查和信息分析，建立定期信息情况报告制度，集中研判脱贫成果巩固质量；镇（乡）级对村级防返贫动态监测工作进行指导，并对各村上报的监测对象和帮扶措施进行审核监督；村两委班子成员、第一书记驻村工作队作为村级防返贫监测排查的主干力量，定期对重点监测人群开展走访排查和信息核实，及时掌握村庄内低收入群体的家庭状况和基本需求，进一步提高对困难群众识别和监测的精准度，并对针对性帮扶政策措施的落实进行监督。此外，针对汛期、疫情等特殊时期，有关部门应及时强化专项监测。

三、健全完善防止返贫的预警和帮扶机制

有效防止贫困是巩固脱贫攻坚成果的工作重点。依托防贫监测预警数据服务平台，打破部门之间的信息和数据壁垒，利用监测对象在家庭层面的消费、收入以及生活条件信息，对住房、医疗、教育等方面存在的致贫风险进行排查监测，及时预警、核实和帮扶。按照"两不愁三保障"的要求，制定监测预警标准，对监测对象相对于预警标准的临界程度实行等级划分和标识管理，创新工作方式，优化完善预警方式，及时提出易返贫致贫人口风险警示。做到早发现、早干预、早帮扶，实现贫困人口动态清零，确保不出现规模性返贫。

（一）健全有效防困的预警发布机制

返贫预警标准的设置以收入水平为基础，并综合考虑运用相对贫困的多维指标（如教育、医疗、住房、重大自然灾害、突发公共事件），并根据风险程度划分几个风险等级。当前，大部分地区以农村家庭人均纯收入不低于上年度国家脱贫线 1.5 倍为底线标准，综合研判被监测对象返贫致贫的风险，风险越大所对应的风险预警级别就越高。建立农户主动申请、部门做比对、基层干部定期跟踪回访、宏观经济分析等相结合的易返贫致贫人口发现和核查机制，提出易返贫致贫人口风险警示。

云南省昆明市拓展"五色卡"精准识别作用，构建防止返贫预警机制。根据脱贫户和边缘户现有的产业、就业及家庭收支状况，综合判断其返贫和新增贫困风险，将返贫级别划分为五个等级。Ⅰ级红色预警未脱贫户以"扶"为主。争取政策帮扶最大化和精准化，由帮扶工作队主动协调民政、卫健、教育等部门全方位开展"点对点"精准帮扶，确保红色预警户"两不愁三保障"得到有效保障，实现高质量脱贫。Ⅱ级蓝色预警兜底脱贫户以"带"为主。通过产业项目带动、金融扶贫重点帮扶，继续加大带贫益贫力度。在保障其享有低保、养老、临时救助等帮扶政策长期稳定的同时，通过"订单加工"，量身定制"家庭岗位"，从事手工业、轻加工

等行业，及村级光伏电站等村集体经济收益联结机制，实施精准帮扶，确保家庭至少有 1～2 项增收渠道，稳定增加家庭收入。Ⅲ 级紫色预警户（包括脱贫户、一般农户、脱贫监测户、边缘户）以"帮"为主。关注因病、因残、因灾、因学等特殊原因导致出现大额支出的贫困家庭和一般农户，重点解决产业就业，增加收入，解决后续发展问题，帮助脱贫户实现稳定脱贫，按照实际情况，采取适当社会救助、临时补助、公益性岗位等形式，帮助其克服短期劳动力缺失问题，在持续"输血"的同时着力提高"造血"功能。Ⅳ 级黄色预警脱贫户以"引"为主。帮助厘清发展思路、谋划增收项目、解决家庭就业，重点在扶志、扶智方面加强教育引导，加强技能、创业培训，实现稳定就业。Ⅴ 级绿色标识的一般农户以"提"为主。重点制定激励提升措施，鼓励农户自主发展生产，增加收入，实现稳定脱贫，发展致富，有效发挥其示范效应，带动未脱贫户主动脱贫、脱贫户积极发展。

新疆维吾尔自治区采取"红橙黄绿"四色信号灯分级预警：对收入且"两不愁三保障"全部达标的，用绿色信号灯标识，落实常态化帮扶措施；对收入 4 5000～5 000 元的家庭，用黄色信号灯标识；对因失业、发展产业失败等收入较大幅度下滑、收入处于 4 000～4 500 元的家庭，用橙色信号灯标识；因重大自然灾害、重大疾病等特殊原因，致使监测预警对象家庭突发重大变故，其"三保障"及饮水安全出现苗头性、倾向性问题，收入下滑严重、低于 4 000 元，则进入红色预警范围。

宁夏回族自治区盐池县和湖南耒阳市使用"三色"预警监测图，将监测结果按照风险较大、暂时性风险和稳定达标分为红色、黄色、绿色三级预警管理。

株洲市创新探索了"电力大数据＋防返贫"预警监测系统，以贫困村通电情况、贫困户用电结构、贫困户与非贫困户用电量对比三个核心指标建立扶贫问效指数，重点从用电总量看脱贫质量，从用电变化看生活状况，从缴费异常看突发情况；建立分级分类预警机制，对监测月电量低于全村月均电量 50% 的贫困户、监测月电量低于贫困户月均电量 20% 的贫困户等 13 种情况，进行"红、黄、蓝"三级预警。监测预警机制是调整优化帮扶政策和相关措施的基础和前提。各地探索设立了常态化和可持续的防贫预警机制，对巩固脱贫攻坚成果具有很强的现实意义，更是建立相对贫困长效治理机制的必要条件。

（二）围绕"两不愁三保障"，精准实施消除风险的帮扶措施

风险冲击不仅会在短期内对家庭的经济水平和日常开支带来负面的影响，而且还可能通过影响家庭的人力资本、社会资本、金融资本等方式，进一步影响家庭后续从事生产经营活动的发展能力。困难群众的基本生活保障是巩固脱贫攻坚成果的底线标准，根据风险冲击发生的逻辑规律，要坚持预防性措施动态监测和事后及时干预帮扶相结合，建立常态化的返贫致贫帮扶机制，注重从源头防范风险，有利于降低风险发生的概率和危害程度。在帮扶工作实施的过程中，一方面要注意对监测对象单向度的帮扶要避免产生福利依赖，另一方面也要意识到在实施帮扶中因身份、地域特征的差别导致资源供给的不平衡，容易产生"福利距离"（Welfare Proximity），从而出现内部的新的不平等现象，因此在干预帮扶中也要根据不同风险类型和防贫工作对象科学精准地制定帮扶政策。

坚持巩固提升"两不愁三保障"成果。教育、医疗卫生、医保等部门应保持困难家庭帮扶政策的总体稳定。对监测对象进行跟踪监测、动态管理，根据监测对象家庭人口的变化情况，提前研判和精准实施义务教育的保障措施。继续实施家庭经济困难学生资助政策和农村义务教育学生营养改善计划。健全控辍保学工作机制，保障除身体原因不具备学习条件外的脱贫家庭义务教育阶段适龄学生不失学、不辍学。确保办学经费足以推进农村义务教育健康发展，通过改善农村地区薄弱的办学条件、提高教育信息化水平来为学生提供良好的校园环境和学习条件。着力补齐农村学前教育"短板"，针对当前农村留守儿童和困境儿童家庭监护力量不足问题，推动基层未成年人保护机构建设，并为农村留守儿童和困境儿童提供临时日间照料、心理辅导、学习辅导、监护监督和家庭教育等多方面服务，保持健康帮扶政策总体稳定。针对特殊教育支持的资源配备不足问题，加强县域各教育阶段的特殊教育学校建设，支持残疾中高等职业院校建设，进一步完善特殊教育体系。

进一步优化医疗保障制度设计，落实分类资助参保政策。合理优化基本医保、大病保险、医疗救助的保障结构，将医疗保障的范围继续从低保对象、特困人员逐步拓展到低收入家庭中老年人、未成年人、重度残疾人

和重病患者，做好脱贫人口的参保动员和资助工作，对动态纳入脱贫人口、边缘人口的特殊群体构建防范和化解因病返贫长效机制，合理控制困难人群的疾病负担，各地对因病返贫和因病致贫监测标准进行明确分类，有效防范因病返贫致贫风险，确保脱贫地区不出现因医疗费用过高发生的返贫现象。

确保脱贫对象的住房安全，建立农村脱贫人口住房安全动态监测机制和安全保障长效机制，重点对已脱贫户住房安全有保障情况追踪调查，继续巩固维护好已建农村供水工程成果，不断提升农村供水保障水平。对一些气象灾害和地质灾害风险较大的地区，有关部门要制定因气象因素引发的水旱灾害和地质灾害等风险较大地区住房安全应急管理预案，做好风险发生前的提前排查和发生后的应对救济。继续实施农村危房改造和地震高烈度设防地区农房抗震改造。对少量需要搬迁而未搬迁的脱贫户开展生态宜居搬迁工程，降低村组成员零散、分散化局面，促进居住布局的合理化，从根本上解决生态脆弱地区因自然条件受限而存在的发展动力不足问题。

对于不可抗力的风险要注意加强灾后的救助和恢复工作。加强农业灾害事后救助，提升灾后损失评估、保险理赔和灾后重建恢复能力。为农村老弱病残等群体和突发疾病、事故、失业的家庭提供基本生活保障以及相关的医疗、法律等服务，对于因遭受突发事件而陷入困境的人群，要充分发挥急难型临时救助的作用，助力有效化解低收入群体遭遇的突发性、紧迫性、临时性基本生活困难问题。

在一些饮水安全保障受气象和自然因素影响较大的脱贫地区，有关部门要做好受气象和自然因素影响较大脱贫地区的饮水安全应急管理预案，保证日常生活的饮水供给。各地可探索建立预防性的干预机制，对高风险人群探索实施防贫保险。鼓励各地从组织实施、资金筹措、模式运营、服务规范、宣传引导等方面，探索完善防贫保险长效机制，切实提高防贫对象的保险保障水平。各地可根据实际情况，设定因病、因学、因灾等赔付启动线，实行梯度性保险赔偿。

（三）持续加强脱贫人口生计系统的风险应对能力

重视事前防范不仅要对事后风险损失进行补偿，并不局限于对困难群体的基本生活实施兜底保障，而且要提高人们自我发展能力和抗击风险的能力。对于自然环境脆弱、经济发展基础薄弱的地区来说，基础设施和基本公共服务的全面提升也意味着包括农业在内的各种产业的抗风险能力的增强。加强对乡村交通、水利、能源、信息网络等公共基础设施建设，提高农村居民教育、医疗、就业、住房、养老等普惠性服务的基本保障水平和服务质量，完善特殊群体如农村老年人、残疾人和困境儿童的社会福利服务，为他们提升长期可持续脱贫的能力营造有利的环境进而减少不可抗力的风险，使更多的农村居民平等享受社会发展的红利。易地扶贫搬迁既解决生存贫困问题，又通过促进农村贫困人口城镇化提高县域城镇化率，通过为安置点提供配套的基础设施和公共服务，为贫困人口的可持续发展提供保障。注重完善城乡一体化的社会保障体系，让农民工等流动群体在保险、住房、医疗、教育等福利方面与城市人口享受同等待遇。在个体的可持续发展能力提升方面，坚持以农村劳动力培训需求为导向，提供有针对性和时效性的就业技能培训，拓宽贫困劳动力的就业渠道，进而提升他们在生计活动中初次分配的获得份额，并增强他们的就业质量和稳定性。针对农村残疾人，探索政府补贴、购买服务、设立公益岗位、集中托养等多种方式，进一步保障残疾人平等就业的权利，促进其人力资本的增值和增强抗击风险的能力。对完全或部分丧失劳动能力且无法通过就业获得稳定收入的帮扶对象，按规定纳入农村低保或特困人员救助供养范围。

通过事前监测预警和事中干预调整达到分散和化解风险的目的，采取防范和规避风险的行动策略，并在风险发生过程中着力提高识别和抵抗风险的能力。唯有完善农业产业价值链，才可为县域经济高质量发展赋能。延伸拓展农业产业链、价值链，促进农业由传统的种养业向农产品生产、加工、销售一体化方向发展，并围绕产业发展的要素组合、模式构建等方面进行系统的拓展和优化，对小农户提供技术指导、技能培训、资金扶持等社会服务。加快乡村互联网基础设施建设，积极引入电商平台，打造特色农畜产品品牌，增强农产品的市场竞争力和农民抵御市场风险的能力，提高产业发展的市场适应性和竞争力。积极拓展农村劳动力的生计活动选择空间，鼓励、引导防贫监测对象以资金、生产要素或者劳动力等多种形式参与到农业产业中来，通过获得资产收益、股权分红或者务工工资等来拓宽增收渠道。一些农村地区的低收入人口可能具有不利于健康的日常生活习惯，比如不规律的饮食起居，重视饮食口味而忽视营养，从而导致地方病的产生，并成为这些地区陷入贫困的一大根源。相比于疾病风险发生后依赖兜底报销政策，通过建立覆盖基层医疗卫生机构的健康教育工作网络，积极培育农户个体健康意识和生活卫生习惯来降低疾病发生的风险，更有利于提高困难群众自身发展和脱贫的能力，增强低收入家庭人力资本的存量和水平。

（四）保持建档立卡脱贫对象的参保补贴政策的总体稳定

为了防止农村低收入人口因病致贫返贫，国家医保局等7部门联合于2021年4月印发了《关于巩固拓展医疗保障脱贫攻坚成果有效衔接乡村振兴战略的实施意见》（以下简称《实施意见》），要求"优化调整医保扶贫政策……确保农村低收入人口应保尽保。"在实际调研中发现，由于诸多现实原因，理想的政策调整设计在实际运行过程中面临着一些难题，这些难题阻碍着政策之间的有效衔接，进而影响到脱贫稳定性的实现。

首先，存在目标群体界定难题。不同地方对于"低收入人口"概念的理解不同，导致了政策执行时选择目标群体的显著差异化，"建档立卡人口""脱贫不稳定群体""边缘易致贫群体""社会保障兜底脱贫人口""低保人口""特困供养人口"等在广义上均可被纳入"低收入人口"范围。一些对低收入人口狭义理解的地方或者地方财政困难的地方，一部分建档立卡群体没有纳入到最新的可享受医疗保障政策的"低收入人口"范围内。地方也普遍反映脱贫攻坚后期界定的"易致贫边缘群体"一般也难以纳入政策补贴对象范围。第二，存在资金可持续性问题。针对这部分群体，地方乡村振兴局是比较担心出现基本医疗保障的风险问题的，往往通过地方政府多渠道整合帮扶资金予以暂时补贴和过渡，但其保障资金的可持续性显然是存疑的。这就可能导致一部分理论上应当延续医疗保障政策的群体在实际中出现了政策断档，从而再次面临因病致贫问题。第三，存在征缴管理难题。目前征缴已由税务部门负责、缴费政策由医保部门负责、目标群体由乡村振兴、民政等部门负责。政策设计与政策目标群体的实际情况之间也由于政策调整而出现了不契合的情况。例如由于农户家中负责缴费的人员外出务工导致错过了缴费时间点从而断缴；部分农户由于享受的补贴政策调整而不清楚自己现在应当缴多少费用从而漏缴；由于刚退出保费补贴对象范围难以接受突然增高的保费从而降低了参保积极性等。第四，存在预防因病返贫信息不清的难题。从政策工具形式的多样性来说，由于政策目标范围的调整，一部分农村居民群体无法再享受由财政代缴医疗保险的参保费用，从而使得以往可以用于对这部分群体实现"基本医疗有保障"的政策目标的抓手减少了，而新的可用的保障形式还没有形成。

以上这些实际存在的难题不利于实现当前阶段对于低收入人口健康保障"应保尽保"的政策目标，客观上可能存在因漏保造成基本医疗保障缺失的问题，进而引发因病返贫致贫的风险。为此，建议：第一，坚持对过去建档立卡对象的医疗保险参保补贴政策的基本稳定，实事求是地界定建档立卡户中低收入人口的范围，并把边缘易致贫户纳入低收入人口的范围；第二，加强对于非财政专项支持参保的农村低收入人口实际生活情况的监测观察，对于出现灾难性医疗支出、但未纳入政策保障范围的实际困难家庭，及时、适度予以救助，防止因医疗保障政策断档而造成大规模返贫；第三，建议加快探索和研究促进医疗公平的新政策形式，根据受保对象的实际情况调整政策设计，减少参保的技术和管理障碍，确保基本医疗有保障。

（五）制定防贫风险应对预案，探索创新防贫政策保险项目

预防返贫是脱贫攻坚结束后的首要任务，脱贫不返贫才是真脱贫。突发事件具有紧急性、危险性和不确定性的特征，针对一些重大的返贫风险，地方有关部门要制定相关风险发生的防贫应急预案，要建立一整套及时响应的应急工作机制，明确不同救助方式相应的救助规范和措施，在急难发生时，便于因突发事件陷入困境的人员得到及时有效的救助，切实提高各地应对重大突发事件的应急反应能力和灾后恢复能力，化解或应对相应致贫风险，尽量做到不把小问题变成大问题，不把暂时性问题变成长期问题。由于现代社会风险的多变性和复杂性，要加强对防贫应急预案的动态管理，根据外部自然环境、社会环境和人群的基本特征及时总结风险发生的规律，并以此为参考依据及时调试防贫应急预案的内容。

要探索创新建立农村应对各种灾害与事故风险的普惠性保险项目，探索"基本生活救助＋保障服务"等多种保险模式，不断提高急难型重大突

发事件的兜底保障成效。防贫综合保险是可以有效防止贫困增量的有力工具,其目标是在其他政策保险不充分的情况下,切实解决村民牲畜疾病、作物受灾、市场急剧波动、意外伤害、疾病身故和就学养老等多种生产、生活风险,并以"一揽子"保险的方式防止返贫。首先要明确"防贫综合保险"的社会保险属性,保障基本生活水平为根本目标,不应强调保险费与给付之间的完全对应,也不应以损失额度作为给付对价,而要以保障参保人基本生活水平为限,具体赔付标准可以国家贫困线为基底结合当地物价水平动态调整,保障参保人基本生活不陷入绝对贫困的困境。坚持普惠性与特惠性相统筹,鼓励和调动一般村民参保,地方根据自己实际情况可以对建档立卡脱贫不稳定户、边缘户和非贫低保户等低收入群体给予保费补贴或免除,同时确保更多的低收入群体能够参保。"防贫综合保险"要坚持与权责利相对应、与贡献相挂钩的原则,坚持自愿参保、补贴激励的方式,具体内容上可以实现菜单式点选,既体现社会保险的广泛性,又能提高参保的积极性。

◆ 参考文献

范和生,武政宇. 相对贫困治理长效机制构建研究 [J]. 中国特色社会主义研究 (1).

方珂,蒋卓余. 2019. 生计风险、可行能力与贫困群体的能力建设——基于农业扶贫的三个案例 [J]. 社会保障研究 (1).

黄承伟,向德平,等. 2013. 农村灾害风险管理与减贫概论 [M]. 武汉:华中师范大学出版社.

姜安印,陈卫强. 2021. 论相对贫困的成因、属性及治理之策 [J]. 南京农业大学学报 (社会科学版)(3).

兰剑,慈勤英. 2016. 社会救助政策的"负激励"风险及其防范 [J]. 西北农林科技大学学报 (社会科学版)(3).

李小云,等. 2016. 关于中国减贫经验国际化的讨论 [J]. 中国农业大学学报 (社会科学版)(5).

李小云,苑军军,于乐荣. 2020. 论 2020 年后农村减贫战略与政策:从"扶贫"向"防贫"的转变 [J]. 农业经济问题 (2).

李莹,于学霆,李帆. 2021. 中国相对贫困标准界定与规模测算 [J]. 中国农村经济（1）.

刘牧 . 2017. 当代中国农村扶贫开发战略研究［M］. 长春：吉林大学出版社 .

王小林，冯贺霞 . 2020. 2020 年后中国多维相对贫困标准：国际经验与政策取向［J］. 中国农村经济（3）.

夏支平 . 2020. 后脱贫时代农民贫困风险对乡村振兴的挑战［J］. 江淮论坛（1）.

向德平，周晶 . 2015. 失独家庭的多重困境及消减路径研究——基于"风险—脆弱性"的分析框架［J］. 吉林大学社会科学学报（6）.

叶兴庆，殷浩栋 . 2020. 发达国家和地区的减贫经验及启示［J］. 西北师大学报（社会科学版）（4）.

岳经纶，方珂 . 福利距离、地域正义与中国社会福利的平衡发展［J］. 探索与争鸣（6）.

张大维，郑永君 . 2014. 贫困风险约束：返乡农民工创业的发生机制——基于三个川北返乡农民工家庭的生计选择分析［J］. 河南大学学报（社会科学版）（5）.

张琦，沈扬扬 . 2020. 不同相对贫困标准的国际比较及对中国的启示［J］. 南京农业大学学报（社会科学版）（4）.

张琦 . 2020. 论缓解相对贫困的长效机制［J］. 上海交通大学学报（哲学社会科学版）（6）.

张晓玲，卢海元，米红 . 2006. 被征地农民贫困风险及安置措施研究［J］. 中国土地科学（1）.

左停，苏武峥，赵梦媛 . 2020. 提升抗逆力：乡村振兴进程中农民生计系统"风险—脆弱性"应对策略研究［J］. 云南社会科学（4）.

左停，苏武峥，赵梦媛 . 提升抗逆力：乡村振兴进程中农民生计系统"风险—脆弱性"应对策略研究［J］. 云南社会科学（4）.

左停，徐卫周 . 2019. 综合保障性扶贫：中国脱贫攻坚的新旨向与新探索［J］. 内蒙古社会科学（汉文版）（3）.

左停，徐秀丽，齐顾波 . 2014. 构筑农村社会安全网：缓解农村贫困的战略性制度创新［J］. 中国农村经济（12）.

Wisner B. 2001. Vulnerability in disaster theory and practice：from soup to taxonomy, then to analysis and finally tool［R］. International work‑conference.

【作者简介】 左停，中国农业大学国家乡村振兴研究院副院长、人文与发展学院教授；刘文婧，中国农业大学人文与发展学院博士研究生；赵梦媛，华南农业大学公共管理学院讲师。

专题3 易地扶贫搬迁后续
帮扶模式研究

蓝红星　陈光燕

易地扶贫搬迁已经全面完成，围绕后搬迁时代易地扶贫搬迁后续帮扶现状、帮扶模式、问题与建议进行深入总结具有重要意义。本文基于对全国易地扶贫搬迁点的深入调研、访谈，重点对易地扶贫搬迁后续帮扶模式的典型做法、经验与问题进行了总结。研究认为，各地立足地区特点，围绕易地扶贫搬迁后续帮扶形成了发展特色种养业帮扶、工厂/园区/景区帮扶、劳务输出吸纳就业帮扶、资产收益性扶贫帮扶和公益性岗位帮扶五种典型的帮扶模式。各地易地扶贫搬迁后续帮扶模式经验表明，解决就业是易地扶贫搬迁后续帮扶的根本抓手，"绣花"功夫是易地扶贫搬迁后续帮扶的核心要旨，引入市场政府协同机制是易地扶贫搬迁后续帮扶可持续的关键，提高内生动力是提升后续帮扶效率的基本保障。但同时研究也发现：各地易地扶贫搬迁后续帮扶模式仍然存在特色种养业发展同质化较严重，工厂/园区/景区吸纳劳动力有限，劳务输出主体素质难以满足要求，资产收益利益联结形式大于内容，公益性岗位帮扶模式存在"精英俘获"现象等现实问题。为完善易地扶贫搬迁后续帮扶，本研究提出因地制宜选准产业，引导建设特色优势产业聚集区；强化新型主体带动，提升搬迁贫困户内生发展动力；完善利益联结机制，积极深化资产收益扶贫模式；提升政策瞄准精度，强化对乡村精英的多方约束等建议。

一、导论

（一）研究背景与意义

我国的易地扶贫搬迁是指将居住在自然条件严酷、发展条件严重欠缺且建档立卡贫困人口相对集中地区的贫困农户搬迁至生计条件较好、发展机会较多的地区，从根本上解决他们的脱贫发展问题（国家发改委，2016）。为确保到 2020 年所有贫困地区和贫困人口与全国人民一道迈入全面小康社会，党中央、国务院决定，按照精准扶贫、精准脱贫要求，对"一方水土养不起一方人"的贫困地区实施易地扶贫搬迁。作为脱贫攻坚的"头号工程"和"标志性工程"，易地搬迁脱贫是精准扶贫"五个一批"路径之一，承担了全国七分之一贫困人口的脱贫任务。

易地扶贫搬迁并不是简单地完成贫困农户的空间转移，其减贫逻辑在于通过搬移贫困村、贫困户打破地理局限，依托安置与帮扶将其纳入现代化、市场化、开放性的生计环境中，进而提高搬迁农户内生发展能力，解决其生计和收入问题。如果通过实施易地扶贫搬迁，仅仅只改善了搬迁农户的居住和生活条件，而未能直接改善他们的生产和就业条件，提升他们的生产与就业水平，甚至可能因为搬迁后的生产、生活成本提高而陷入生计不能接续的困境，导致广大搬迁农户"搬得出留不住、留得住不致富"（贺立龙等，2017），这就背离了中央政府强力推动易地扶贫搬迁工程持续改善贫困群众生产生活条件的初衷。这也是实施易地扶贫搬迁工程以来，我国社会各界普遍关注的焦点问题所在。

随着搬迁安置任务全面完成，目前各地易地扶贫搬迁工作重心已进入后续扶持阶段。后续帮扶事关易地扶贫搬迁事业的成败，对巩固脱贫攻坚成果、解决相对贫困，乃至推动乡村全面振兴都具有举足轻重的作用。后续帮扶责任重大且任务艰巨，需要自上而下的决策部署与自下而上的实践探索相结合，各地在搬迁安置中积累的典型经验成为顶层制度设计的重要参考。对于各地搬迁安置实践，新闻媒体虽多有报道，但往往缺乏概括提炼，未能总结出具有普遍价值的模式和路径；既有的学术研究则多是就扶贫搬迁来谈安置和帮扶，未能把扶贫搬迁当作一项系统性工程，经验总结不够全面且缺乏高度。

基于此，本研究团队于 2021 年 5—6 月对易地扶贫搬迁任务较重的 11 个省（市、区）开展了全面调研，收集和识别了易地扶贫搬迁后续帮扶机制创新的典型实践，通过总结提炼出了一些后续帮扶模式与经验，以期能够为 2020 年后易地扶贫搬迁"稳得住、能致富"提供参考。

本研究通过对 2020 年前易地扶贫搬迁任务较重的 11 个省（市、区）开展全面实地研究，总结出当前易地扶贫搬迁后续帮扶主要存在五种典型模式。通过对五种典型模式的定义、运行机制进行分析，更好地丰富了易地扶贫搬迁及后续帮扶相关概念、理论与机制，对于接续易地扶贫搬迁与全面乡村振兴、解决易地扶贫搬迁群众后续发展问题、探索易地扶贫搬迁后续帮扶模式的中国经验意义重大。

此外，通过收集和识别易地扶贫搬迁后续帮扶机制创新的典型实践，总结提炼易地扶贫搬迁后续帮扶模式、典型经验和现实问题，不仅有利于优化易地扶贫搬迁后续扶持政策，还能改善搬迁户的生产生活水平，进而为推进乡村全面振兴奠定坚实的基础。

（二）研究思路

遵循"理论分析—现状分析—模式总结—政策建议"的逻辑思路，以阐明易地扶贫搬迁后续帮扶模式内涵与机理为切入点，基于全国易地扶贫搬迁后续帮扶资料和经验数据，深入分析易地扶贫搬迁后续帮扶的现状，总结提炼易地扶贫搬迁后续帮扶模式、典型经验与现实问题，引导易地扶贫搬迁农户后续帮扶模式向符合搬迁群众搬迁后的自然地理环境、生计特征转型。本研究技术路线如图 1 所示。

二、文献综述与评述

（一）易地扶贫搬迁成效及问题研究

易地扶贫搬迁是易地搬迁和精准扶贫的有机结合，内涵极富中国本土特色。学界肯定了易地扶贫搬迁政策在生计改善、基础设施、公共服务等方面的积极作用（宁静等，2018；王君涵等，2020）。同时，针对移民脱贫往往滞后于移民搬迁（檀学文，2019），搬迁对象在搬迁后面临生计中断、就业困难和共同体割裂（李聪等，2019；张涛等，2020）、返贫问题

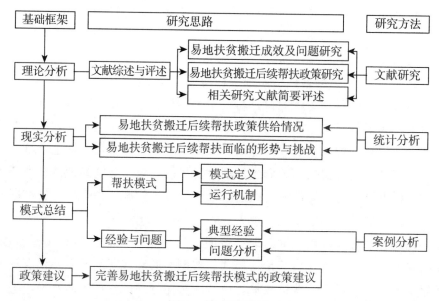

图 1　技术路线图

（陈坚，2017）、返迁问题（吕建兴等，2019）等现实困境，其中，少数民族面临更加剧烈的社会网络断裂、文化耦合调适不易、摇摆人心理、乡土情结交替等社会稳定风险（聂君，2020；肖锐，2020；刘升，2020）。

（二）易地扶贫搬迁后续帮扶政策研究

针对易地扶贫搬迁政策减贫效应持续性不足、边际效应递减等现实问题（朱永甜等，2020），后续扶持政策聚焦移民内生动力激发、县域经济拉动、迁出地与迁入地联动发展三个维度的转型（王曙光，2019；涂圣伟，2020），学者基于社会治理（王蒙，2020）、生计能力（谢大伟，2020）、可持续发展权利（张涛等，2020）等视域，从经济、社会、文化等维度系统探讨易地扶贫搬迁后续发展框架（王志章等，2020；黄云平等，2020）。其中少数民族后续帮扶措施中的社会空间整合重构、正式与非正式制度的联动协作以及文化治理受到广泛重视（丁波，2020；史诗悦，2021）。

（三）相关研究文献简要评述

从研究对象看，现有易地扶贫搬迁分析对搬迁对象区分度不够，差异化研究较少，聚焦大中型集中安置区、整村、整乡搬迁安置、集中安置和分散安置，搬迁安置距离，老人、妇女、残疾人等特殊类型群体的考察较为匮乏，且对安置区内同步搬迁户的关注较少；从研究内容看，现有易地扶贫搬迁研究主要围绕搬迁前、搬迁过程中以及搬迁后存在的问题、困难进行了广泛分析，针对搬迁后的研究也主要围绕搬迁成效、帮扶政策进行了初步探讨，对搬迁后如何才能够形成有效帮扶模式和发展经验，实现易地扶贫搬迁群体生计可持续发展的考察仍然不足。

三、易地扶贫搬迁后续帮扶现状分析

（一）易地扶贫搬迁后续帮扶主要政策供给情况

为了深入了解全国易地扶贫搬迁工作进展及后续产业、就业发展情况，2021 年 5—6 月课题组先后对陕西、山西、河南、甘肃、湖南、江西、湖北、四川、广西、云南、贵州 11 个省（市、区）开展了调研。通过在省、县两级政府召开座谈会、入村入户与基层干部和脱贫户进行访谈和调研，获取了调研资料近千份，形成大量的访谈记录和调研笔记，内容包括易地扶贫搬迁的原因、安置模式、搬迁前后生产生活条件改善情况、相关扶持项目、脱贫户致贫原因与脱贫路径、稳定脱贫的前景与可能等（表 1）。

表 1　各省（市、区）易地扶贫搬迁工作基本情况

省份	安置模式	后续扶持典型做法
陕西	以集中安置为主、鼓励进城入镇驻社区	探索"五个三"工作法，推广"社区工厂"、资产收益；创新"搬迁户＋"模式，即"搬迁户＋龙头企业＋园区＋合作社（协会）＋小微企业＋中介组织＋电商＋旅游＋家庭农场＋产业大户＋干部帮扶"等模式
山西	采取集中与分散相结合的安置模式，重在展现民俗乡村特色，结合地域文化传统和居民生产生活习惯，因人因户设计房屋。针对老年人、五保户等特殊群体创新"幸福大院"安置	以"一村一品一主体"为载体，重点发展特色农业、劳动密集型加工业和服务业等；以提高劳动技能为重点，实施免费定向培训，建立劳务输出对接平台；建设村级光伏电站，开展公益岗位扶贫、小型公益事业扶贫和奖励补助扶贫，同步推进生态保护与搬迁后续发展

（续）

省份	安置模式	后续扶持典型做法
河南	以集中安置为主，分散安置为辅	开展易地扶贫搬迁产业扶贫"五个一"专项行动，推广"卫星工厂＋扶贫""旅游＋扶贫""电商＋扶贫"等模式
云南	以集中安置和城镇化安置为主	立足本地资源禀赋，支持发展蚕桑、林下中草药等特色产业；全面推动电商扶贫，推动形成特色产业化、农业现代化、收入多元化格局；探索出"母猪寄养""仔猪代养"等多种畜牧养殖模式，实施"企业＋基地＋合作社＋贫困户"的产业化经营模式
贵州	全面实行城镇化集中安置	全面推广"五个三"经验：盘活承包地、山林地和宅基地"三块地"；统筹就业、就学和就医"三个问题"；衔接低保医保和养老保险"三类保障"；建好集体经营性公司、小型农场、公共服务站"三个场所"；健全集体经营、社区管理服务、群众动员组织"三种机制"
四川	采取集中与分散相结合的模式多渠道安置	提出发展特色农林业、劳务经济、现代服务业、金融支持、资产收益扶贫和社会保障兜底等 6 条促进搬迁人口脱贫的措施，将易地扶贫搬迁同定点扶贫、东西部扶贫协作和对口支援等紧密结合，统筹全省 22 个脱贫攻坚专项，积极构建专项扶贫、行业扶贫和社会扶贫"三位一体"大扶贫格局
广西	以集中安置为主、分散安置为辅	开展"三库建设助推产业扶贫"，以示范区建设引领全区优势特色农业发展，以企业库和项目库为基础，开展"千企扶千村"活动，推进企业与贫困村和搬迁村对接，构建"政府＋企业＋贫困村＋搬迁村＋项目"的产业扶贫格局

（续）

省份	安置模式	后续扶持典型做法
甘肃	采取多种安置模式，集中安置为主	对依托城区、中心镇、旅游景区和产业园区安置的农户，重点扶持发展劳务、运输等服务业解决就业难题，采取"易地扶贫搬迁＋工业产业园区＋食用菌产业园区＋就业"模式和"龙头企业＋专业合作社＋农户"的利益联结模式，实现产城融合
湖北	采取集中与分散相结合的安置模式，以集中安置为主	坚持"挪穷窝"与"换穷业"并举，采取"订单式""定向式"的就业培训模式，并与工业园区对接；本村安置的主要发展特色农业，城镇安置的发展旅游餐饮业；还探索出"利益联结、藤上结瓜""转移就业、劳务脱贫""入股分红、化解风险""资产投资、村户收益""乡协认领、帮扶脱贫""以奖代补、激励脱贫"6种后续脱贫模式
湖南	采取集中与分散相结合的安置模式	省政府安排专项资金，在湘西地区开展易地搬迁后续产业就业扶持试点；对由新型经营主体建设、建档立卡搬迁户参与度高的特色农林产业基地给予奖补支持，形成龙头带基地、基地联农户的模式，增加搬迁贫困对象收入；对在工业园区、旅游景区吸纳建档立卡搬迁对象就业的企业给予奖补支持，引导搬迁贫困对象向旅游服务业、商贸流通业等二、三产业转移
江西	根据群众意愿和自身条件实行进城进园、乡镇和中心村三级梯度集中安置	在县城和工业园安置方面，通过在产业园、工业园建设集中安置点，帮助贫困户进企业务工；在乡村安置方面，整体推进，做到"四个一批"，即：一是务工就业转移一批，通过技能培训，帮助搬迁贫困户到园区、集镇务工和外出务工。建立扶贫车间，帮助搬迁贫困户实现家门口就业。安排搬迁贫困户到乡村公益性岗位就业。二是特色产业发展一批，搬迁贫困户参与合作社经营。三是兜底政策保障一批，为无劳动能力者发放低保金，为有义务教育阶段儿童的贫困家庭发放助学金等。四是原有利益不变稳定一批。原有惠农政策不变，宅基地复垦土地使用权经营权归农户

资料来源：笔者根据实地调研资料整理。

1. 搬迁规划选址重视产业就业

后续扶持不仅是易地扶贫搬迁工作的重点，也是易地扶贫搬迁政策的初衷，即通过易地扶贫搬迁实现贫困人口的可持续脱贫，产业、就业等后续扶持措施是搬迁人口可持续脱贫的根本所在。通过实地调查，课题组发现各地对后续扶持的重视贯穿了易地扶贫搬迁工作的始终，各地在选址和后续扶持规划中始终重点考虑产业发展和就业因素。

2. 各地积极探索后续帮扶措施供给

通过简单总结，课题组发现各地的后扶措施供给方向具有一定的一致性。首先，11个省（市、区）全都依托当地资源禀赋优势，大力发展特色农林产业用以扶持易地扶贫搬迁对象，同时几乎全部省份对搬迁对象实施了免费就业培训并依托工业园区提供岗位，加速安置农村剩余劳动力向二、三产业转移就业，以上为易地扶贫搬迁的最主要扶持措施；其次，过半数省份为脱贫易地扶贫搬迁户提供了公益性岗位、资产收益、乡村旅游等后续扶持方案，并发动社会力量共同保障搬迁对象能够稳定脱贫；其余省份则通过搭建用工平台、安置社区工厂、创新金融扶贫、鼓励搬迁群众创业等多种措施保障建档立卡搬迁户搬迁后的生计发展，体现了扶持措施供给的多样化（表2）。

表 2　各省（市、区）易地扶贫搬迁后续扶持措施汇总

后续扶持	陕西	山西	河南	云南	贵州	四川	广西	甘肃	湖北	湖南	江西
特色农林	✓	✓	✓	✓	✓	✓	✓	✓	✓	✓	✓
资产收益	✓	✓				✓	✓	✓			
工业园区	✓	✓	✓		✓						✓
社区工厂	✓					✓					✓
旅游	✓	✓		✓		✓		✓	✓	✓	
生态		✓						✓			
就业培训	✓	✓		✓	✓		✓	✓	✓		✓
用工平台		✓		✓	✓						
公益岗位		✓				✓		✓			✓
光伏	✓				✓					✓	✓
电商	✓	✓	✓			✓					

（续）

后续扶持	陕西	山西	河南	云南	贵州	四川	广西	甘肃	湖北	湖南	江西
社会扶贫	√	√			√		√	√	√		
金融	√	√	√								√
干部帮扶	√								√		√
医疗教育	√	√			√					√	√
特殊救助		√				√					
创业	√			√		√	√				
社会保险					√	√			√	√	√
社区服务		√			√						

资料来源：笔者根据实地调研资料整理。

总体来看，各地围绕易地扶贫搬迁后续扶持开展了以下工作：第一，直接开展各类就业、产业的帮扶；第二，筹集资金用于搬迁对象后续发展，指导和鼓励各地将专项扶贫资金用于扶持易地扶贫搬迁对象后续产业发展；第三，相关单位开展对易地扶贫搬迁有就业能力的对象进行职业培训和劳务输出等，以实现"搬迁户每户有一人稳定就业"的目标；第四，对易地扶贫搬迁对象脱贫后继续提供政策支持。

（二）2020 年后易地扶贫搬迁后续帮扶面临的形势与挑战

1. 需要帮扶的农户规模庞大

2001 年以来，通过实施易地扶贫搬迁工程，我国陷入空间贫困的人口大规模减少，现行标准下因生存空间不足以支撑发展而产生的农村绝对贫困人口基本消除。具体来讲，"十五"期间，我国各地累计实施易地扶贫搬迁贫困人口 122 万；"十一五"期间，累计搬迁贫困人口 162.7 万；"十二五"时期，累计搬迁贫困人口 394 万，并实现 1 亿人口脱贫；"十三五"时期，全国有易地扶贫搬迁任务的 22 个省计划搬迁 990 万人。截至 2020 年 10 月，我国已完成最后一批 960 多万因生存环境不足以支撑发展的贫困人口搬离原有居住地区，有效解决了"十三五"期间近 1/5 贫困人口的脱贫问题。同时，"十三五"时期我国还在中西部地区同步搬迁了大约 500 万非贫困人口，有效根除了制约同步搬迁人口持续发展的空间瓶颈。目前，全国各地工作重心已从前期搬迁工程建设全面转向搬迁群众后续扶持。数以千万计的搬迁群众通过易地扶贫搬迁转移到迁入地，形成了庞大的帮扶需求压力。合理满足搬迁群众的帮扶需求预期，形成搬迁群众可持续发展的帮扶模式，才能够最终实现搬迁群众"稳得住、有就业、逐步能致富"的目标。

2. 搬迁农户异质性特征凸显

由于长期在较为偏远封闭的环境中开展生产、生活，易地扶贫搬迁农户异质性特征凸显，这无疑对易地扶贫搬迁后续持续性帮扶构成巨大挑战。具体而言，搬迁农户的异质性主要体现在以下几方面：第一，搬迁农户以少数民族人口为主，他们一般依赖自己的传统文化和农牧业为主的生产生活模式，对外来文化和理念具有排斥心理。第二，搬迁农户家庭人口一般较多，家庭成员文化水平低，除传统农牧业生产技能外，很少掌握其他生产技能。第三，大多数搬迁农户为留守老人、妇女和学龄儿童，甚至很大部分搬迁农户为残疾人、重疾病患者，引导他们通过就业帮扶脱贫乃至致富本身存在难度。第四，搬迁农户自身发展能动性差，长期以来部分农户已经养成了低水平重复的"贫穷—较为落后的生产生活—再贫穷"的生产生活模式及思维定式，政府短期性易地扶贫搬迁既容易导致他们产生排斥心理，也容易导致他们对政府的帮扶产生过度依赖心理，从而使得其自身脱贫、致富的心理和能力准备都不足。总之，受易地扶贫搬迁农户异质性特征影响，易地扶贫搬迁后续持续性帮扶存在较大难度和挑战。

3. 设施配套仍然有较大差距

易地扶贫搬迁安置一般分为就近安置和非就近安置。就近安置地区即使比原住地的自然条件有所改善，但仍受到地理条件和资源的限制，基础设施和公共服务配套、生存环境、生产条件、产业基础仍较为一般。针对非就近安置的农户而言，虽然当前各地按照既定工作目标，基本完成了"搬得出"任务，但部分安置点的水、电、路、网、污等配套设施建设仍亟待完善。部分安置区的教育、医疗、文化、养老等保障服务体系尚不健全，有的安置点距离学校、医院较远，不能真正如群众所愿，就近上学、就近就医。基础设施和公共服务保障不足，会导致一些安置区入住率低，同时也难以有效保障搬迁农户后续帮扶工作的开展，更难以支撑后续帮扶产业的健康、持续发展。

4. 其他帮扶主体参与明显不足

长期以来，我国易地扶贫无论是从搬迁、安置，还是到后续帮扶一直都是以各级政府为主导力量进行推动的，企业、合作社、公益团体、高校、社区等其他主体参与明显不足。现行扶贫管理体制下易地扶贫搬迁后续帮扶政府部门行政化干预过度，导致其他帮扶主体参与不足。政府虽然掌握着大量人力物力财力，但是其优势在于制定政策、规划、监督和考核等方面，他们一般缺乏专业性的后续帮扶工作经验，其主导的后续帮扶难免存在资金投入有限、帮扶产业持续性发展机制缺乏等问题。企业、合作社、公益团体、高校、社区等社会力量相对政府部门拥有易地扶贫搬迁后续帮扶的专业知识和工作优势，有助于弥补行政力量在易地扶贫搬迁后续帮扶方面的不足，提高帮扶效率和帮扶持续性。企业、合作社等社会力量与政府部门在易地扶贫搬迁后续帮扶过程中有效协作，能够降低帮扶成本，提供多元化服务，保障易地扶贫搬迁群众利益的最大化。

四、易地扶贫搬迁后续帮扶模式分析

归纳各地易地扶贫搬迁后续扶持政策及实践，课题组发现易地扶贫搬迁后续帮扶主要有五种模式。一是利用区域资源优势，结合搬迁人口自身劳动能力，发展特色种养产业，形成了"发展特色种养业帮扶模式"；二是利用迁入地特色产业资源，就近吸纳搬迁务工群体，形成了"工厂/园区/景区帮扶模式"；三是通过提供技能培训等公共服务，利用东西扶贫协作等渠道，向外地输出劳务解决搬迁群众就业问题，形成了"劳务输出吸纳就业帮扶模式"；四是依托搬迁群众私人资产、集体资产，探索了一些资产收益扶贫形式，形成了"资产收益性扶贫帮扶模式"；五是通过为就业困难人员提供公益岗位，实现搬迁就业困难人员有就业、有收入，形成了"公益性岗位帮扶模式"。

（一）发展特色种养业帮扶模式

1. 模式定义

发展特色种养业帮扶模式是政府等帮扶主体，帮助搬迁农户利用迁入区域内独特的动植物资源和适宜的温度、降水、土地、空间等资源，从事特色植物种植和动物养殖，实现资源变产品、产品变名品，打造特色种养产业（基地、集群）的发展模式。该模式需要搬迁户具备特色种养业发展的基本能力和资源，比如技术、资金、土地等，主要适用于那些具有特色种养资源或能够引进特色种养品种，适合该类品种种养的地区。

2. 运行机制

发展特色种养业模式，需要政府、企业、农户多方主体通力合作。首先，政府在尊重搬迁农户主体意愿的基础上，为搬迁农户发展种养殖业制定清晰的规划，通过产业资金下沉、基础设施供给、相关技能培训等扶持手段，为搬迁农户发展特色种养业提供好的条件。其次，搬迁农户在政府帮助的基础上，充分利用自身条件和外界提供的资源，发展特色种养业。最后，企业等主体通过市场手段参与到特色种养业生产、运营、销售等环节，充分发挥市场的主导作用，实现易地扶贫搬迁地区特色产业长远发展、提质增效（图2）。

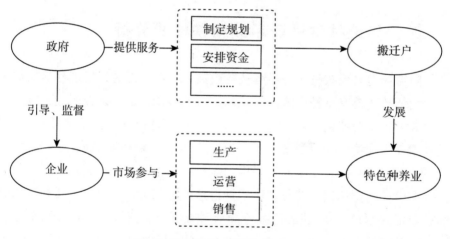

图 2　发展特色种养业模式机制

（二）工厂/园区/景区帮扶模式

1. 模式定义

工厂/园区/景区帮扶模式是指搬迁农户依托迁入地已有或新建的工厂/园区/景区等产业资源，就近务工的易地扶贫搬迁帮扶模式。该模式的目标对象主要为有劳动意愿和劳动能力且不愿外出务工、经商的搬迁户，适用于交通较为便利、公共服务较好，有良好产业园区资源（工业园区、农业园区、旅游景区）的地区。

2. 运行机制

为了重构易地扶贫搬迁移民生计空间，提高其生计韧性，从而在后搬迁时代提升易地扶贫搬迁移民可持续发展能力，出现了诸如社区工厂、产业园区、旅游景区等后续帮扶模式。该类帮扶模式运行主要遵循以下逻辑：第一，政府通过做好公共服务，积极招商引资等方式，促进本地产业园区资源做大做强。第二，通过政府的积极引导，部分有劳动意愿和劳动能力且不愿外出务工、经商的搬迁户进入相关产业园区工作，解决搬迁户的就近就业需求。第三，搬迁群众在产业园区工作，产业园区为本园区工作的搬迁农户提供劳动报酬，保障其增收（图3）。

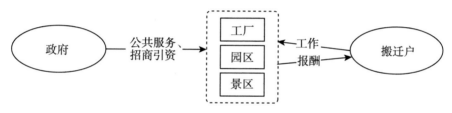

图3 工厂/园区/景区帮扶模式机制

（三）劳务输出吸纳就业帮扶模式

1. 模式定义

劳务输出吸纳就业帮扶是依据劳务输入地的基本建设和其他项目的要求，以提供活劳动的形式进行技术和劳务服务并获取相应报酬的易地扶贫帮扶模式。该模式帮扶的目标对象主要为本地就业机会不足，有就业意愿且有劳动力能力，易被市场接受的搬迁群体。从种类上划分，劳务输出包括政府主导型劳务输出和自发型劳务输出，易地扶贫搬迁后续帮扶的劳务输出模式以政府主导型为主。

2. 运行机制

劳务输出吸纳就业帮扶模式是一种政府引导、企业主导、农户参与、市场运作的帮扶模式。首先，政府利用自身比较优势为搬迁群体提供就业信息、权益维护等公共服务，通过精准对接和高效匹配不断提高劳务输出的组织化与规范化程度。其次，企业充分与政府合作，在了解劳务市场供需状况的基础上提前完成输出搬迁户的"员工化"培训。再次，输出搬迁户在政府与企业的引导下到达工作岗位，完成企业各项工作任务。最后，企业根据输出搬迁户工作完成情况，及时发放劳务报酬（图4）。

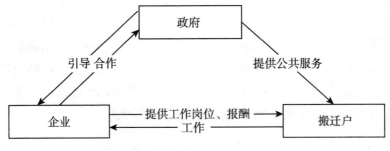

图4　劳务输出吸纳就业帮扶模式机制

（四）资产收益性扶贫帮扶模式

1. 模式定义

资产收益性扶贫帮扶模式主要是指运营主体将搬迁户分散、沉睡的资源有效整合、量化打包后，投入市场运营并返利于搬迁户的一种帮扶模式。这种模式需要具有明晰的产权安排、有效的资产经营、合理的收益分配等条件才能发挥资产收益帮扶最大效用，使搬迁户得以享受"资源变资产、资产变资本"带来的收益。

2. 运行机制

资产收益性扶贫帮扶模式运行机制核心在于资源、资产、资本三者之间的关系，重点围绕资源有哪些，如何实现资源与资产有效转化，资产如何形成资本，资产收益如何分配等问题展开。这种模式首先需要政府的积极介入，鼓励并引导相关运营主体与搬迁户形成合作意向。其次，运营主体与搬迁户达成合作共识，将搬迁户所掌握的资源进行整合，折股量化形成资产。再次，运营主体将量化后的搬迁户资产投入市场运营，形成资本以赚取利润。最后，运营主体依据量化形成的资产额度将盈利部分返还给搬迁户（图5）。

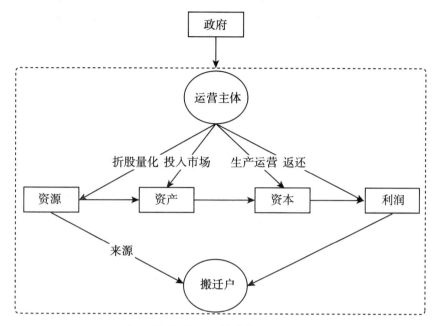

图 5 资产收益性扶贫帮扶模式机制

（五）公益性岗位帮扶模式

1. 模式定义

公益性岗位帮扶模式侧重于社会效益，是指在易地扶贫搬迁地区运用政府（社区）购买服务的理念与模式为有劳动意愿但劳动能力偏弱的搬迁群众量身提供一批有偿性公益岗位，既实现搬迁群众就业增收，也增加搬迁社区公共服务供给的易地扶贫搬迁帮扶模式。该模式帮扶的目标对象主要为易地扶贫搬迁地区有就业意愿但劳动力较弱、文化技能水平较低，易被市场排斥的就业困难人员，在岗人员需要通过保质保量完成为保障公共利益而设置的相关岗位规定的工作任务，才能获得相应报酬，因此该模式具有排他性、非技术性、公益性等特征。

2. 运行机制

公益性岗位帮扶模式强调"工作换福利"，通过缩减财政支出并打破福利依赖，并非直接进行补贴，而以劳动换取福利，增强人的可行能力。其潜在优势是为社区公共服务供给和就业困难人员就业开辟了新的路径。一方面，农村就业困难人群大多为年龄偏大、劳动能力较弱的农村常住人口，其进入城市就业体系存在很大难度，需要就近开发岗位；通过设置劳动强度低的公益性岗位，既实现了帮扶可持续性，也避免了"养懒汉"现象。另一方面，通过提供社区保洁、安保、托老托幼及残疾人服务等公益性岗位工作，能够有效改善社区环境卫生、社会治安，缓解养老、助残、托幼服务供给不足的压力，改善社区福利。

公益性岗位帮扶模式运行逻辑如图6所示。第一，政府或其代理平台因公共利益需要通过自设自管、自设他管等形式设置一批公益性岗位，为就业困难人员提供就业条件。第二，通过岗位匹配，就业困难人员进入合适的岗位提供劳动。在岗人员需要保质保量完成相应岗位规定的工作任务，这一环节尤为关键，既实现了就业困难人员搬迁后有就业，又填补了社区公共服务供给缺口。第三，政府或其代理平台在核实就业困难人员在岗工作质量后，通过现金、实物等多种形式给予在相关公益性岗位工作的就业困难人员发放报酬。

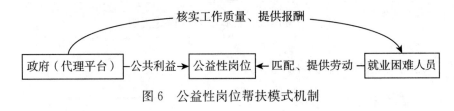

图 6　公益性岗位帮扶模式机制

五、易地扶贫搬迁后续帮扶模式经验总结与问题分析

（一）经验总结

1. 解决就业是易地扶贫搬迁后续帮扶的根本抓手

解决就业问题，实现就业"全覆盖"是易地扶贫搬迁后续帮扶的根本抓手。通过调研课题组发现，各地在易地扶贫搬迁后续帮扶过程中，大多瞄准群众就业展开，通过产业培育、技能和知识培训、移风易俗等手段，实现了绝大多数易地搬迁户有就业目标、基本能就业，为易地扶贫搬迁户搬迁后"稳得住、逐步能致富"提供了重要支撑。不仅如此，就业帮扶还开阔了搬迁农户的眼界，拓展了搬迁农户与外界社会的联系，为搬迁农户

更好地融入现代社会提供了良好条件。另外，针对有劳动意愿但劳动能力较弱的搬迁户提供公益性岗位，诠释了易地扶贫搬迁后续就业帮扶"不落下一个人"的初心。这些措施和成效充分体现了解决就业助推易地搬迁户脱贫致富的重要价值，凸显了新时代易地扶贫的智慧与特色。

2. "绣花"功夫是易地扶贫搬迁后续帮扶的核心要旨

核心要旨是以"绣花"功夫让易地扶贫后续帮扶更精准。2017 年，习近平总书记在十二届全国人大五次会议四川代表团的审议时强调，脱贫攻坚全过程都要精准，需要下一番"绣花"功夫。各地易地扶贫搬迁后续帮扶实践表明：因地制宜、分类施策，精细化开展工作是易地扶贫搬迁后续帮扶取得最后胜利的核心要旨。比如，四川凉山州紧扣易地扶贫搬迁户"稳得住、能致富"的目标，创新思路举措，以产业帮扶、就业帮扶为重点，精细化摸排就业意向，多元化促进就业增收，有效提升了搬迁群众的认可度、满意度。这些精细化的措施得到了易地扶贫搬迁户和同步搬迁户乃至广大群众的高度认可，为不断提高脱贫成效、促进易地搬迁户稳定脱贫提供了可参考的样本。

3. 引入市场政府协同机制是后续帮扶可持续的关键

引入市场政府协同机制是易地搬迁后续帮扶可持续的关键。易地搬迁后短期内通过产业发展、就业帮扶促进搬迁户物质脱贫相对较易，而中长期实现稳定脱贫、乃至达到致富目标则存在较大难度。这是因为短期内政府各项扶持、优惠政策力度较大，能够较好解决搬迁群众产业发展、就业问题；但是从中长期来看，政府的强力投入不可能一直持续下去，等到政府投入力度减弱、甚至退出，缺少市场参与的产业发展、就业问题就会凸显。纳入市场机制到易地搬迁后续帮扶中，形成市场与政府协同帮扶搬迁群众，就会真正畅通易地扶贫搬迁后续帮扶可持续发展循环路径。课题组调研易地搬迁后续帮扶实践均表明，无论哪里的易地扶贫搬迁后续帮扶，其要取得成功，无疑都是政府和市场通力合作的成果。因此，同步推进政府和市场协同帮扶是易地扶贫搬迁后续帮扶取得最终胜利的关键之策。

4. 提高内生动力是提升后续帮扶效率的基本保障

提高搬迁农户内生动力是提升后续帮扶效率的基本保障。很多易地扶贫后续帮扶效率较低，除了搬迁农户自身综合素质相对较低以外，更为重要的是没有提高搬迁群众的内生动力。解决好内生动力问题，才能够有效提升易地扶贫搬迁后续帮扶成效。比如，四川凉山州在易地扶贫搬迁后续帮扶过程中锁定移风易俗，聚焦精神脱贫，结合乡风文明建设十大行动，在全州开展"倡移风易俗、树文明新风"主题教育实践活动，持续推进移风易俗，推动全州城乡群众精神面貌发生了显著变化，逐步实现了物质和精神双脱贫，唤醒了当地易地搬迁群众主动脱贫的内生动力，有效促进了后续帮扶提质增效。

（二）问题分析

虽然易地扶贫搬迁后续帮扶模式在推动易地扶贫搬迁农户稳定脱贫上起到了积极作用，但是课题组在调研中发现，易地扶贫搬迁后续帮扶模式依然存在着一系列问题，需要进行及时解决，不然就会影响到后续帮扶的效果。具体而言，目前全国各地易地扶贫搬迁后续帮扶模式主要存在以下问题：

1. 特色种养业发展同质化较严重

从实际调研情况来看，目前各地易地扶贫搬迁后续发展拓展新的产业难，产业同质化较为严重。就目前发展特色种养业帮扶模式来看，各地基本形成以下模式，即地少的发展土地面积需求较小的菌类等种植业；地力不肥、土壤贫瘠的发展葡萄、苹果等产业；地力好的大力发展蔬菜等劳动密集型产业；没地的则发展猪羊鸡鸭鹅等养殖业。这些模式由于缺乏市场的广泛参与，加之搬迁农户经营能力不足，使得特色种养业同质化较为严重，不但销路和收入受到影响，产业发展持续性也存在很大问题。

2. 工厂/园区/景区吸纳劳动力有限

课题组调研发现，虽然政府在部分易地扶贫搬迁安置点布局了一些社区工厂、产业园区、旅游景区，但受制于市场半径、资源环境、经济社会条件，即使这些社区工厂、产业园区、旅游景区得到政府的强力支持，也很少有市场、社会组织参与其中。这就导致这些社区工厂、产业园区、旅游景区的发展规模受到限制、发展资金和人才受到制约，发展可持续性受到约束。继而使得这些社区工厂、产业园区、旅游景区对搬迁群众的就业吸纳能力相对有限，对搬迁群众的就业吸纳不稳定，能够为搬迁群众提供的工资水平相对较低，不能很好地满足更多搬迁群众的就业需求。

3. 劳务输出主体素质难以满足要求

易地扶贫搬迁农户主要以民族地区、革命老区、偏远山区居民为主，他们一般拥有自己独特的民族文化，并且兼具技能偏低、文化程度不高等特征，这就导致他们难以适应现代企业的要求，对现代企业的管理制度也不适应。虽然政府为易地扶贫搬迁农户组织开展了大量公共就业服务，但是由于服务力量薄弱、服务效益不高，服务宣传不够，对易地扶贫搬迁劳动者的吸引力不强，在组织开展的招聘会、岗位推送活动中，效果都非常不理想。

4. 资产收益利益联结形式大于内容

目前，资产收益性扶贫帮扶模式在易地扶贫搬迁后续帮扶过程中大量涌现。该模式大多围绕搬迁户的土地、林地、宅基地等资源，以出租、入股这些资源的方式与大户、基地、企业等主体建立利益联结机制，最后通过租金收入、股权分红等形式达到后续帮扶的目的。然而就目前的实践来看，该模式大多是强制性地按比例一次分红和按量收租，基本等同于各类资产简单折现放贷，易地扶贫搬迁户只能拿到各类资产的利息，很少能达到分享大户、基地、企业等主体红利的地步，资产收益性扶贫帮扶模式仍需继续探索完善。

5. 公益岗位用人存在"精英俘获"现象

课题组调研发现，公益岗位扶贫帮扶模式在实际运行过程中存在"精英俘获"现象。首先，"精英俘获"体现为扶贫对象的瞄准偏误。即存在符合公益岗位标准的部分搬迁人群没能够进入公益岗位工作，但是同时还存在不符合标准的部分人员长期占据公益岗位的现象。公益岗位的人员录用应以家庭贫困状况和人口结构为标准，而非亲缘关系。"精英俘获"严重违背了公益岗位帮扶的"个体瞄准"。其次，"精英俘获"体现在扶贫资源的错配。即在公益岗位上工作的部分搬迁群体没能够获得足额的报酬，但是同时还存在不符合标准的部分人员长期赚取公益岗位报酬。在扶贫资源总量有限的情况下，扶贫资源的错配必然会加剧社区福利分配的不公平。

六、完善易地扶贫搬迁后续帮扶模式的政策建议

易地扶贫搬迁作为脱贫攻坚的"头号工程"在各地得到了政府的高度

重视。随着我国扶贫开发进入巩固绝对贫困、增强自我发展能力、改善生态环境和缩小发展差距的新阶段，各地也逐渐认识到搬迁安置完成后成功巩固绝对贫困的关键在于有效解决搬迁贫困户的后续生计问题。结合新形势下巩固拓展绝对贫困和乡村振兴战略，各地对后续扶持措施供给开展了积极而多元的探索。但是从目前各地实践情况来看，后续产业发展仍然是目前乃至今后一段时间易地扶贫搬迁后续工作的重点和难点，需要相关部门统筹迁入地和迁出地的各类资源，从以下方面创新扶贫搬迁后扶机制，协同推进扶贫搬迁、生态建设、农业现代化、新型城镇化为一体的系统工程，有效解决搬迁脱贫户的脱贫致富难题和脱贫地区的区域性整体发展问题。

（一）因地制宜选准产业，引导建设特色优势产业聚集区

在产业脱贫帮扶工作中，应抓住市场需求，突出各地特色、立足资源禀赋、找准比较优势，遵循产业发展和市场规律，突出农业供给侧结构性改革，在做优、做精、做特上下工夫。对于易地扶贫搬迁地区，应坚持科学布局、统筹规划，突出融合迁出迁入两地资源，依托迁出地提供生产原料而在迁入地建设优势产业聚集区，因地制宜发展农产品加工业，延长产业链价值链，推进休闲农业和乡村旅游发展，不断推动一二三产业融合发展。同时，通过财政、税收、金融、投资和土地政策的组合运用，引导资本、技术、人才等要素资源向产业聚集区转移；出台园区优惠政策，支持重点产业加工园区和商贸物流园区建设，促进产业实现集群发育发展；出台相关就业创业政策，积极引导农村居民特别是非农安置搬迁人口到加工、商贸物流等园区就业创业。

（二）强化新型主体带动，提升搬迁贫困户内生发展动力

一方面，在脱贫地区培育一批能够带领脱贫农户、脱贫人口稳定脱贫、稳定致富的专业合作社、龙头企业等新型经营主体，培育或引进一批适合脱贫地区生产实际的农业企业，引导和鼓励返乡人员在脱贫地区创业创新，推动科技、人才、资本等先进生产要素在脱贫地区落地生根。另一方面，应统筹使用各类技能培训资源，以在迁入地就业为导向，提高就业技能培训的针对性和有效性，培养后续产业发展所需人才与劳动力。在引

导创业方面，积极开展有针对性的创业培训工程，支持农村信用社、村镇银行等金融机构为搬迁人口提供免抵押、免担保扶贫小额信贷，由财政专项扶贫资金按照一定比例贴息。

（三）完善利益联结机制，积极深化资产收益扶贫模式

创新体制机制，引导各地改变发钱发物的简单模式，总结推广资产收益、股份合作、订单帮扶、生产托管、园区带动等帮扶模式，将共享理念贯穿到产业发展链条中去，把脱贫户"黏"在产业链上，有助于促进建档立卡搬迁人口稳定脱贫。鼓励搬迁人口将原住地的土地承包权、林权等作为资产参与现代特色农林产业发展，同时利用优惠政策引导企业、专业合作社、大户等农业生产经营主体到迁出地以"公司＋搬迁户""公司＋合作社＋搬迁户""合作社＋搬迁户""大户＋搬迁户""公司＋合作社＋金融机构＋搬迁户"等形式发展特色农林产业，让脱贫户、村集体和企业共同受益，建立稳定脱贫长效机制。探索迁出地原有资产折股量化的合理收益分配机制和管理办法，同时积极探索迁入地营利性配套设施产权折股量化按股分红的资产收益扶贫模式。

（四）提升政策瞄准精度，强化对乡村精英的多方约束

一方面，要强化公益岗位执行过程中的制度建设。成立管理工作领导小组，建立岗位从业人员台账，建立健全考勤、考核、奖惩等制度，使公益岗位资源分配等信息公开透明。且通过健全完备的扶贫资源制度体系，形成对乡村精英的制度约束，以提高政策瞄准精度。另一方面，搬迁群众要强化扶贫资源管理的"主人翁意识"，变被动为主动，通过参与扶贫决策对公益岗位资源的使用予以有效监督。通过培育搬迁群众的维权意识，激发其政治诉求，打破部分群体对于"精英俘获"现象敢怒不敢言的状态，实现公益岗位扶贫资源的公平分配。同时，符合标准的群众要通过技能培训提高技能以及提升良好的工作心态，才能更好适应岗位需求，体现"在其岗、谋其责"，以自我劳动换取应有福利，实现自我发展。

◆ 参考文献

陈坚．2017．易地扶贫搬迁应注重提升五种能力［N］．光明日报，3-7．

丁波．2020．新主体陌生人社区：民族地区易地扶贫搬迁社区的空间重构［J］．
广西民族研究（1）．

贺立龙，郑怡君，胡闻涛，等．2017．易地搬迁破解深度贫困的精准性及施策成效
［J］．西北农林科技大学学报（社会科学版）（6）．

黄云平，等．2020．我国易地扶贫搬迁及其后续扶持问题研究［J］．经济问题探
索（10）．

黎洁．2017．陕西安康移民搬迁农户生计选择与分工分业的现状与影响因素分
析——兼论陕南避灾移民搬迁农户的就地就近城镇化［J］．西安交通大学学报
（社会科学版）（1）．

李聪，刘若鸿，许晏君．2019．易地扶贫搬迁、生计资本与农户收入不平等——
来自陕南的证据［J］．农业技术经济（7）．

刘升．2020．城镇集中安置型易地扶贫搬迁社区的社会稳定风险分析［J］．华中
农业大学学报（社会科学版）（6）．

吕建兴，曾小溪，汪三贵．2019．扶持政策、社会融入与易地扶贫搬迁户的返迁
意愿——基于5省10县530户易地扶贫搬迁的证据［J］．南京农业大学学报
（社会科学版）（3）．

聂君，束锡红．2020．易地扶贫搬迁与社会关系重构——基于宁夏回族移民的调
查研究［J］．贵州民族研究（4）．

宁静，等．2018．易地扶贫搬迁减少了贫困脆弱性吗？——基于8省16县易地
扶贫搬迁准实验研究的PSM-DID分析［J］．中国人口·资源与环境（11）．

史诗悦．2021．易地扶贫搬迁社区的空间生产、置换与社会整合——基于宁夏固
原团结村的田野调查［J］．湖北民族大学学报（哲学社会科学版）（1）．

檀学文，2019．中国移民扶贫70年变迁研究［J］．中国农村经济（8）．

涂圣伟．2020．易地扶贫搬迁后续扶持的政策导向与战略重点［J］．改革（9）．

王君涵，等．2020．易地扶贫搬迁对贫困户生计资本和生计策略的影响——基于
8省16县的3〕微观数据分析［J］．中国人口·资源与环境（10）．

王蒙．2020．公共性生产：社会治理视域下易地扶贫搬迁的后续发展机制［J］．
中国农业大学学报（社会科学版）（3）．

王曙光．2019．易地扶贫搬迁与反贫困：广西模式研究［J］．西部论坛（4）．

王志章，杨志红．2020．农地流转、非农就业与易地扶贫搬迁脱贫效益［J］．西

部论坛（4）.

肖锐，徐润. 2020. 易地扶贫搬迁政策实践及其完善［J］. 中南民族大学学报
　　（人文社会科学版）（2）.

谢大伟. 2020. 易地扶贫搬迁移民的可持续生计研究——来自新疆南疆深度贫困
　　地区的证据［J］. 干旱区资源与环境（9）.

张涛，张琦，2020. 易地扶贫搬迁后续就业减贫机制构建与路径优化［J］. 西北
　　师大学报（社会科学版）（4）.

朱永甜，余劲. 2020. 陕南易地扶贫搬迁减贫效应研究——基于分阶段的讨论
　　［J］. 干旱区资源与环境（5）.

【作者简介】　蓝红星，现任四川农业大学管理学院副院长，教授，博士生导师，四川省农村发展研究中心主任、西南减贫与发展研究中心副主任。主要从事农村减贫与发展、乡村振兴与产业发展等相关问题研究。陈光燕，四川农业大学管理学院，讲师。

专题4 扶贫资产管理助力巩固拓展脱贫攻坚成果的长效机制研究

任金政　李书奎

加强扶贫资产管理能够巩固脱贫成效、拓展脱贫成果。扶贫资产管理作为"有效衔接"长效机制的纽带之一，能够助力脱贫攻坚与乡村振兴的有效衔接。现阶段，我国已经形成了相对完善的扶贫资产管理制度体系，初步实现了扶贫资产的平台化管理，扶贫资产管理也在部分地区的巩固拓展脱贫攻坚成果和两大战略有效衔接中发挥了一定作用。但扶贫资产管理的政策体系还有待进一步完善和落实、扶贫资产管理助力脱贫质量巩固与拓展的长效机制仍有待持续贯彻。为此，需要从目标管理机制、运营执行机制、绩效考评机制和反馈提升机制等方面构建扶贫资产管理良性运行自我循环体系，并在管理制度体系优化、目标动态调整制度实施、运营过程管理强化、监督检查制度落实、扶贫资产大数据管理体系构建、绩效评价开展、问题整改与目标导向理念融合等七方面做好相关工作。

随着脱贫攻坚的完美收官和乡村振兴战略的有序推进，我国逐步进入两大战略衔接的关键时期。在战略衔接期内如何让包括脱贫人口在内的广大人民群众过上更加美好的生活，朝着逐步实现全体人民共同富裕的目标继续前进，是践行中国共产党全心全意为人民服务宗旨的体现，也是凸显我国社会主义制度优越性的体现。扶贫资产作为脱贫攻坚的"产物"和"成果"，在战略衔接期如何管好、用好并持续发挥各类资产效用），助力农村低收入人口和欠发达地区的帮扶机制，巩固拓展脱贫攻坚成果，不仅是深入贯彻党的十九大和十九届二中、三中、四中、五中、六中全会精神，更是坚定不移贯彻新发展理念、坚持以人民为中心发展思想的重要体现。

过渡期内，加强扶贫项目资产监管对巩固拓展脱贫质量、有效衔接乡村振兴十分重要（李书峰等，2020），针对扶贫资产如何实施科学化、规范化的管理也逐步成为学者们研究的热点。已有文献表明：扶贫资产管理需要流程化管理体系，欲提升整体管理效率则需对管理要素加以梳理，主要包括资产的确权、登记、明确管理主体责任、收益分配、监督检查及资产处置等环节，任何环节出现不足均会影响资产的整体效应（李书奎等，2021）。在确权登记环节，部分地区因资金来源构成广泛而造成资产确权困难，还有部分地区仅登记扶贫资产的类别、数量及金额等信息，但扶贫资产管理的重心不仅在于对资产登记造册防止遗失，更为重要的是资产登记后的效益发挥情况（王义坤，2017；刘瑞玲，2017），即在确保资产不流失的基础上实现资产的保值和增值，而这部分管理相对薄弱；在明确管理责任主体的环节中，需要通过完善顶层制度设计，进一步提升各基层主体加强扶贫资产管理的意识（施海波等，2019），防止在具体管理中推诿扯皮现象的发生；在收益分配环节，应建立动态收益分配制度，既要防止脱贫户返贫又要实现边缘户收入有保障，实现公平与效率的有机统一（崔霞，2020）；在监督检查环节中，应贯穿于扶贫资产管理的全过程，但由于部分扶贫资产的属性会加大监督执行难度，如何实施监督实现扶贫资产长期保值增值就显得力不从心（魏后凯，2020）。

总体来看，战略衔接期内加强扶贫资产管理对于脱贫质量的巩固与拓展不仅具有现实的必要性，还具有紧迫性。虽然扶贫资产管理已经成为当前的一个主要研究热点，但研究内容多集中在扶贫资产管理要素和环节分析方面，缺乏从系统性、整体性视角厘清不同要素之间的相互作用路径和影响机理，也未能有效研究扶贫资产及其管理效果与脱贫攻坚、乡村振兴的关系。因此，本文主要从战略衔接期内扶贫资产管理现状及其与两大战略关系入手，讨论如何构建扶贫资产管理长效机制，进而持续发挥资产效用入手，巩固拓展脱贫攻坚成果，助力乡村振兴。

一、巩固拓展脱贫攻坚成果需要加强扶贫资产管理

党的十八大以来，国家不仅为贫困地区生产发展提供政策倾斜，还持续加大扶贫资金投入力度，各地区实施了大量扶贫项目，形成了较大规模的扶贫资产，极大地改善了贫困地区的生活生产发展条件，为贫困户脱贫增收、贫困地区脱贫摘帽、最终打赢脱贫攻坚战奠定了坚实基础。过渡期内，加强扶贫资产管理是实现项目资产良性运转持续发挥效用的基础，而资产的良性循环又是巩固拓展脱贫攻坚成果、全面实现乡村振兴的重要保障。

（一）加强扶贫资产管理是巩固拓展脱贫攻坚成果的重要抓手

党和国家高度重视巩固拓展脱贫攻坚成果，要求建立起防返贫动态监测和帮扶机制举措以有效解决相对贫困。通过对扶贫项目资产的科学规范管理，既能持续发挥原有项目效用，保障脱贫攻坚成果的持续性及稳定性，还能够积极运用扶贫项目资产增值部分拓展脱贫攻坚成果，实现脱贫地区经济社会发展的提质增效。

1. 扶贫资产管理是落实"有效衔接"长效机制的纽带之一

《关于实现巩固拓展脱贫攻坚成果同乡村振兴有效衔接的意见》中明确提出，要"建立健全巩固拓展脱贫攻坚成果长效机制"，需要做好"政策、防返贫、脱贫、易地扶贫搬迁和扶贫资产监管"等5项工作，而加强扶贫项目资产管理能将上述5项内容有机联结起来。首先，扶贫资产管理是已有政策的延续，是基层组织加强管理不摘责任、强化资产收益分配不摘帮扶、发挥民众及政府监督不摘监管的有力体现，进而实现政策衔接的稳定性及连续性（陈红花等，2020）。其次，防止脱贫户返贫、边缘户致贫是建立健全防止返贫动态监测和帮扶机制的本质要求，而实施扶贫资产收益二次分配、村级收益临时帮扶等举措能有效解决临时性或者突发性的致贫问题，通过提供公益性岗位等加强扶贫资产日常维护管理能较好解决长期发展难题，真正实现动态清零目的（蒋和胜等，2021；左停等，2021）。再次，通过扶贫资产管理、提升资产利用效率、加强基础设施性资产管护，是切实巩固"两不愁"成果的基础，也是有效防范因病返贫致

贫、落实分类资助参保政策的体现，更是巩固维护农村饮水等民生工程的重要途径。最后，加强易地扶贫搬迁后续项目资产管理，实现产业项目长期持续发展是搬迁群众生产生活的基础与重点，通过产业发展能有效保障搬迁群众就业，进而真正实现搬迁群众稳定致富、生产发展奔小康（周强等，2020）（图1）。

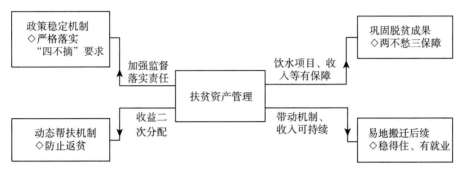

图 1　扶贫资产管理与"有效衔接"长效机制关系

2. 有效的扶贫资产管理有助于巩固脱贫成效

扶贫资产管理需要明晰产权关系，防止资产流失与侵占，资产收益重点用于项目运维管护、巩固脱贫攻坚成果等，这就要求在脱贫攻坚期内重点关注贫困人口的生计与生活问题。据统计，脱贫攻坚期内产业扶贫资金投入约占资金总量的70％，扶贫资产管理能够通过完善产业发展带动机制实现家庭经营性收入的增长，通过增加产业车间务工、公益性岗位等途径实现工资性收入的提升，通过资产收益分红等实现转移性及财产性收入的增长（林万龙等，2020）。脱贫家庭收入的稳定、持续增长是巩固脱贫质量的重要抓手，收入的提升会使得家庭拥有更多的资金用于家庭日常消费支出，进而巩固"两不愁三保障"成果。此外，衔接期内，仍然需要大量的基础设施维护和投资问题，虽然目前贫困县已经实现了"两不愁三保障"，但基础还是不牢固，例如"安全饮水"方面距离2025年前农村自来水普及率达到88％的目标还有一定距离。这就要求一方面加强对于村级集中供水设备及管道网络等公益性扶贫资产的日常维护，使其能够持续发挥效用，另一方面还需要通过扶贫资产收益进一步巩固村集中供水的稳定性。

3. 有效的扶贫资产管理也有助于拓展脱贫成果

未来一段时期，如何有效缓解相对落后地区和低收入群体问题是一个重点工作，也是拓展脱贫成果的目标与任务，这就需要向缓解相对贫困方面转型，即需要一个由巩固脱贫成果向拓展脱贫成果的过渡期（孙久文等，2021；李小云，2021）。首先，在一定程度上，脱贫群体收入能否稳固提升取决于脱贫产业能不能可持续发展，产业类项目资产就成了脱贫攻坚成果拓展的主战场，加大该类资产的管理既能助力"产业兴旺"又能保障"生活富裕"。其次，通过加强日常管维责任主体、明确监督职能、动态调整收益分配等扶贫资产管理举措以切实提升管理效率，延伸产业发展链条，能够促进县域经济的健康发展。县域经济的发展又可通过"涓滴效应"反哺脱贫家庭，实现脱贫家庭与县域经济之间的良性互动格局。再次，扶贫资产管理也是落实基层管理责任、锻炼基层领导管理能力、缓解基层人才匮乏的重要手段，通过强化扶贫资产管理能为乡村振兴战略的稳步推进提供乡村治理模式和人才振兴渠道。

（二）加强扶贫资产管理有助于脱贫攻坚与乡村振兴的有效衔接

脱贫摘帽不是终点、而是新生活、新奋斗的起点。打赢脱贫攻坚战、全面建成小康社会后，要在巩固拓展脱贫攻坚成果的基础上，全面推进乡村振兴战略，着力于脱贫地区生产发展和脱贫家庭的生活改善。如上分析，做好巩固拓展脱贫攻坚成果同乡村振兴的有效衔接事关国内循环良性发展体系的构建，事关第二个百年奋斗目标和全面建设社会主义现代化国家的实现，因此战略衔接期内做好巩固脱贫质量、千方百计拓展脱贫成果对于中国社会的发展意义重大。如图2所示，扶贫资产管理长效机制的有效运行能够助力脱贫攻坚质量巩固提升并为乡村振兴发展提供重要"原始

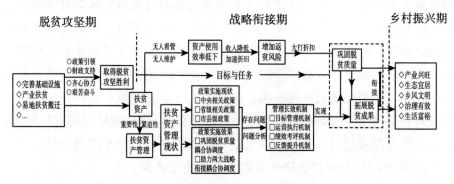

图 2　扶贫资产管理与两大战略关系

积累"和"资金来源",而扶贫资产管理的失效运行则严重拖累脱贫攻坚成果质量、延滞战略衔接期限,造成乡村振兴资源损失的双重叠加。

二、扶贫资产管理政策梳理与现状分析

梳理扶贫资金资产管理的发展历程,可以发现明确提出"加强扶贫资金项目资产管理"是近期党中央国务院的重要举措,也是有效衔接两大战略的重要机制之一。调研发现,部分地区已开展了多种形式的扶贫资产管理模式探索,我国扶贫资产管理也在政策体系、管理平台和有效衔接方面取得了一定成效,但仍需要在长效机制构建和实施方面不断完善。

(一)相关政策梳理

新中国成立后,国家就非常重视扶贫问题,逐步走过了从关注扶贫资金使用、加强扶贫资金管理到强化扶贫资金项目资产管理的过程,这一方面有扶贫方式调整和扶贫资金投入增加因素的驱使,更重要的是扶贫资金管理理念的转变。

1. 历史上的扶贫资金管理情况

新中国成立伊始,在经济社会环境整体比较落后的情形下,国家还通过设立"支援经济不发达地区资金"等方式形成财政性资金的"输血式"扶贫;改革开放后,政府虽然加大了对贫困地区的政府补助范围和力度,但直到 1984 年《中共中央国务院关于帮助贫困地区尽快改变面貌的通知》中首次划定 18 个财政资金重点扶持贫困地区,才明确了"财政扶贫资金"的概念,不过该时期仍缺乏明确的扶贫资金管理意识。随着"开发式扶贫"和"扶贫开发"工作的不断推进,财政扶贫资金投入力度也在增加,明确扶贫资金使用、任务和权责的管理机制,注重资金使用规范性的理念逐渐形成。进入新世纪,随着资金投入力度的增加和包括世界银行在内国际组织关于扶贫项目管理理念的引入,扶贫资金管理重心朝着效率、效果等方面转变,资金绩效考评也开始推行,但尚未就扶贫资金形成资产管理方面的具体要求。

2. 部分地区的扶贫资产管理政策探索

随着习近平总书记 2013 年精准扶贫要求的提出,我国的扶贫发展理念逐步向精准化、精细化方向转变，中央也先后出台了系列财政资金使用与考评相关文件，一方面提升扶贫资金使用的精准性和规范性，另一方面通过细化考评体系注重资金使用成效的评价。与此同时，为加强大量扶贫资金项目资产的管理，实现脱贫质量持续巩固的目标，部分地区于2018年先后开始积极探索扶贫资产管理，并陆续出台了扶贫资产管理方面的一些指导意见或通知要求。例如，内蒙古突泉县扶贫办在2018年前后积极探索并出台扶贫资产管理文件，一方面是面对扶贫资金项目大幅投入的回应（扶贫资产的规模由2014年的757.86万元增长到2020年的14.76亿元，6年增长193倍），另一方面也是落实精准扶贫、重视脱贫质量提升的体现。与此同时，吉林、江苏、山东、山西等省和河南舞钢市则在2019年、2020年开始探索扶贫资产管理新模式，通过出台扶贫资产管理办法（表1），为辖区内基层政府强化扶贫资产管理，提高管理效率、提质增效指明了方向。

表1 部分地区的扶贫资产管理探索

部门	文件	发布年份
内蒙古突泉县人民政府	《突泉县扶贫资产管理办法（试行）》	2018
吉林省扶贫办	《关于加强产业扶贫资产管理做好收益分配工作的通知》	2018
江苏省扶贫办、财政厅	《关于加强扶贫资产管理工作的通知》	2019
山东省扶贫办	《关于加强产业扶贫项目及资产管理工作的通知》	2019
山西省扶贫办	《关于进一步加强扶贫资产管理的意见》	2019
河南省舞钢市扶贫办	《舞钢市扶贫资产管理实施细则（试行）》的通知	2020

资料来源：提供调研资料汇总。

3. 扶贫资产管理政策现状

随着2021年2月25日脱贫攻坚表彰大会的隆重召开，我国"三农"工作重心由脱贫攻坚转向乡村振兴。为持续巩固脱贫攻坚成果，尽快形成扶贫资产管理的系统化指导意见，原国务院扶贫开发领导小组办公室财务规划司早在2019年就组织专家对扶贫资产后续管理问题开展研究、对部分试点地区扶贫资产管理情况进行调研，并形成了《加强扶贫资产后续管理指导意见的草案》。进而，作为《关于实现巩固脱贫攻坚成果同乡村振兴有效衔接的意见》中"加强扶贫项目资产管理和监督"要求的落实，国家乡村振兴局等机构在 2021 年 6 月联合出台了《关于加强扶贫项目资产后续管理指导意见的通知》，为各地区实施扶贫资产管理提供了政策指引。各地区也在 2021 年因地制宜出台扶贫资产管理办法（意见或方案等），如湖南省、湖北省武汉市、辽宁省大石桥市、云南省曲靖市和普洱市、贵州省铜仁市以及河南省义平县等（表 2），由上及下、上下联动的扶贫资产管理政策体系初步形成，为进一步巩固脱贫质量奠定坚实基础。

表 2　部分市、县（区）扶贫资产管理文件

政府或部门	文件	发布年份
国家乡村振兴局等	《关于加强扶贫项目资产后续管理指导意见的通知》	2021
湖南省扶贫办、财政厅	《关于加强扶贫项目资产管理的十条意见（暂行）》	2021
湖北省武汉市	《关于进一步加强扶贫项目资产管理的指导意见（试行）》	2021
辽宁省大石桥市	《关于做好扶贫项目资产后续管理工作的补充通知》	2021
云南省曲靖市	《曲靖市扶贫项目资产后续管理办法（试行）》	2021
贵州省铜仁市	《铜仁市扶贫项目资产后续管理办法》	2021
河南省遂平县	《关于进一步加强扶贫项目资产管理工作的实施方案》	2021

注：限于篇幅仅列示部分县市扶贫资产管理文件。

相关政策梳理发现，扶贫资产管理政策的出台及实施有其必然性。从历史发展的角度来看，逐步经历了由资金使用规范性管理的单一目标逐步向资金使用和绩效并重的双重管理目标转变，进而完成由扶贫资金管理向扶贫资产管理的蜕变。战略衔接期内，各级各部门正处于扶贫资产管理政策落实阶段，要实现强化扶贫资产管理助力脱贫质量巩固的目的，则强化扶贫资产管理、构建扶贫资产管理长效机制自然成为当前必须解决的突出问题。

（二）典型管理模式

各市、县（旗）为深入贯彻落实扶贫资产管理相关政策规定，因地制宜探索出差异化的扶贫资产管理模式，基本实现了产权明晰、监管有序、处置得当的管理目标。

1. "二三五五"管理模式

内蒙古突泉县为确保脱贫攻坚成效的持续巩固，深入贯彻落实习近平总书记"切实加强扶贫资金管理，优化资金配置，提高使用效率，确保每一分钱都花在刀刃上"的讲话精神，确保每一分扶贫资金形成的资产都能实现规范管理，持续惠农。经过不断的探索和实践，建立起了双向追踪、三级定责、五权明置、五化运营的"二三五五"扶贫资产管理模式，已初步实现家底清晰、管理规范的目标。

具体来看，通过"双向追踪"解决了"管什么"的问题，通过横向界定形成扶贫资产的资金来源，纵向摸清家底，以资金走向为主线，梳理资金经办部门和受益群体。通过"三级定责"解决"谁来管"的问题，实施县级统管，确定县扶贫办为扶贫资产管理牵头部门，制定全县扶贫资产管理办法；乡镇结合实际制定扶贫资产管理实施细则，对确权到本乡镇村户的扶贫资产进行管理；村级直管，明确村委会对村级资产、到户资产的直管责任。通过"五权明置"解决"怎么管"的问题，以资金走向明确各项资产所有权，实现权责清晰；在保障扶贫资产经营自主的情况下实现规范运营；明确监督权实现扶贫资产在阳光下运营；落实审批权防止资产流失。通过"五化运营"解决"怎么用"的问题，通过致力专项平台、专业团队、专人监管和规模运营，实现运营管理的专业化；资产投向多元化，推动资产运营与县域产业发展双赢；经营决策流程化，确保资产经营决策论证充分；风险防控系统化，最大限度防风险保绩效；推进收益分配长效化，实现脱贫成效的巩固提升。

2. "六权分置"管理模式

河南省舞钢市以长效收益为目标，以规范运营为抓手，以有效监督为保障，切实发挥扶贫资产长期经济效益和惠民社会效益为出发点，在2019年探索实施"六权分置"扶贫资产管理办法。

具体来看，通过明确所有权，将扶贫资产放进村集体的"菜篮子"里，除有明确权属划分要求外，其余均确权到村集体；通过放活经营权，让最善经营的人去经营资产，为充分保障经营性扶贫资产的保值增值，依托新型经营主体的管理规范、效益突出、带动效用强等优势，通过合作经营、委托管理方式，解决部分干部群众不善管理、不会经营的问题，从而降低市场风险，实现共赢；通过强化管理权，让善于管理的人去管理扶贫资产，确保扶贫资产日常运营及维护，对经营性扶贫资产的管理，由经营者负责管理维护，资产所有权者每季度对扶贫资产情况进行检查，确保正常发挥作用；通过保障收益权，让最需要的群体受益，进而实现巩固拓展脱贫质量的目的，扶贫资产收益分配不仅要合理、公平，更要群众满意；为实现资产收益公开透明化，市、乡（镇）纪委监委落实扶贫资产监督责任，实施"三级巡查"制度，防止扶贫资产被闲置、灭失、毁坏和侵吞；通过规范处置权，让资产核销有章可循，防止扶贫资产流失。

3. "三定四管"管理模式

为提高扶贫资产利用效率，巩固脱贫质量，进一步落实长效扶贫机制的建立，安徽金寨县提出了"三定四管"的扶贫资产管理方案，其中"三定"是指对扶贫资产定范围、定类型、定权属；"四管"是指登记管理、运行管理、维护管理、处置管理。

具体来看，将 2014 年以来以扶贫为目的资金所形成的资产均纳入管理范围，对纳入管理范围的扶贫资产，按照使用目的及存在形式划分为经营性资产、公益性资产以及到户类扶贫资产。在此基础上按照农村集体产权制度改革要求进行权属划分，在厘清扶贫资产管理范围、划分类型及权属后进行规范登记，确保做到账账相符、账实相符。针对不同类型扶贫资产实施不同的运营管理模式，如针对经营性扶贫资产一般由经营主体实施运营和维护，公益性扶贫资产由村集体实施运营和管护，到户类扶贫资产由脱贫户自主运营。最后扶贫资产的处置程序必须经过审批流程，对于大额资产的处置应进行第三方价值评估，确保资产处置程序合规，防止扶贫资产流失。

（三）主要成效

各地区对扶贫资产管理进行了相应探索，从制度上形成了相对完善的管理体系，初步实现了资产的平台化管理，在保障扶贫项目持续稳定发挥作用的同时初步形成了脱贫家庭收入持续增长的良性循环机制，实证分析也表明扶贫资产管理能强化两大战略的有效衔接。

1. 形成了相对完善的管理制度体系

为持续巩固拓展脱贫成果，中共中央先后出台的《关于全面推进乡村振兴加快农业农村现代化的意见》及《关于实现巩固脱贫攻坚成果同乡村振兴有效衔接的意见》中均提出要"加强扶贫项目资产管理和监督"的要求；国家乡村振兴局等机构也积极出台了《关于加强扶贫项目资产后续管理指导意见的通知》，为扶贫资产管理助力于两大战略有效衔接提供了顶层制度保障；部分省（自治区、直辖市）为贯彻扶贫资产管理规定，也出台了相应的管理办法，充分发挥了政策衔接过程中的承上启下作用；一些县（市、区）为把管理政策落到实处，因地制宜地出台了扶贫资产管理实施细则。综上，目前已初步形成中央统筹、省级衔接、县级落实的扶贫资产管理制度体系，为进一步强化管理、效率提升奠定了坚实基础。

2. 初步实现了扶贫资产的平台化管理

通过实地调研发现，试点地区在对扶贫资产进行权属划分的基础上均进行了电子化登记，借助"三资"平台，对扶贫资产进行分类别登记，包括项目的实施单位、金额、所有者、日常管理者维护者、收益及受益情况等相关信息，不仅能够为后续扶贫资产管理绩效评价奠定基础，还能够为推动数字化乡村建设添加动力（张琦，2021；刘儒，2021）。从国家层面，国家乡村振兴局也在项目资金管理平台基础上逐步引入和完善扶贫资产管理系统，目前纳入系统的产业发展项目资金 9 033 亿元、基础设施项目资金 8 688 亿元、易地搬迁项目资金 8 473 亿元，对这些扶贫项目资金资产进行管理已经有了较好的平台基础。扶贫资产的平台化管理具有诸多优点：一是便于各基层组织进行日常管理；二是便于进行自我核查，通过定期对扶贫资产管理实施情况进行横向、纵向考核，查补漏洞，完善流程，提升效率；三是扶贫资产作为村集体经济发展的重要引擎，通过平台化、规范化登记管理不仅能够促进村集体经济发展，还能够进一步推进农村信息化建设步伐。

3. 有助于脱贫质量巩固拓展和两大战略有效衔接

以舞钢市为例，2013 年以来共形成扶贫资产 4.9 亿元，其中公益性扶贫资产占 23.91%，经营性扶贫资产占 73.62%，到户类扶贫资产占 2.47%。通过实施"六权分置"管理模式，实现了广场、道路、桥涵、溢流坝等扶贫资产专人管护，不仅改善了村容村貌，更方便了群众生产生活。例如，尹集镇姬庄村 2020 年集体经济收入达到 79.8 万元，其中收益的 60%用于防止脱贫户返贫、边缘户致贫，30%用于包括村级扶贫资产的日常维护等开支，剩余 10%用于村级产业的循环发展，扶贫资产管理的实施不仅实现了资产有人管、有人护，还为乡村治理提供了资源和有效方式，更为村级产业循环发展提供了有力支撑。根据规划，随着脱贫质量的不断提升，将逐步减少防返贫资金投入力度，加大村级产业投资比例。可以预计，在扶贫资产有效管理前提下，该地区的脱贫质量会越来越高，脱贫攻坚成果巩固拓展与乡村振兴的衔接会更加有效。

（四）存在问题

现有的管理模式虽已形成较为完备的制度体系、日常管理体系，搭建了相应的资产管理平台且在部分地区表现出良好的助力两大战略有效衔接功能，但也存在管理政策落实不够细致、管理机制仍需不断健全、管理认识有待强化等问题。

1. 管理政策有待进一步落实

为强化扶贫资产管理，国家层面、省级层面、县级层面均出台了相关政策，初步构建了扶贫资产管理助力脱贫质量巩固拓展的政策体系，但通过梳理发现，政策目标与实施之间还有一定的差距。如在日常管理中，一是产业项目资产的带动效用有限。通过产业发展带动效用是实现贫困群体脱贫增收的重要手段，但该阶段的带动机制多是附加值低，处于产业链底端，面对各地区产业链延伸及优化升级等背景，使得原有产业带动机制面临新的挑战；二是脱贫家庭经营自主性有待提升。提升脱贫家庭经营自主性是实现脱贫致富的动力引擎，脱贫家庭经营自主性缺乏，如若处理不当可造成生产发展动力的锐减，潜在地影响已取得的脱贫成果。比如，在舞钢市调研中仍约有 4.57% 的脱贫户认为扶贫资产的经营状况与自身利益无关，获得感不强。在管理层面，目前各层级的管理政策针对不同类型资产的可操作性仍需提升，需要根据不同类型资产的特点和差异性制定相对具体的管理政策，例如可以针对产业扶贫的"主力军"光伏扶贫资产制定相应管理细则。

2. 管理长效机制有待贯彻

各地区虽出台了系列管理实施细则，但归总起来主要涉及以下流程：明确所有权、放活经营权、强化管理权、保障收益权、落实监督权、规范处置权等举措，各地在操作层面存在"为管理而管理"的现象，忽视了不同管理流程之间的相互作用。如扶贫资产权属的明晰化是进一步厘清日常管护责任、保障收益权、落实监督权的重要基础，而划定扶贫资产的日常管护主体又是提升管理效率，实施有效监督的重要手段等。再者，现有的扶贫资金使用机制为：政府资金拨付—产业项目建设—扶贫资产管理—脱贫家庭分红，未形成有效的闭环运营模式，是管理机制不健全的重要体现，长此以往会增加基层组织对于扶贫资金的依赖度，不利于村集体经济的长远发展。此外，部分试点地区管理实践多为具体操作，短期行为明显，缺乏从系统视角将各管理环节进行统一梳理，构建起扶贫资产管理的自我循环、良性发展的长效机制。例如，舞钢市调研中有 14.21％的脱贫户对于村级扶贫资产公示公告的知晓度低，有 5.08％的脱贫户认为产业项目资产的带动机制不健全、利益联结机制不丰富等。

3. 管理认识有待强化

"中央领导、省级统筹、县级落实"的扶贫资产管理政策体系已初步形成，但在具体实施过程中还存在扶贫资产管理认识不清晰、目标不明确等问题，制约着管理效率的进一步提升。例如，某省乡村振兴部门管理人员指出"战略衔接期内，扶贫资产不仅要管而且要管好，也落实了中央管理文件，出台了省级扶贫资产管理办法。"但就"如何管好扶贫资产"则表示"力不从心"。该省的县级相应主管部门则指出"坚决落实中央、省级扶贫资产管理办法，对扶贫资产实施确权、登记造册等流程，已初步形成权属清晰、职责明确的管理模式。"但对"如果做好扶贫资产管理，扶贫资产管理的长期目标、扶贫资产的自我循环使用等"问题则表示未思考或思考不多。调研发现，一些地方还存在为落实政策而落实、为管理而管理等现象，而对于如何通过强化扶贫资产管理助力巩固拓展脱贫攻攻坚成果的本质要求及目标认识不透彻，更缺乏长效机制的构建。

三、扶贫资产管理长效机制的构建

扶贫资产管理有助于脱贫质量的巩固与拓展，也在政策体系、典型模式、有效衔接方面取得了一定成效，但从政策体系到具体实践仍存在一些问题，亟须构建扶贫资产管理助力脱贫质量巩固拓展的长效机制，为乡村振兴战略的稳步推进、社会主义现代化国家的全面建设奠定坚实基础。

（一）总体要求与机制设想

1. 指导思想

以习近平新时代中国特色社会主义思想为指导，全面贯彻党的十九大和十九届历次全会精神，恪守以人为本的发展理念，坚定不移贯彻新发展思想，坚持共同富裕的发展方向，建立健全扶贫资产管理长效机制，将进一步巩固脱贫质量和拓展脱贫成果作为该阶段的主要工作内容，在保障扶贫资产完整性、安全性及效益性的基础上，实现脱贫家庭收入的稳定、持续增长；强化扶贫资产管理，进一步做好巩固拓展脱贫攻坚成果同乡村振兴的有效衔接，为构建国内循环良性发展格局、全面建设社会主义现代化国家开好局、起好步。

2. 目标任务

积极开展扶贫资产管理工作，构建资产家底清晰、产权归属明晰、类型界定科学、管护主体职责明确、运行管理规范的扶贫资产管理制度；确保扶贫资产保值（增值）、有收益、不流失，防范扶贫资产闲置残损等管理不善现象发生，提高扶贫资产利用效率，充分发挥扶贫资产的带动效用；针对扶贫项目资产受益群体特殊性，下沉扶贫资产权属和收益权，建立巩固拓展脱贫成果的长效机制，为乡村振兴战略提供管理经验和物质基础。

3. 机制设想

基于指导思想和目标任务，可从目标管理机制、运营执行机制、绩效考评机制和反馈提升机制等方面构建扶贫资产管理良性运行自我循环体系（图3）。

首先，通过加强扶贫资产管理实现巩固拓展脱贫质量是现阶段工作目标的重心，而目标的制定也并非一成不变，应根据不同时期的工作重点制定相应的扶贫资产管理具体目标。其次，扶贫资产效用持久稳定发挥的重点在于政策执行，即依据目标制定切实可行的管理方案并严格执行，努力实现预期目标。再次，通过开展扶贫资产管理绩效考核提升管理效率是关键，只有在对上一阶段管理方案执行情况进行定期考核总结的基础上才能查漏补缺，不断提升管理效率，为适时调整管理目标奠定基础。最后，扶贫资产管理过程也是逐步优化的过程，根据绩效考核结果，针对管理过程

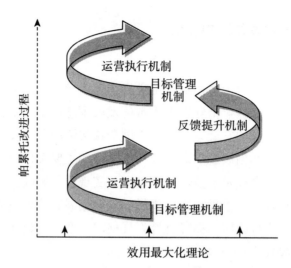

图 3　扶贫资产管理长效机制构建设想

中存在的问题制定改进、优化举措，并制定下一阶段管理目标，以目标为导向督促管理问题整改，进而实现管理流程的进阶，形成良性自我循环体系。

（二）实施长效机制的主要举措

坚持效用最大化原则，坚持目标管理导向，积极落实管理流程，通过绩效考评查漏补缺，进而分析问题、整改问题，共同致力于扶贫资产管理效率的提升，形成螺旋上升型的良性发展局面。

1. 不断优化管理制度体系

一是有巩固拓展脱贫成果任务的省区、市和新疆建设兵团需要在落实国家乡村振兴局、中央农办、财政部三部门下发的《关于加强扶贫项目资产后续管理的指导意见》基础上，尽快因地制宜地出台相应实施细则。各地在制定实施细则过程中需要注意的是：针对资金量大而且涉及项目类型较多的经营性扶贫资产，管理目标是在确保资金安全的前提下实现预定收益。例如对于股权类资产，需要强化日常监管的同时重点关注经营团队、再投资决策、资产收益分配、资产处置等重点内容；对于出租形式的村级扶贫加工车间类资产，要加大对于承租方日常管护的督促力度，在租赁期内确保扶贫资产能够持续有效运营；对于自营类扶贫资产，需要加大上级的监管和指导以及资产使用的民主决策，等等。针对公益性扶贫资产要真正落实有人管护、有钱维护，保证资产的长期可持续使用。

二是国家层面需要加强对指导意见的解读，并适时出台不同类型扶贫资产的管理要求。一方面，目前的指导意见是一个原则性的制度文件，各地对于文件要求的相关理解可能存在较大差异，为此国家乡村振兴局等部门需解读关键内容以进一步指导各地扶贫资产管理的实施；另一方面，不同类型扶贫资产的形成路径、作用效果等存在较大差异，管理目标也自然不同，随着扶贫资产管理工作的不断推进和国内经济社会环境的不断改善，扶贫资产管理的目标也会发生渐变，这就需要国家层面适时出台不同类型扶贫资产的管理要求，以满足相应资产管理目标的实现。例如，光伏类扶贫资产作为经营性资产，具有技术含量高、资产规模大、管护要求多等管理难点，针对该类资产国家层面就可以适时出台专门的管理意见。

2. 实施目标动态调整制度

动态调整制度的引入能够更加吻合扶贫资产管理目标导向的需求，动态调整制度包括制定短期、中期和长期目标，与动态反馈提升制度有效融合等两个方面。

一是随经济社会环境的变化，制定县域内扶贫资产管理的短期、中期和长期目标。例如，在短期目标中，以贯彻落实中央、省级关于加强扶贫资产管理政策，完善项目资产的带动机制为重点。一方面，将脱贫户有效融入产业发展，让其享受产业发展红利，实现家庭收入稳定提升；另一方面，提升脱贫家庭发展能力，加大农业生产技能培训，使脱贫家庭拥有更多的技能，参与到产业发展的多环节，降低返贫风险，实现巩固脱贫质量的目的（付少平等，2021）。在中期管理目标中，将扶贫资产管理有效融入巩固拓展脱贫攻坚成果与乡村振兴有效衔接战略中，形成扶贫资产管理助力乡村振兴的良性循环机制。在长期目标中，围绕社会主义现代化建设目标，将扶贫资产有效纳入村集体经济发展和乡村治理体系中，形成扶贫资产管理助力乡村振兴和社会主义现代化建设的有机体系。

二是与动态反馈提升机制实现有效衔接，将反馈结果融入短期发展目标。例如，可针对扶贫资产管理存在的共性问题（如产业类项目资产的带动机制相对单一等）纳入下一期或下一阶段绩效考核体系，通过目标导向解决现实问题。又如，还可以将存在的典型经验和做法纳入下一期考核体系，有助于扶贫资产管理先进经验的推广和管理效率的提升等。

3. 强化运营过程管理

脱贫攻坚期内各地区因地制宜通过产业扶贫等模式带动贫困地区生产发展，取得了显著成效。产业扶贫的"造血器官"已初具规模，在两大战略叠加期内进一步提升扶贫资产的"造血功能"，持续发挥其"造血能力"，则需针对扶贫资产构建合理的运营管护举措。

一是多举措提升经营类扶贫资产运营效率。放活扶贫资产经营权，让"最会赚钱的人去赚钱"是提升扶贫资产运行效率的关键。例如，可考虑由村两委等资产所有人（委托人或代理人）采取发包、租赁、联营、委托经营、股份合作等方式，选择具有特色产业优势、治理结构完善、财务管理规范、经营状况良好、经济实力较强且诚信守约的新型农业经营主体，作为资产收益扶贫项目实施主体；可通过派驻、定期提供经营成果等方式参与日常运营管理，提升项目运营水平，提高项目收益，降低市场风险。

二是重点落实公益类扶贫资产日常管护主体责任。由于公益类扶贫资产的外部性和收益的潜在性，使得人们在使用过程中缺乏对于该类资产的"关注"，如果不能够通过制度加以约束则容易造成恶性循环，严重降低公益性扶贫资产的使用寿命。为此，需要将公益性扶贫资产外部收益内部化来化解，即明确该类扶贫资产的所有者，实现扶贫资产维护主体与受益主体的统一化，通过监管所有者将公益类扶贫资产的日常管护主体责任落实到位，避免"公地悲剧"的发生，实现公益性扶贫资产效用的持久发挥。

4. 落实监督检查制度

监督检查不仅是提升管理效率的重要途径，还是确保扶贫资产安全运营的重要保障，通过全过程监督检查不仅能够防微杜渐，提升扶贫资产运营体系的"免疫功能"，防止扶贫资产日常运营中不良问题的发生；而且还能直达"病灶"、直击问题，针对具体问题寻求改善路径，防止问题影响的扩大化。

一是加强政府监管。政府监管作为国家治理系统中一个内生的具有预防、揭示和抵御功能的"免疫系统"，在实现全面建成小康社会目标中发挥了重要的保障作用。政府审计监督是其他监督主体履行监督义务的基础，只有建立健全扶贫资产政府审计制度，才能更好地发挥监督检查查漏补缺功能。如实施省级负总责、县级落实的监督管理制度，县级有关部门定期对县域内扶贫资产运行情况进行自查、核查；省级有关部门还可通过暗访、新闻媒体监督等途径对省内扶贫资产运营情况实施不定期巡查等。加强政府部门监管，包括对资产运营单位、经营主体日常运营情况、权属划分、收益及分配合规性和合法性、资产处置等内容和环节的监管。

二是强化社会公众监督。社会公众监督可有效缓解上级政府部门和扶贫资产经营主体之间的信息不对称问题。由于扶贫资产多位于乡村，农户对于扶贫资产的运营、收益等比上级政府部门更熟悉，信息优势比较明显；再加上农户中的部分人群作为扶贫资产的受益方或参与者，也有积极性和主动参与社会监督。为此，可以强化公示公告要求、公布举报电话和举报信箱，建立问题台账等方式，开展形式多样、参与广泛的社会公众监督，发挥更好监督效果。此外，可引入新闻媒体、科研机构等第三方人员开展社会监督。

5. 构建扶贫资产大数据管理体系

信息化和数字化是乡村建设的主要内容，以此为契机将扶贫资产纳入智慧农村建设中，实现基于大数据的扶贫资产管理体系，不仅能够实现扶贫资产的实时监管，还可以实现扶贫资产的智慧管理。

一是加强扶贫资产管理大数据平台构建。调研发现，部分地区已经将扶贫资产纳入"三资"平台进行登记管理，登记内容包括资产形成过程、金额、受益群体、管护主体等，稍显不足的是缺乏资产收益及分配、资产处置等方面的内容。国家层面可考虑在防返贫监测系统中构建国家层面的扶贫资产管理大数据系统，即在原有的项目库信息化管理基础上不断外延和拓展扶贫资产管理信息，如在原有项目金额、资金构成、实施主体等内容的基础上开发后续管理模块，将扶贫资产收益及分配、资产转移等管理内容纳入管理体系，为监测分析全国扶贫资产管理和使用情况提供平台基础。

二是开展扶贫资产大数据管理和应用。基于大数据平台，积极开展数据监测、分析和应用，提升管理效率、强化智慧管理。一方面，日常运营过程中，国家和省级层面可依据数据平台定期对各省、市（县）扶贫资产管理效果进行通报，进行横向、纵向两个方面对比分析；通过实施平台化预警监测，对日常运营过程中的显著差异值查漏补缺，防止运营过程严重脱离设定目标；通过可视化数据显示，及时为各决策部门提供决策依据等。另一方面，可依据大数据平台中的异常值、偏离值等信息开展"定点、定项、定人"等方面的监督检查，还可通过大数据平台实施扶贫资产"无影灯"式的全方位监管体系，定期将扶贫资产管理运营及收益、分配情况等信息进行公示，提升扶贫资产信息公开度和公众获取度。

6. 适时开展绩效评价

扶贫资产管理良性自循环长效发展模式的构建需要强化基于管理目标的绩效评价，通过考评机制实现"以评促改、以评促优"，提升资源配置效率和扶贫资产管理绩效。

一是绩效评价内容方面。扶贫资产的公共性和差异性要求绩效评价的内容应有所侧重，即分类别制定评价体系，如针对公益性扶贫资产应突出日常管护重心，管理者是否将管理责任落到实处；对于经营性扶贫资产要强化安全与效率的实现，评价体系的制定不能仅追求项目的经济效应，还应综合考量项目的社会效益，如对于附近农户的带动效应、对当地产业链条的延伸及优化等。

二是绩效考评实施主体方面。绩效评价主体可参考脱贫攻坚中第三方成效评估模式。一方面，作为独立于委托方和被考核方的第三方能够满足中立、严格遵守廉政纪律等相关方面的要求；另一方面，将第三方绩效考评引入到扶贫资产管理体系中，既能检核扶贫资产管理成效、发现问题，还能促使第三方结合理论和实践为扶贫资产管理水平的提升建言献策，实现两者之间的良性循环。

7. 贯彻问题整改与目标导向相融合的理念

长效机制之所以能长效，关键在于能否针对管理中的问题自我革新、自我发展，形成良性反馈提升机制。因此，贯彻问题整改和目标导向相融合理念，从畅通反馈渠道和落实反馈机制两方面入手，做好反馈提升机制，实现扶贫资产管理效率的提升。

一是构建畅通有效的反馈渠道。针对监督检查、绩效考核等环节中发现的问题要做到及时反馈，而反馈的时效性要求必须拥有畅通的反馈渠道，有相应的部门和人员针对反馈的问题进行归纳整理。为此，需要建立现场沟通反馈和书面沟通反馈相结合的制度，确保反馈整改的及时性和完善性，在整改问题的同时满足目标管理的需要。

二是形成有效的问题整改提升制度。针对反馈问题应建立问题整改台账，分类别、分内容、分时限进行整改提升，对分类属性是个案且时效要求较高的问题，则须立整立改，防止问题持续恶化，如光伏资产管理方面的发电效率大幅降低问题则需相关部门立即进行专业化处理；对于分类属性为共性且时效要求不高的问题，可通过制度构建等长期举措加以优化。不管是个性问题还是共性问题，均需要将问题整改和管理目标相结合，通过各阶段目标的不断实现，最终实现扶贫资产管理的自我良性循环。

四、结语

通过构建科学合理的扶贫资产管理体系，有助于脱贫质量巩固拓展长效机制的形成，而脱贫攻坚成果的巩固拓展则是乡村振兴战略的重要基础和有力支撑，扶贫资产管理能够促进脱贫攻坚成果巩固拓展与乡村振兴战略的有效衔接。因此，扶贫资产管理作为巩固拓展脱贫质量的重要抓手，如何管好、用好扶贫资产不仅在两大战略衔接期内还应在乡村振兴战略稳步推进期内均应给予重点关注。为做好扶贫资产管理，助力脱贫攻坚质量巩固拓展，需要构建包括管理计划与目标、管理政策执行、管理绩效考核和反馈提升在内的扶贫资产管理长效机制，需要在扶贫资产管理制度优化、管理目标动态调整、运营过程管理科学、监督检查落实、大数据平台管理、绩效考评实施和问题整改提升等方面做好相关工作。总之，扶贫资产良性自我循环提升的科学体系能够助力脱贫攻坚质量巩固与拓展长效机制的形成，也能为乡村振兴战略实施和第二个百年目标的实现提供资源配置和重要支撑。

◆ 参考文献

陈红花，尹西明，陈劲.2020.脱贫长效机制建设的路径模型及优化——基于井冈山市的案例研究［J］.中国软科学（2）.

陈志钢，周云逸，樊胜根.2020.全球视角下的乡村振兴思考［J］.农业经济问题（2）.

崔霞.2020.新时代打赢脱贫攻坚战的制度经验［J］.学校党建与思想教育（16）.

付少平，石广洲 . 2021. 乡村振兴背景下脱贫人口面临的生计风险及其防范 [J].
　　西北农林科技大学学报（社会科学版）（1）.

高静，武彤，王志章 . 2020. 深度贫困地区脱贫攻坚与乡村振兴统筹衔接路径研
　　究：凉山彝族自治州的数据 [J]. 农业经济问题（3）.

胡祎 . 2020. 巩固脱贫攻坚成果衔接乡村振兴战略——中国农村经济、中国农村
　　观察第四届 "三农论坛" 征文研讨会综述 [J]. 中国农村经济（12）.

蒋和胜，张彦伟，刘胜林 . 2020. 构建稳固脱贫的长效机制 [J]. 经济理论与经
　　济管理（5）.

李书峰，任金政，李慧泉，等 . 2020. 扶贫资产管理助力脱贫攻坚的体系构建研
　　究 [J]. 中国农业科技导报（4）.

李书奎，任金政 . 2020. 脱贫攻坚与乡村振兴的融合发展——扶贫资产管理视角
　　[J]. 农村金融研究（2）.

李小云 . 2021. 巩固拓展脱贫攻坚成果的政策与实践问题 [J]. 华中农业大学学
　　报（社会科学版）（2）.

廖文梅，虞娟娟，袁若兰 . 2020. 脱贫攻坚与乡村振兴的耦合协同性——基于不
　　同时序脱贫县（市）的比较 [J]. 中国人口·资源与环境（10）.

林万龙，孙颖 . 精准到户：产业精准扶贫政策评价及下一步改革思考 [J]. 中国
　　农业大学学报（社会科学版）（6）.

刘儒，刘江，王舒弘 . 2020. 乡村振兴战略：历史脉络、理论逻辑、推进路径
　　[J]. 西北农林科技大学学报（社会科学版）（2）.

刘瑞玲 . 2017. 浅谈农村集体资产清产核资工作存在的问题及建议 [J]. 农民致
　　富之友（12）.

施海波，李芸，张姝，等 . 2019. 精准扶贫背景下产业扶贫资产管理与收益分配
　　优化研究 [J]. 农业经济问题（3）.

孙久文，李方方，张静 . 2021. 巩固拓展脱贫攻坚成果加快落后地区乡村振兴
　　[J]. 西北师大学报（社会科学版）（3）.

王义坤 . 2017. 财政专项扶贫资金资产账务处理 [J]. 农村财务会计（6）.

魏后凯，姜长云，孔祥智，等 . 2021. 全面推进乡村振兴：权威专家深度解读十
　　九届五中全会精神 [J]. 中国农村经济（1）.

魏后凯 . 2020. 全面加强扶贫资产的管理和监督 [J]. 中国发展观察（23）.

张琦，李顺强 . 内生动力、需求变迁与需求异质性：脱贫攻坚同乡村振兴衔接中
　　的差异化激励机制 [J]. 湘潭大学学报（哲学社会科学版）（3）.

张琦 . 2021. 巩固拓展脱贫攻坚成果同乡村振兴有效衔接：基于贫困治理绩效评

估的视角 [J]. 贵州社会科学 (1).

张永丽, 高蔚鹏 .2021. 脱贫攻坚与乡村振兴有机衔接的基本逻辑与实现路径 [J]. 西北民族大学学报 (哲学社会科学版) (3).

周强, 黄臻, 张玮 .2020. 乡村振兴背景下贵州民族地区扶贫搬迁农户后续生计问题研究 [J]. 贵州民族研究 (7).

左停, 李世雄, 史志乐 .2021. 以脱贫攻坚统揽经济社会发展全局——中国脱贫治理经验的基本面 [J]. 湘潭大学学报 (哲学社会科学版) (3).

【作者简介】　任金政, 现任中国农业大学经济管理学院副院长, 教授、博士生导师, 主要从事农村经济管理方面的研究, 尤其是项目分析与风险管理领域; 李书奎, 中国农业大学经济管理学院博士研究生。

专题 5　产业融合助推乡村产业兴旺：内在逻辑、现实困境与实现路径

李谷成　叶　锋

农村产业融合发展是农业农村经济转型升级的必然要求，有利于推进乡村产业兴旺，实现乡村振兴。本文通过构建科学的指标体系实证评估当前农村产业融合发展的现状，系统研究产业融合推动乡村产业兴旺的内在逻辑、现实困境和实现路径。结果表明：我国农村产业融合发展水平呈逐年上升的趋势，但总体水平仍然较低；农村产业融合可以通过促进产业延伸、加快资源融合、推动产业规模发展三个方面来推动乡村产业兴旺；当前农村人力资源短缺、产业融合用地少、资金筹集难、加工技术薄弱等阻碍了产业融合的发展，未来需要通过加强人才队伍建设、保障产业融合用地需求、完善资金支持政策、加强技术创新等举措来加速农村产业融合发展，助推产业兴旺。

改革开放四十多年来，中国农业农村发展取得了举世瞩目的成就。农产品产量稳步增加，农业生产条件大幅改善，农村居民生活水平得到了极大提升。但是，由于农村农业资源向城市单向流动，出现了农民老龄化、土地非农化、农村"空心化"等诸多问题。究其根源在于乡村产业持续发展缺乏动力，要素报酬率低缺乏吸引力。"三农"问题成为我国实现现代化的重大短板。基于我国乡村发展实际，党的十九大报告从国家战略高度提出实施乡村振兴战略，明确了"产业兴旺、生态宜居、乡风文明、治理有效、生活富裕"的总要求，这是新时代"三农"工作的总抓手。乡村振

兴涵盖了乡村的方方面面，归根结底是个发展问题，是个产业振兴问题。习近平总书记多次强调"乡村振兴，关键是产业要振兴"。由此可见，产业兴旺是推动乡村振兴的关键所在。

近年来，农村一二三产业融合发展成为中央"三农"政策的重要关注点，在促进农业提质增效、农民持续增收等方面被寄予厚望（李姣媛等，2020）。2015 年中央 1 号文件明确提出，"立足地方资源优势，以市场需求为导向，以农业为基础，推动农村三产融合发展"。2016 年中央 1 号文件指出，"推进农村三产深度融合，让农民共享产业融合发展的增值收益"。党的十九大报告提出乡村振兴战略，明确指出要继续推进农村产业融合发展。2018—2020 年连续 3 年的中央 1 号文件都高度强调了推进农村产业融合发展的重要性。具体而言，农村产业融合是指以农业为依托，以新型农业经营主体为纽带，通过产业延伸、产业多功能化和要素集聚、技术渗透和组织创新，跨界集约配置资本、技术和资源要素，促进农业生产、农产品加工流通、农资生产销售和休闲旅游等有机整合的过程（国家发改委宏观经济研究院和农经司课题组，2016）。从目前全国各地农业农村发展的实践来看，农村产业融合发展是推动乡村产业兴旺的重要路径。

那么，农村产业融合与乡村产业兴旺的内在逻辑是什么？当前我国农村产业融合发展的现状到底如何？农村产业融合发展的制约因素有哪些？我们如何克服这些制约因素以推动乡村产业兴旺？厘清这些问题，特别是构建好相关指标评价体系，对我们切实推动农村产业融合发展至关重要，也可以为促进乡村产业兴旺提供理论支持和决策参考。

一、文献述评

作为一个新概念，目前关于农村产业融合发展及其效果的文献基本处于起步阶段，从已有研究来看，主要集中在以下两个方面：

一是农村产业融合发展与农民增收。农村产业融合发展的落脚点在于农民增收，产业融合有助于农民分享农村经济增长带来的福利（黄祖辉，2015）。产业融合发展通过产业链延伸、农业多功能性拓展及农业服务业融合，促进农民增收。不同的融合方式对于农民的增收效果不同，对农民不同收入类型的提高存在显著差异（郭军等，2019）。但从整体看，农户参与农村产业融合发展的增收效果达到50％以上（李云新等，2017）。

二是农村产业融合发展与农村经济增长。随着农村产业融合不断推进，农业多功能性得以显现，以乡村旅游为代表的现代农业功能可以突破农业的"内卷化"特征，带动乡村产业重构（左冰，2015）。同时，互联网的发展会带动农产品电商和农村金融发展，农业电子商务会增加农产品销路，扩充农产品信息渠道，降低交易成本，减少中间冗余环节，提高农业综合竞争力（苏毅清等，2016）。此外，以家庭农场和合作社为主的新型农业经营主体是发展休闲旅游和乡村旅游的重要载体，各地区可以通过打造乡村旅游景点，培育具有地方特色的乡村旅游品牌带动地区经济增长（姜长云，2016）。

毋庸置疑，上述文献为本文研究提供了重要参考和借鉴，但仍然存在进一步研究的可扩展性。第一，现有文献虽然涉及产业融合对农村经济发展的影响，但未能揭示其影响的内在逻辑与机理。第二，已有文献尚未将产业融合发展和乡村产业兴旺纳入到一个统一的分析框架开展研究，也就无法揭示出产业融合推动产业兴旺的发展路径及其可能存在的问题，所得出结论也就缺乏政策针对性。

基于此，本文以产业融合助推乡村产业兴旺为题，首先，构建科学的指标体系，实证评估当前农村产业融合的发展现状；然后，对产业融合推动乡村产业兴旺的内在逻辑、现实困境和发展路径开展系统研究。本文研究成果不仅可以在理论层面上厘清产业融合助力乡村产业兴旺的内在逻辑，而且可以在实践层面上为全面推进乡村振兴提供决策参考。

二、农村产业融合发展现状的实证评估

（一）农村产业融合度评价体系的构建

农村产业融合发展是一个比较新的概念，它缘起于日本的六次产业化概念，在我国它的提出始于农业产业化经营。相比于六次产业化和农业产业化经营，农村产业融合发展的内涵更为宽泛。目前，关于农村产业融合发展的概念学界尚无定论，已有文献主要基于不同角度对其进行了多种界定。本文根据已有研究成果，尝试性地将农村产业融合发展的概念凝练为：以农业生产为依托，以农产品加工业为引领，以利益联结机制为枢

纽，以农业功能拓展和新业态打造为表征，将农村一二三产业有机整合，从而实现农业增效、农民增收和农村繁荣的动态发展过程。

具体而言，农村产业融合发展的内涵主要体现为以下几点：其一，农业是农村产业融合发展的基础。只有立足于农业发展，才能更好地延长农业产业链条，拓展农业多功能，培育农业新业态。其二，农产品加工业是农村产业融合发展的核心动力。作为连接工业与农业的产业，农产品加工业的产业关联度高、行业覆盖面宽，对农民就业增收的带动作用强，在农村产业融合发展过程中起着引领作用。其三，利益联结机制是农村产业融合发展的枢纽。只有建立长期稳定有效的利益联结机制，才能够促进产业融合主体分工协作、互利共赢。其四，农业功能拓展和新业态打造是农村产业融合的核心表征。农村产业融合发展的关键在于激发农业的多种潜在功能，打造以智慧农业、休闲农业等为代表的农业新业态。

农村产业融合是一个系统工程，如果采用单一的指标来衡量则难以窥其全貌。当前学术界主要通过构建综合指标体系的方法来量化测度农村产业的融合发展水平（李晓龙等，2019；王丽纳等，2019）。本文通过科学界定农村产业融合发展的理论内涵，结合各级政府政策文件，并参考已有研究成果，构建了一套科学简洁的指标体系（表1）。具体而言，综合评价指标体系主要从农业的多功能性、农业产业链延伸、农业服务业融合发展和利益联结机制四个层面进行考察，其对应的二级指标分别为设施农业水平、农村非农就业比重、农副产品加工业规模、农业初加工业水平、农村服务业发展基础设施、农林牧渔服务业比重、农民专业合作社数量等。因为现有资料中缺乏 2018 年农业初加工业机械总动力的数据，本文基于近 3 年的数据，用指数平滑的方法对缺失数据进行补齐。根据表1中的指标体系，采用熵值法确定各指标的权重，具体测算步骤见附录1。

表1 农村产业融合发展水平的评价指标体系

一级指标	二级指标	指标说明	单位
农业多功能性	设施农业水平	设施农业面积/耕地面积	％
	农村非农就业比重	乡村二三产业从业人员/乡村从业人员	％

（续）

一级指标	二级指标	指标说明	单位
农业产业链延伸	农副产品加工业规模	农副产品加工业主营业务收入/农业总产值	%
	农业初加工业水平	农村每万人拥有的初加工业机械总动力	千瓦
农业服务业融合	农村服务业发展基础设施	农村每万人拥有农村发展社会团体	个
	农林牧渔服务业比重	农林牧渔服务业总产值/第一产业总产值	%
利益联结机制	农民专业合作社数量	农村每万人拥有农民专业合作社个数	个

（二）农村产业融合发展现状与实证评估

经实证测算，2010—2018 年我国农村产业融合发展水平均值为 0.200，具体到各年份平均分别为 0.145、0.151、0.166、0.182、0.198、0.218、0.242、0.243、0.259（附录 2）。根据本文研究测算，我国农村产业融合发展水平整体呈现出上升的趋势，2010—2018 年间提高了 78.6%。从具体的时间变化来看，2015—2016 年农村产业融合的水平提高最快，增长高达 11.0%。其主要原因可能在于中央政府在 2015 年正式提出了《推进农村一二三产业融合发展的指导意见》。在此之前，各地的农村产业融合可能都是自发性行为，缺乏专门的政策支持，主观认识还不够深入，产业融合还处于初级发展阶段。2015 年以后，该政策文件从农业产业化经营、农业产业链延伸、农业多功能性拓展、农业服务业融合、农业产业金融支持、经济效益等方面详细阐述了推进农村产业融合的重要性和政策措施。各地方在该文件的指导下，因地制宜地推进农村产业融合发展，这可能是该时期农村产业融合发展水平明显上升的主要原因。

我国农村产业融合的发展水平存在梯度特征，四大经济区域的发展状况存在较为明显的差异。东部地区的农村产业融合值一直稳步提高，在四大区域中常年处于领先地位，从 2010 年的 0.192 稳步提高到 2018 年的 0.326。东北地区融合值起点较低，但其增长速度较快，从 2015 年开始有超过东部地区的势头,但随后东北地区的融合值增速又开始放缓,2017年甚至出现了负增长。中部地区和西部地区的产业融合值在各年相差一直不大,但是总体来看西部略高于中部。中部地区的融合值只有2010年高于西部地区,之后各年西部地区始终保持微弱的领先优势,但不明显(图1)。

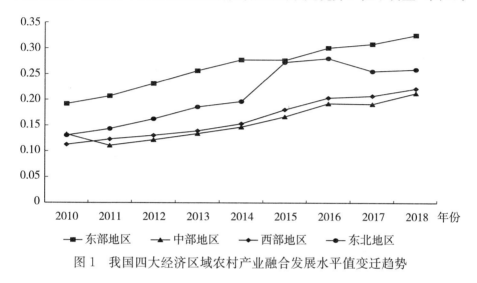

图1 我国四大经济区域农村产业融合发展水平值变迁趋势

从各区域内部来看,农村产业融合发展水平在各区域内部存在较大的差异。东部地区的农村产业融合水平整体较高,处于快速增长状态,但各省区的差异明显(图2)。北京、天津、山东、江苏、河北、福建、浙江和广东的融合值一直稳步提高,其中天津的增长速度最快,由2010年的0.213增长到了2018年的0.538,增长率高达153%。上海的融合值一直比较稳定,长期围绕在均值0.252的上下小幅波动。海南的融合值基本处于"先升后降"的状态,2010—2014年间不断上升,2014年开始下降并趋于稳定。东部地区内部各省区农村产业融合发展水平的差异较大,排在首位的天津2018年的融合值高达0.538,排在最后的海南融合值仅为0.161,甚至不及天津的30%。这可能是因为,海南受自然条件的影响,缺水较为严重,耕地有效灌溉面积低于全国平均水平,农业综合生产能力偏弱,这可能是制约农村产业融合发展的重要原因(陈池波等,2021)。

中部地区绝大部分省份的农村产业融合发展水平处于稳步提高状态,且发展较为均衡(图3)。除了安徽2012年出现负增长外,其他五省的产业融合值均呈现出逐年提高的趋势。其中,山西的融合值增长速度最快,

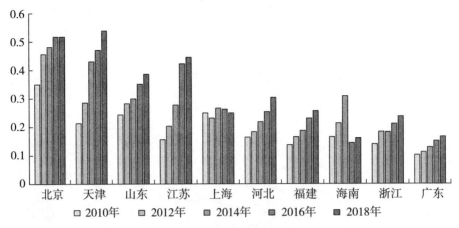

图2　东部地区分省农村产业融合发展水平值

由 2010 年的 0.110 上升到了 2018 年的 0.273，增长率为 148%。中部各省之间的农村产业融合发展水平差异较小，融合值均值最高的山西为0.183，最低的湖南为 0.137，二者的差距较小。这可能是因为，中部各省之间的经济发展水平和地理特征较为相似，使得各省区之间的农村产业融合发展水平较为相近。

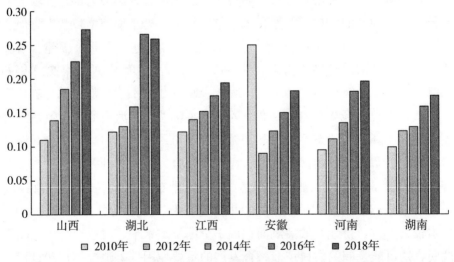

图3　中部地区分省农村产业融合发展水平值

西部地区各省农村产业融合发展的分化较为明显（图4）。其中，重庆、甘肃、四川、广西、内蒙古、青海六省市的融合值呈现出逐年递增趋势。甘肃增长最快，由 2010 年的 0.116 增长到了 2018 年的 0.365，增长率高达 215%。西部各省的农村产业融合发展水平存在明显分化，根据不同分位点可以将其划分为高、中、低三组。其中，发展水平较高的省份包括重庆、宁夏和甘肃，发展水平居中的省份包括陕西、四川、广西、贵州和内蒙古，发展水平较低的省区包括云南、青海和新疆。

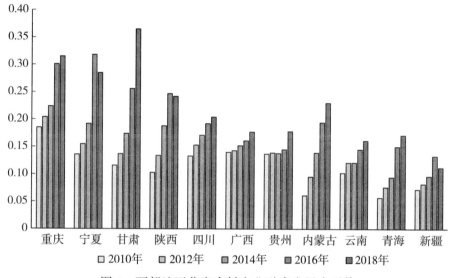

图 4 西部地区分省农村产业融合发展水平值

东北地区的农村产业融合发展水平处于不均衡状态（图 5）。吉林的产业融合值呈持续增长态势，辽宁和黑龙江则呈先增后减的趋势。整体来看，辽宁的农村产业融合水平在东北地区处于绝对领先地位，年均融合值为 0.337，远高于吉林的 0.174 和黑龙江的 0.118。其主要原因可能在于辽宁的经济基础好，发展设施农业、农林牧渔服务业和农村二、三产业的条件都要优于其他两省。

总体来看，我国农村产业融合发展水平仍然偏低。这其中可能的原因主要包括：

（1）产业发展不协调。当前种养产业发展规模较大但产业化经营程度不高，加工产业规模偏小、深加工程度不高、产业链不完善。农村服务产业起步较晚，虽然其产值呈逐年上升趋势，但其占农业总产值的比重依旧偏低。

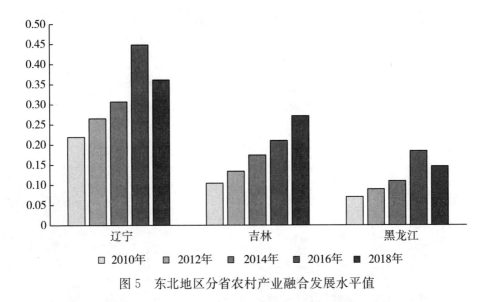

图 5　东北地区分省农村产业融合发展水平值

（2）种养产业化水平不高。东部片区种植养殖的农产品基本上处于原料出售阶段，经营管理粗放，农户的直接收入不高。养殖产业小型养殖户较多，具有一定规模的养殖户占比较低。

（3）利益联结机制不完全。小农户参与农村产业融合发展的门槛较高，没有实现与现代农业的有机衔接，难以分享到产业融合带来的价值增值，这导致小农户参与农村产业融合发展的热情不高，农村产业融合发展的速度不快。

三、农村产业融合发展与乡村产业兴旺的内在逻辑

产业兴旺是乡村振兴的重要基础，农村产业融合发展是实现乡村产业兴旺的重要路径。产业兴旺的核心在于有效激发乡村产业的自身活力，但农业产业兼具自然风险和市场风险，与第二、三产业的投资回报率相比明显处于劣势。在现有资源约束下，依靠单一的种养为主的农业产业已经无法实现乡村人口的充分就业，不利于农民增收、农业发展和农村繁荣。

产业是地区经济发展的基础，促进农村产业融合与乡村产业兴旺势在必行，其内在逻辑主要反映在三个方面：

一是延伸农村产业链，提高农产品附加值，吸收农民就近就业，提高

当地农民收入，让农民充分享受产业融合带来的发展红利。

二是拓展农业多功能，吸引第二、三产业的管理、资本、技术、人才等生产要素投入到乡村现代化建设中。

三是促进乡村产业规模化扩张，扩大乡村产业规模和就业容量，带动资本内部循环。

（一）农村产业融合发展促进产业链延伸，提升农产品附加值

传统农业中，农民由于自身经济实力薄弱、可利用社会资本有限，往往只能在生产地产销初级农产品，难以享受到现代农业产业带来的增值收益。延长农业产业链可以提高农产品价值，使农户享受到农产品价值增值带来的福利。但是，依靠农业生产者独立开发农业新产品、开拓国内外市场、打造农产品品牌、建立上下游全产业链是不现实的。因此，必须通过产业融合，联结具有营销能力的流通企业、掌握高新技术的食品制造企业、具有线上线下销售能力的零售企业等，形成农工商产业关联带，拓展延伸现有产业链条。横向促进农产品多样化生产与开发，纵向深化"生产—加工—销售"产业链，提高整条产业链规避风险的能力。农村产业融合的基础始终是农民，源头始终是农业，只有通过地产地销、地域制造、企业带动、农业生产方式创新等措施提高农产品在农业产业链中的附加值，保障农民主体地位，增加其享受产业融合发展的红利，才能激励农民作为产业融合发展主体的内生动力，发挥乡村产业兴旺的主力军作用，形成"产业融合—产业兴旺"的良性循环。

（二）农村产业融合发展加快资源高效融合，形成农业产业新形态

乡村产业兴旺不仅仅是第一产业的兴旺，还需要农村第二、三产业的发展，特别是休闲农业、观光农业等为代表的现代农业服务业的发展。传统农业的功能主要是保障农产品供给安全，为二、三产业提供廉价的原材料。在新的发展形势下，乡村传统文化、旅游景观等资源禀赋优势愈发被重视和发掘出来，推进乡村产业融合发展，将拓展农村经济、文化、生态、旅游等多种功能，吸引成熟的工业企业和服务业企业落地生根，促进休闲农业、智慧农业、绿色农业等新型农业产业集聚发展。农村产业的集

聚化发展将降低农业产业链条中不必要的交易成本，有效利用乡村资源，将传统的农业第一产业延伸到第二、三产业中，可以有效拓展农业多功能，形成农业产业新形态，拓宽农民增收渠道。

（三）农村产业融合发展推动产业规模化扩张，带动资本内部循环

随着农业产业链的延伸、新型生产要素的投入和农业生产方式的转变，农民不再局限于"就农业谈农业"。一方面，农村产业融合发展推动了农村基础设施建设，聚集了农村人气，为农民提供了更多创业创新机会，吸引培育了一大批新型经营主体参与到乡村产业兴旺的实践中。无论是通过土地流转还是农业社会化服务，其目标都是适度规模经营。规模化经营主体相对于小农户，更能降低种植成本，提高生产效率，有利于品牌化、专业化建设，可以更加有效地衔接现代农业。另一方面，土地流转、农业社会化服务可以把更多农民从土地上解放出来，减少其农业劳动时间。在农村产业融合发展的背景下，农户可以选择就近务工或开展农业劳务服务，增加家庭收入。因此，农村产业融合发展能够最大限度地将农业产业附加增值保留在农村内部，防止资金外溢或抽离，形成一个良性的资金内部循环链，藏富于农，源源不断地为乡村产业兴旺提供要素新动能。

总之，推动乡村产业兴旺，实现"农业强，农村美，农民富"，仅仅依靠小农户自身的力量，分散经营是不现实的，必须在传统农业经营模式之外，寻找农村产业融合发展的新出路。必须通过一二三产业的时空融合，整合乡村资源禀赋条件，挖掘产业发展潜力，在产业延伸、产业整合、产业交叉、技术渗透等多种模式下共同推动产业兴旺。

四、农村产业融合发展与乡村产业兴旺的现实困境

（一）农村人力资源短缺，人才吸引力不够

推动农村产业融合发展，需要建立起现代农业生产体系、产业体系和经营体系，这就对农村人力资源提出了更高要求，需要高素质农民来引领农村产业融合发展。当前，大量青壮年劳动力向城市流动，农村人口老龄化严重，接受新事物能力较弱，缺乏具备产业发展思维且能够起到带头和

引领作用的新型职业农民，劳动力质量结构失衡。

农村人力资源短缺，不仅体现在人才外流上，更体现在人才吸引力的不足上。一方面，受自然条件限制，农村基础设施建设落后，返乡人员配套设施不完善。比如，返乡人员在子女教育、社会保障等方面存在较高诉求，但农村地区教育、医疗等公共服务建设落后，难以满足返乡人员的需求，导致返乡创业积极性下降。另一方面，农村的就业发展受到限制，涉农人才不愿意扎根农村，导致涉农人才总量缺口较大，优质人才储备明显不足。尤其是农业科技人才偏少，二、三产业发展人才稀缺。

（二）农业用地流转难，非农用地指标少

农村产业融合发展涉及农业用地和非农建设用地两方面。就农业用地而言，当前困境主要在于土地流转集中困难和流转维持困难。主要原因在于农民对土地的功能和情感依赖较强。从功能依赖来看，土地是农民赖以生存的基本保障，承载着就业功能、收入功能和社会保障功能。在非农收入较低且不稳定的情况下，农户不愿意将自家的土地流转出去。从情感依赖来看，农户对土地有恋土情结，宁愿自己种也不愿意给别人种。农民对土地的情感依赖与功能依赖相互作用，形成了土地流转的"禀赋效应"，进一步抬高土地流转价格，成为土地流转的掣肘。

就非农建设用地而言，当前存在农村产业融合用地指标较少且审批慢、农村产业融合土地混用等问题。虽然在乡村振兴背景下，各地政府出台了支持农村产业融合发展用地的政策，但仍然存在用地紧缺的现象。同时，非农建设用地审批需要涉及多个部门，不同手续要在不同部门办理，导致审批周期长、速度慢。加上农村产业融合发展同时包括农业功能和非农功能，在土地利用过程中就不可避免地出现混用现象。

（三）资金筹措难度大，使用效率低下

一是资金筹措难度大。近年来，虽然国家大力发展农村金融，贴息贷款、无息涉农贷款金额逐年增加，但与农村产业融合发展所需的资金仍然存在较大缺口，资金筹措难仍然是个大问题。目前，农业贷款以短期小额信贷为主，虽然能够满足以家庭为单位的小规模生产者的资金需求，但乡村产业兴旺必然要求农村产业朝规模化方向发展，资金贷款需求加大。加

上农村产业的收益周期较长，大额的长期贷款偏少，金融产品供需失调，难以满足当前产业发展的需要。另外，农业产业融合发展还面临融资方式不畅通，融资机制不健全，涉农资金以银行贷款为主，直接融资较少，社会资金进入农村速度缓慢等问题。

二是资金使用效率偏低。一些地方未经过科学的项目论证就选择发展所谓优势产业，比如一味贪大求全等。所选择产业或项目效益低就必然导致农村产业融合发展资金的利用效率低。加上农村投资观念相对保守，农村资金活力未能得到有效激发。

（四）农产品加工技术薄弱，新技术渗透深度不足

农产品加工是农村产业融合发展的重要一环。当前我国农产品加工技术仍然比较落后。一方面表现为精深加工不足。这主要表现为高新农产品加工技术发展较为滞后，大多为粗加工，技术含量低，精深加工匮乏。另一方面表现为加工企业缺乏核心技术，创新能力不够。我国农产品加工技术还是政府主导型，过分依赖于政府人力、物力和财力投入，市场企业主体发育不足。大部分加工企业规模小，偏重于短期效益，技术创新投资少，技术储备不足，与国际先进水平存在差距。

当前，新技术渗透深度不足也制约了农村产业的融合发展。一般而言，传统农业生产的技术渗透效应要显著低于第二、三产业。比如，在第二、三产业中已经得到广泛应用的物联网、互联网、智能控制、远程诊断、产品标识等现代信息技术在农业中的应用就相对较慢。总之，一二三产业之间在技术层面融合是产业融合的前提，现阶段农业技术渗透力不足已经拖慢了农村产业融合的步伐。

五、农村产业融合助推乡村产业兴旺的实现路径

（一）加强农村产业融合发展人才队伍建设

其一，推进城乡统筹规划，加大推进城乡融合发展，促进人才自由流动。重塑城乡关系，推动人才、土地、资本等要素在城乡之间的双向流动，建立健全农村人才市场，推动涉农人才合理流动，发挥市场作用；不断推进和完善现代农业生产体系、产业体系、经营体系建设，吸引更多的

城市生产要素流向农村，不断壮大农村经济实力，使城乡生产要素都能从中获取合理利润回报，真正实现城乡要素双向流动，合理配置，融合共生。

其二，充分发挥政府调控作用，实施精准的乡村人才支持政策。增加涉农人才供给量，引导涉农人才深入产业一线；实施乡村人才专项计划，推进农业农村科研杰出人才培养，加快培养农业生产经营人才和农村二、三产业发展人才，推动"三农"工作人才队伍建设制度化、规范化、常态化。

其三，补齐返乡入乡就业创业服务的"短板"。返乡人员是农村产业融合发展的重要资源，要充分激发返乡人员的生机与活力，包括建立覆盖城乡的公共就业创业一体化服务系统，积极提供跨区域劳务合作、要素和人才下乡的"一站式""菜单式"服务，消除转移就业和要素下乡的信息壁垒。

（二）保障农村产业融合发展用地需求

农业用地流转难、非农用地指标少是当前农村产业融合发展的瓶颈，一方面要通过土地流转来增加产业融合过程中的农业用地，另一方面要通过政策完善来增加相关建设用地指标。

其一，促进非农就业，有效激发农民个体自发流转。

其二，盘活宅基地使用权，挖掘宅基地潜力。通过促进大量闲置宅基地流转实现与其他要素的耦合，显化其财产价值，可以让农民和集体实现其收益权，分享经济发展的成果。

其三，完善相关政策，通过城乡用地增减挂钩、废弃地复垦等手段增减建设用地指标，有序增加农村产业融合发展用地指标。

其四，细化土地利用政策。农村产业融合用地属于复合用地，在合法合规的前提下，可以明确和细化土地利用政策，让土地能够兼具农业休闲、产品加工、观光旅游等用途，更好地服务于农村产业融合发展。

（三）优化创新农村产业融合发展的资金支持政策

其一，健全资金投入保障制度。创新投融资机制，加快形成财政优先保障、金融重点倾斜、社会积极参与的多元化投入格局，在政府投入资金的同时积极引导社会资本广泛加入。同时，切实发挥农业信贷担保体系的作用，通过财政担保费率补助和以奖代补等形式，积极鼓励新型农业经营主体参与农村产业融合发展。

其二，优化信贷结构。当前涉农贷款大多结构单一，覆盖面窄，难以满足农村产业融合发展的需要。农村一二三产业融合发展的过程，是一个融合的产业领域、链条、环节和要素不断增多的过程，这种跨界融合将产生更多的新业态、新模式，也就不能再仅仅提供传统的单一指向性资金支持，而是需要对一个融合经济体的整体性综合性资金支持，必须进行金融政策创新。

其三，发挥土地承包经营权的资本效应，促进小农户参与农村产业融合发展。鼓励农民以土地承包经营权入股等方式，通过农民合作社等新型经营主体参与农村产业融合发展，可以采取"保底收益＋按股分红"等形式，让农户分享加工、销售等环节收益。

（四）推动农村产业融合发展的技术创新

其一，提升农产品精深加工研发能力。实施科技创新驱动战略，加快建设一批农产品精深加工装备研发机构，鼓励加工企业加大研发投入力度，推动高校设立相关专业，提升我国农产品精深加工研发能力。

其二，强化农产品精深加工，提高农产品附加值。实施农产品加工提升行动，加快促进产业发展和品质效益良性循环。培育粮食加工产业集群，从粮食原材料销售向农产品加工品销售，构建多元化的主食产品体系。

其三，提高农业新技术的渗透水平。一方面高度重视农业技术推广，深化农技推广体制改革，加速农业科研成果向现实生产力高效转化。另一方面推进物联网、"互联网＋"和云计算等现代信息技术在全产业链中的应用，以现代化技术手段推动三产融合。

◆ **参考文献**

陈池波，李硕，田云 .2021. 中国农村一二三产业融合度与省际比较分析〔J〕. 农业工程学报（37）.

郭军，张效榕，孔祥智 . 2019. 农村一二三产业融合与农民增收——基于河南省农村一二三产业融合案例 [J]. 农业经济问题 (3).

国家发展改革委宏观院和农经司课题组 . 2016. 推进我国农村一二三产业融合发展问题研究 [J]. 经济研究参考 (4).

黄祖辉 . 2015. 在促进一二三产业融合发展中增加农民收益 [N]. 农民日报，8-18.

姜长云 . 2016. 推进农村一二三产业融合发展的路径和着力点 [J]. 中州学刊 (5).

李姣媛，覃诚，方向明 . 2020. 农村一二三产业融合：农户参与及其增收效应研究 [J]. 江西财经大学学报 (5).

李晓龙，冉光和 . 2019. 农村产业融合发展如何影响城乡收入差距——基于农村经济增长与城镇化的双重视角 [J]. 农业技术经济 (8).

李云新，戴紫芸，丁士军 . 2017. 农村一二三产业融合的农户增收效应研究——基于对 345 个农户调查的 PSM 分析 [J]. 华中农业大学学报（社会科学版）(4).

苏毅清，游玉婷，王志刚 . 2016. 农村一二三产业融合发展：理论探讨、现状分析与对策建议 [J]. 中国软科学 (8).

王丽纳，李玉山 . 2019. 农村一二三产业融合发展对农民收入的影响及其区域异质性分析 [J]. 改革 (12).

左冰，万莹 . 2015. 去内卷化：乡村旅游对农业发展的影响研究 [J]. 中国农业大学学报（社会科学版）(4).

【作者简介】 李谷成，华中农业大学经济管理学院教授，博士生导师，主要从事农业生产/技术经济学和农产品国际贸易方面的研究；叶锋，华中农业大学经济管理学院博士研究生。

附录1：农村产业融合发展测算方法

本文根据表1中构建的指标体系，采用熵值法来确定权重，并测算历年农村产业融合发展水平值。具体的测算步骤如下：

第一，首先采用极大极小值法将原始数据去量纲化，标准化公式为：

$$S_{ij} = \frac{X_{ij} - \min(X_j)}{\max(X_j) - \min(X_j)} \tag{1}$$

第二，对标准化数据进行比重变换，公式为：

$$M_{ij} = S_{ij} / \sum_{j=1}^{m} S_{ij} \tag{2}$$

第三，确定各项指标的信息熵值，公式为：

$$E_j = -(\ln m)^{-1} \sum_{i=1}^{m} M_{ij} \ln M_{ij} \tag{3}$$

第四，确定各项指标的信息效用价值和权重，公式为：

$$W_j = \frac{d_i}{\sum_{j=1}^{n} d_j}, d_j = 1 - E_j \tag{4}$$

第五，计算各地区农村产业融合发展水平值，公式为：

$$RID_{ij} = \sum_{j=1}^{n} W_{ij} S_{ij} \tag{5}$$

附录2：2010—2018年分省农村产业融合发展水平值

年份	2010	2011	2012	2013	2014	2015	2016	2017	2018	均值
北京	0.350	0.407	0.456	0.470	0.481	0.472	0.517	0.500	0.517	0.463
天津	0.213	0.228	0.285	0.363	0.430	0.456	0.470	0.530	0.538	0.390
河北	0.164	0.175	0.183	0.209	0.218	0.234	0.253	0.263	0.303	0.222
山西	0.110	0.114	0.139	0.160	0.185	0.204	0.226	0.237	0.273	0.183
内蒙古	0.061	0.080	0.095	0.107	0.139	0.156	0.194	0.222	0.230	0.143
辽宁	0.219	0.241	0.265	0.307	0.307	0.468	0.448	0.419	0.361	0.337

（续）

年份	2010	2011	2012	2013	2014	2015	2016	2017	2018	均值
吉林	0.104	0.113	0.134	0.154	0.174	0.192	0.210	0.217	0.271	0.174
黑龙江	0.070	0.077	0.089	0.097	0.109	0.159	0.184	0.131	0.146	0.118
上海	0.249	0.249	0.231	0.248	0.266	0.258	0.262	0.253	0.249	0.252
江苏	0.156	0.179	0.203	0.223	0.277	0.341	0.422	0.433	0.445	0.298
浙江	0.140	0.158	0.183	0.192	0.182	0.201	0.211	0.224	0.237	0.192
安徽	0.250	0.084	0.090	0.107	0.123	0.135	0.150	0.167	0.182	0.143
福建	0.137	0.158	0.165	0.178	0.187	0.197	0.230	0.235	0.256	0.194
江西	0.122	0.129	0.140	0.144	0.152	0.160	0.175	0.181	0.194	0.155
山东	0.243	0.224	0.282	0.285	0.299	0.330	0.351	0.346	0.386	0.305
河南	0.095	0.099	0.111	0.125	0.135	0.149	0.181	0.177	0.196	0.141
湖北	0.122	0.125	0.130	0.143	0.159	0.212	0.266	0.226	0.259	0.182
湖南	0.099	0.116	0.123	0.127	0.129	0.143	0.159	0.162	0.175	0.137
广东	0.102	0.107	0.112	0.121	0.129	0.138	0.151	0.157	0.166	0.131
广西	0.140	0.141	0.143	0.139	0.152	0.152	0.161	0.162	0.177	0.152
海南	0.165	0.186	0.213	0.276	0.308	0.140	0.144	0.144	0.161	0.193
重庆	0.185	0.193	0.204	0.211	0.224	0.279	0.301	0.315	0.315	0.247
四川	0.133	0.141	0.153	0.161	0.171	0.212	0.192	0.197	0.204	0.174
贵州	0.137	0.141	0.139	0.139	0.138	0.145	0.145	0.133	0.178	0.144
云南	0.102	0.109	0.121	0.117	0.121	0.136	0.145	0.149	0.161	0.129
陕西	0.103	0.125	0.134	0.158	0.188	0.230	0.247	0.237	0.242	0.185
甘肃	0.116	0.134	0.137	0.157	0.174	0.226	0.256	0.319	0.365	0.209
青海	0.057	0.068	0.076	0.088	0.094	0.113	0.150	0.172	0.171	0.110
宁夏	0.136	0.152	0.155	0.169	0.192	0.225	0.318	0.268	0.285	0.211
新疆	0.072	0.074	0.082	0.090	0.096	0.115	0.133	0.108	0.112	0.098
均值	0.145	0.151	0.166	0.182	0.198	0.218	0.242	0.243	0.259	0.200

专题 6　实施乡村建设行动
助力乡村全面振兴

赵晓峰　李　卓

乡村建设行动是"十四五"时期全面推进乡村振兴的重点任务。在新的历史发展阶段，乡村建设事关农业农村现代化的关键，应该从优化生产生活生态空间、持续改善村容村貌和建设美丽宜居乡村等维度着眼，具体从推动村庄规划建设、县域城乡融合发展、农村基本公共服务建设、农村环境建设和农村人才体制机制改革等五个方面入手来开展乡村建设行动。这五个方面是进行乡村建设的主要内容，但在建设时应该把县域作为重要的切入点，实现城乡规划的协调统一，基础设施和基本公共服务的县乡村统筹规划、功能互补和资源共享，让人民共享发展成果。另外，在进行乡村建设过程中，要尊重农民发展的主体性，不能违背农民的真实意愿，坚持实事求是、因地制宜和梯度推进的原则，将东部地区的发展经验向西部地区推广时要慎重，充分结合区域发展的实际情况，真正实现发展成果由人民共享。

一、实施乡村建设行动的重大意义

"实施乡村建设行动"是党的十九届五中全会提出的新命题，但关于乡村建设的实践探索却始于民国时期。在当时风雨飘摇的战乱年代，为了探索农村和农民的出路，实现救亡图存的宏大使命，包括梁漱溟、晏阳初、卢作孚、陶行知等一批民族实业家、知识分子或乡村教育家等开始在华北、西南进行乡村建设实验，提出了"以农民为主体""以乡村为本""国家现代化""乡村全面现代化"等思想主张，并身体力行地在乡村开展乡村建设实验，开办农民学校，教农民读书识字，传播农业生产技术，通过整合各种力量，推动人才、技术、资金等多种资源回流乡村，期待通过这些努力改变乡村落后的局面，改变农民的生存境况。20 世纪 30 年代，由先进知识分子主导的乡村建设运动都立足于当时的国情，以多种形式在乡村开展乡村建设试验，所形成的理论探索和历史经验，为新时代开展乡村建设行动提供了经验借鉴和方案参考。

党的十九大提出乡村振兴战略，并将其作为重要内容写进党章，这是新时代领导集体对农业农村工作的重大战略部署，也是迈入全面开启现代化建设新阶段做好"三农"工作的总抓手。党的十九大以来，习近平总书记多次就如何做好"三农"工作和推进乡村振兴战略提出了系列重要论述，他指出"脱贫攻坚取得胜利后，要全面推进乡村振兴，这是'三农'工作重心的历史性转移。""要深化农业农村改革，激活乡村振兴内在动力……深入研究接续推进全面脱贫与乡村振兴有效衔接。"等，这些论述对新时期做好乡村振兴工作指明了方向。同时，进入新发展阶段，针对我国乡村产业、乡村文化、乡村人才、乡村生态、组织发展、土地改革和城乡融合等方面也提出重要论断，认为"民族要复兴，乡村必振兴""人不负青山，青山定不负人""乡村振兴是乡村的全面振兴……实现产业振兴、人才振兴、文化振兴、生态振兴和组织振兴……"等论述，这一系列重要论述为新时代贯彻落实乡村振兴战略指明了前进的方向。

总体而言，在乡村振兴战略提出以后，国家对农业农村现代化的布局逐渐完善，国家对乡村投资的额度不断加大，进而在党的十九届五中全会首次提出"实施乡村建设行动"，要把乡村建设作为"十四五"时期全面推进乡村振兴的重点任务来抓。"十四五"时期是开启全面建设社会主义现代化国家新征程的第一个五年，乡村振兴战略作为新时期"三农"工作的重心，是促进农业农村现代化的关键举措，而实施乡村建设行动则是落实乡村振兴战略的重要抓手，是补齐农村现代化短板的关键举措。同时，实施乡村建设行动还是对以往乡村建设历史经验的传承与延续，也是当前推进乡村振兴战略在"十四五"时期的深化。党的十九届五中全会提出要实施乡村建设行动，并将乡村建设行动摆在了社会主义现代化的重要位置，强调以实施乡村建设行动全面推进乡村振兴，认为乡村建设行动是推动农村现代化的重要路径，也是加快形成城乡优势互补和促进城乡融合发展的重要举措。因此，从助力实现农业农村现代化和全面推进乡村振兴的高度来讲，加快实施乡村建设行动具有重要战略意义。

二、乡村建设行动的实践与研究前沿

（一）乡村建设行动的实践前沿

乡村建设运动从民国时起，就已经开始了乡村建设的探索与实践。近百年来，中国乡村发展大体经历了"乡村建设——社会主义新农村建设——乡村振兴"三个历史阶段。20 世纪 30 年代开展的乡村建设运动，在内忧外患和灾荒战乱年代，一大批仁人志士对农民命运和乡村前途进行了思考，他们关注的核心议题是乡村如何发展，并通过积极进行乡村建设实践和理论探索给出了答案，但受制于当时的历史环境，并未全面改变农村的面貌和农民的命运，只是在部分区域从局部上对农村做了一些改变；同时，中国共产党在苏区围绕土地革命这一核心任务，领导农民开展政权建设、经济发展和社会建设等为主要内容的乡村建设行动，这些行动对促进苏区经济发展和社会恢复起到了非常重要的作用。新中国成立后，在统一的国家政权驱动下开展了乡村建设工作，中国共产党又团结带领全国各族人民，开展乡村建设，使中国乡村发生了翻天覆地的变化，尤其是改革开放以后，乡村改革步伐逐渐加快，乡村建设取得了令人瞩目的成就，所取得的经验被其他发展中国家学习和借鉴。

进入 21 世纪以来，伴随着社会主义初级阶段主要矛盾的变化，国家关注的核心议题逐渐演变为乡村如何实现更快发展，党的十六届五中全会提出要在全国范围内开展社会主义新农村建设运动，从生产发展、生活宽裕、乡风文明、村容整洁和管理民主五个方面来加快改变农村经济社会发展滞后的局面。通过开展社会主义新农村建设，农民生活质量得到提高，农民生活不断得到改善；党的十八大以来，国家创造性地提出了"创新、协调、绿色、开放和共享"的发展理念，在社会主要矛盾转变为人民日益增长的美好生活需要和不平衡不充分的发展之间的矛盾以后，国家关注的核心议题逐渐演变为乡村如何实现更好发展。党的十九大作出实施乡村振兴的战略部署，提出从"产业兴旺、生态宜居、乡风文明、治理有效和生活富裕"五个方面来支持农业农村优先发展，从而促进乡村全面振兴。同时，党的十九届五中全会提出实施乡村建设行动，并强调要把乡村建设摆在社会主义现代化的重要位置，这为全面推进乡村振兴提供了抓手。

总而言之，从"乡村建设运动"到"社会主义新农村建设"再到"乡村振兴战略"，中国百年乡土重建的探索终于在中国特色社会主义新时代得以实现。但是，前一个阶段是在民国时期开展的一场以知识分子为中心的乡村建设运动，而后两个阶段是在中国共产党领导下，由国家政权统一驱动的乡村建设运动，三个阶段对中国农村前途和农民命运思考没有发生变化，发展议题始终贯穿在乡村建设的百年探索中。

（二）乡村建设行动的研究前沿

当代乡村建设行动在延续民国乡村建设理念的同时，融入了新的时代内容。但国内对该命题的研究却刚刚起步，可供梳理的文献并不多，当前学界关于乡村建设的研究主要集中在乡村基础设施建设研究、农业农村现代化与乡村振兴的关系、乡村人居环境改善、县域统筹与乡村治理、乡村人才振兴等方面。有学者研究指出农村基础设施和公共服务仍然存在供需结构不平衡、均等化水平低、公共服务"软件"供给不足、生产性基础设施供给薄弱等问题，但农村基础设施的持续投入可以在提升农民收入和促进欠发达地区发展方面发挥重要作用。这些方面的改善是有助于提升农业农村现代化水平的，农业农村现代化主要强调农业结构的不断调整，涉及科技、生态、人力资源、社会基础和文化传承等方面，其主要目标是实现农村发展、农业增效和农民增收，由此必须重视农民与农业农村现代化的关系。另外，有学者还对"五大振兴"和乡村振兴之间的关系进行了论述，认为生态振兴是乡村全面振兴的重要组成部分，人居环境的改善是落实乡村振兴战略的基础，在实施乡村建设行动的过程中必须重视乡村人居环境整治，坚持可持续发展和整体性原则；人才振兴是落实乡村建设行动的关键，乡村人才的回流对激活乡村其他要素至关重要，而人才振兴必须在吸引青年返乡和精英回流上下工夫，并处理好人才与产业的关系，努力构建"引得回，留得住"的可持续发展机制；组织振兴可以为乡村振兴提供坚强保障，但要处理好政治组织、经济组织、社会组织和自治组织之间的关系；文化振兴是乡村振兴的"根"与"魂"，可以为乡村全面振兴提供哺育和支撑；产业振兴是乡村振兴的基础，也是解决农村社会经济问题的关键。此外，还对县域在乡村振兴战略和城镇化战略中的功能进行了总结，认为县域是政治、经济、文化和生态等多维复合地域综合体，发挥着承上启下的作用，在乡村振兴中应该更加重视县域功能和作用的发挥。

如上所述，现有研究主要是集中在从某一个或者某几个角度出发来解读乡村振兴的，对于乡村建设行动的整体内涵和具体策略缺乏整体性和系统性的研究。此外，大多数学者倾向于探索纵向的、自上而下的政策贯彻实施过程研究，而缺乏对纵横有机结合的多元解释思路。因此，在新时代背景下，应该秉持以人民为中心的发展理念，坚持系统性和整体性思维，加强对乡村建设行动前沿性问题的研究，为开展乡村建设实践提供理论指导。

三、新时代开展乡村建设行动的主要内容

新时代的乡村建设行动虽与前几个阶段进行的乡村建设有一脉相承的关系，但伴随着时代的变迁，它又被赋予了新的时代内涵。依据十九届五中全会提出的乡村建设行动内涵，以及 2021 年中央 1 号文件的要求，新时代开展乡村建设主要包括科学进行村庄规划、加快实现城乡融合、基础设施建设与基本公共服务提升、农村人居环境改造和促进农村消费升级等方面，这些方面是开展乡村建设运动的重要内容，如果这些方面的内容无法落实到位，势必会影响乡村建设行动的推进步伐，也会影响到乡村振兴的质量。因此，在乡村建设行动中，要重点关注以下内容：

（一）科学推进村庄规划工作

乡村建设行动是全面推进乡村振兴的重要抓手。而村庄规划建设最能反映乡村全面振兴的进展，在开展乡村建设行动的实践中，要做好村庄规划的编制工作。乡村具有与城市不一样的功能定位、价值内涵和文化传承，农业不仅是粮食安全的保障，更具有生态涵养、文化传承和农耕教育

等多功能性，这些特质决定了乡村规划要有其自身特点，不能使用城市规划思维来规划乡村。"农业、农村和农民"是三位一体的，乡村既是农民从事农业生产劳动的地方，也是农民生活娱乐的地方，更是生态涵养的地方，是集生产空间、生活空间和生态空间为一体的大系统。因此，在乡村建设过程中要落实绿色发展理念，注重对村庄优秀传统文化的传承与保护，加强对生产空间和生态空间的科学开发，实现村庄规划的科学性与人文性相统一。同时，乡村建设行动是乡村振兴的重要抓手，要落实以人为中心的发展理念，在进行村庄规划建设时，要尊重农民的主体性，不能违背农民意愿，避免大拆大建。

（二）加快县域城乡融合发展

县域向上连接着省域和市域，向下连接着乡村，县域城镇功能定位和建设是乡村全面振兴的重要牵引力量，也是推进城乡融合发展的重要平台。同时，新型城镇化战略立足城市、联系乡村，而乡村振兴战略则立足乡村、背靠城市，县域作为城乡融合发展的有效载体，是促进两大战略有效衔接的重要路径。县域城镇的功能定位事关新型城镇化和乡村振兴的建设方向，也对城乡融合发展进程产生重要影响，在全面推进乡村振兴战略和新型城镇化战略的背景下，乡村建设行动应该更加重视县域城镇的功能定位，科学定位县域在落实两大发展战略中的功能。科学定位县域城镇的功能，应该重点强化县域在政务、经济、社会和文化等方面的综合服务能力，促进城乡基本公共服务均等化，加快补齐农村基本公共服务短板，将乡镇建成服务农民的区域中心。因此，在进行县域建设时，要立足长远，秉持系统性思维和整体性治理理念，注重科学规划，避免大拆大建，保护好传统村落和乡村文化，促进城乡融合发展，更加关注人的发展需求，促进新型城镇化更好发展。

（三）加强农村基本公共服务建设

农村基础设施建设和基本公共服务水平的提升是乡村全面振兴的重要基础，乡村振兴的一个重要目标就是补齐农村现代化的短板，基础设施便是其中一个重要方面。党的十八大以来，我国高度重视农村基础设施建设，尤其是在脱贫攻坚期内中央政府向贫困县和贫困村投入了大量的财力，道路、桥梁、饮水等农村基础设施有了较大幅度的提升，但若与东中部发达地区和城市地区相比，脱贫地区的农村基础设施建设仍然滞后，尤其是在数字化和智能化时代背景下，农村地区的数字化基础设施和物流基础设施仍然薄弱，城乡数字鸿沟在不断扩大，物流便捷性较差，这些都是进行乡村建设需要不断提升的短板。在全面推进乡村振兴的背景下，乡村建设的行动主体应该不断加快脱贫地区数字化基础设施和物流基础设施建设步伐，缩小城乡发展差距。另外，还要加快建立健全城乡融合发展机制，促进城乡要素自由流动，加快推进养老、教育、医疗和文化等基本公共服务实现城乡一体化和均等化，让城乡居民获得均等的发展机会，从而缩小社群和区域发展差距，提升农民幸福感。

（四）加快提升农村人居环境质量

改善农村人居环境是实现生态振兴的有效途径，而生态振兴作为乡村振兴的重要组成部分，对促进乡村全面振兴具有重要意义。在进行农村环境整治时要充分认识到绿色发展的重要性，将绿色发展落实到生产实践中，贯穿到日常生活中。农村环境建设是进行农村人居环境改造的有效抓手，农村不仅是农民进行劳动生产的空间，也是农民生活娱乐的空间，还是一个生态空间，这三个空间的高度重合要求在乡村建设实践中更加重视环境保护，在农业生产和日常生活中严格落实绿色发展理念，梯度推进农村改厕、生活垃圾和污水处理，并为农村提供环境治理基础设施或社会化服务。虽然，农村垃圾问题基本上得到了解决，但当前的农村环境依旧存在短板，如厕所改造和污水处理等，在全面推进乡村振兴的背景下，乡村振兴行动应该有序实施、分类管理和梯度推进农村环境建设，重点抓住农村厕所改造和污水处理，改善农村人居环境质量，努力提升农村生活的宜居性和群众的满意度。

（五）加快农村人才体制机制改革

人才振兴是乡村振兴的核心引擎和关键环节，而乡村建设行动的落地实施需要依靠人才，加快建立健全吸引人才下乡的体制机制，提高农民科技文化素质，才能更好推动乡村人才振兴。实施乡村建设行动的关键一环是推动乡村人才振兴，要大力发展农民职业教育，培养一批适应农业现代化发展的"新农人"，因为唯有人才回流乡村才能激活乡村其他生产要素，没有人的乡村是不可想象的，没有人才的乡村更是难以振兴的。所以，农村人才队伍建设在当前阶段显得格外重要，不仅要重视对乡村本土人才的培育，还要重视做好返乡创业农民工、返乡精英和其他专业技能型人才的工作，通过"引育结合"的方式做好农村人才工作；同时，要不断发展农村产业，为他们提供非农就业机会，并制定相关的配套政策，吸引他们安心在村工作，他们的回流既是对农村人才的一个重要补充，也是乡村人才振兴的重要内容，不断完善相关的人才配套政策，才能解决"引得进"和"留得住"的问题。

如上所述，以上五个方面清晰阐释了新时期进行乡村建设的重要内容和要达成的基本目标。乡村建设行动的目标不同于"社会主义新农村建设"，社会主义新农村建设是以改变乡村面貌和吸纳城市产能过剩为目标，也不同于覆盖内容广泛和目标多元的"乡村振兴战略"，"乡村建设行动"是以塑造支撑农业农村现代化、城乡融合发展和经济社会全面实现绿色转型为目标的。这一目标的设定，就需要形成在"自上而下"和"自下而上"的呼应与配合，并通过对顶层设计的不断调整，来适应不断变化的现实环境。

四、实施乡村建设行动的政策建议

在对乡村建设行动历史进行回顾的基础上，我们认为在实施乡村建设行动时，应该统筹县域城镇和村庄规划建设，合理布局县域城镇的功能，重点强化县域城镇在政务、经济和文化等方面的综合服务功能，把乡镇建设成为农村获取服务的中心点；加快补齐农村公共服务短板，促进城乡融合发展和基本公共服务一体化；加快人才体制改革，为乡村建设行动储备人才资源。由此，提出在进行乡村建设时应该着重从以下几个方面努力：

（一）统筹城乡发展，分类分级开展村庄规划建设

规划是建设的蓝图，乡村建设必须坚持规划引领，落实分类管理和梯度推进的原则，推进全国乡村建设工作稳步开展，从而全面助力乡村振兴

工作。

1. 统筹县域城镇发展和村庄规划建设

乡村振兴战略和新型城镇化战略是新时代推进乡村建设的两大重要战略，县域则是这两大战略实现有效衔接的重要载体。乡村振兴战略立足农村、背靠城市，而新型城镇化战略立足城市、面向农村，县域功能的科学定位将是影响这两大战略落地实施的关键。因此，要科学定位县域城镇的功能和角色，做好县域城镇规划与村庄规划的统筹工作，将城镇建设成为服务农民的区域中心。统筹县域城镇和村庄规划建设是实施乡村振兴行动的重要组成部分，县域城镇和乡村是一个整体，在做规划时要具备整体性思维，从系统的视角将城镇发展规划和村庄规划有机结合起来，促进县域内城镇与乡村的整体提升和均衡发展。

2. 分类管理和梯度推进乡村规划建设

由于我国区域发展差距大，村庄经济、社会和文化等方面均呈现出多样性特征，有的村庄以传统农业经济为主，有的以工业经济为主，有的则以乡村旅游业为主，不同的村庄呈现出不同的形态，同时也面临着不同的发展需求。在进行乡村建设行动时应该综合考核土地利用、产业发展、风土人情、居民点布局、生态保护和历史文化传承等多方面的因素，尊重农民的意愿，适应不同阶段村庄发展的规律，对不同的村庄实施有差别的规划建设，分类和梯度推进村庄建设，科学布局乡村的生活生产和生态空间，落实绿色发展理念，从而实现村庄的可持续发展。

总而言之，需要强调的是在进行乡村建设时应该从实际出发，充分尊重农民的主体性，不能超越农村发展的阶段和农民的认知水平，搞大跃进和一刀切，更不能违背农民的意愿强行进行村庄撤并。同时，进行村庄规划要重点关注农村的短板，密切关注当前农民生产生活需求，因地制宜开展村庄建设规划，既要结合农民的实际发展需求，又要尊重农民的生活习惯和文化习俗，还要符合村庄发展变迁的规律，分级分类编制村庄规划，以县乡制定的乡村振兴规划为基本框架，开展村庄建设规划。

（二）不断完善农村环境治理体制，持续提升乡村宜居水平

构建完善的农村环境治理体制，是实现生态振兴的制度保障。在全面推进乡村振兴的背景下，乡村建设行动要提高农村环境治理的绩效，改善

农村人居环境，从而提升乡村宜居水平。

1. 立足生态振兴目标，构建完善的环境治理体制

乡村振兴战略提出"生态宜居"的目标，要求在进行乡村建设时要落实绿色发展理念，促进农业绿色发展和农村生态环境改善，围绕建设更加宜居的现代乡村，全面改善农村生产生活条件，加快实现城乡居民生活基本设施的均衡发展，加快补齐脱贫地区农村生态环境短板，方能实现"生态振兴"的目标。另外，构建跨部门的协同治理机制，落实主管单位的主体责任和协管单位的辅助责任，建立权责明确的环境治理财政投入机制，确保财政对环保治理的长效支持，同时动员社会力量参与环境治理，形成共建共治共享环境成果的良好局面。

2. 因地制宜和分类推进农村人居环境整治工作

改善农村人居环境是落实乡村振兴战略"生态宜居"的要求，更是生态文明建设的需要，也是落实"绿水青山就是金山银山"这一发展理念的具体实践。强化农村人居环境整治，就是要实现"生产、生活和生态"三类空间在农村的协同治理，要因地制宜、分类管理和梯度推进农村改厕、生活垃圾处理和污水处理与河湖水系综合治理等方面的工作，稳步提升农村宜居水平。由于农村人居环境整治历史欠账多，在乡村建设行动中要加大资金投入，并制定严格的监管制度，以保证农村人居环境整治工作取得明显进展，加快提升农村宜居水平。

农村生态环境改善不仅是实现生态宜居的前提，还是实现生态全面振兴的关键，乡村建设行动是助力乡村全面振兴的抓手。所以，在乡村建设行动中要加快完善农村环境治理机制，持续开展农村人居环境整治，提升农村生态宜居水平。

（三）补齐农村基础设施短板，提升基本公共服务水平

当前农村人口分布结构和社会经济已经发生新变化，农村已经告别现行标准下的绝对贫困，进入新的历史发展阶段，且社会主要矛盾已经转变为人民日益增长的美好生活需要和不平衡不充分的发展之间的矛盾，农村居民对基本公共服务的需求更加多元，对质量要求更高，但当前基本公共服务供给的体制和质量却难以满足居民的多元化需求，推进县乡村公共服务一体化发展势在必行。

1. 加快补齐脱贫地区农村基础设施建设短板，提升基础设施水平

脱贫攻坚期间贫困地区的基础设施得到了极大改善，但与东部地区相比，还存在不小差距，尤其是以"三区三州"为代表的深度贫困地区，基础设施短板较为明显，水、电、路、网、气等基础设施还有很大提升空间。在数字化时代背景下，数字基础设施和物流基础设施方面的差距，将会直接影响乡村振兴的质量。调查发现，很多脱贫地区的农村数字基础设施薄弱，物流网点布局止于乡镇，农村发展受到很大限制。因此，在乡村建设行动实践中，要大力促进5G网络、物联网、大数据等新基建向农村延伸，不断推动新基建实现村庄全覆盖和农户衔接，建立健全运营和管理的长效机制，让每一位农村居民都能共享数字化发展成果，这样方能满足农村居民日益增长的对美好生活的需求。

2. 推动出台基本公共服务县域统筹规划，构建县乡村功能互补的公共服务体系

在乡村建设行动中应该注重对县乡村基本公共服务进行规划，合理布局"县—乡—村"三级公共服务体系，促进城乡基本公共服务的均衡发展。当前城乡基本公共服务还存在较大差距，一些刚刚摆脱贫困的西部地区农村数字基础设施和物流基础设施依旧薄弱，物流网点的布局只延伸到乡镇，而乡村的物流网点基本上处于空白，这在很大程度上给农村居民带来了不便。有些类型的基本公共服务需要在县级层面提供，比如高中教育、县级医院等，而有些公共服务则更适宜在乡村提供，比如集中养老服务、社区养老服务等。因此，在乡村建设行动中应该构建"县—乡—村"功能互补的公共服务体系，适宜在城镇提供的应该由城镇提供，适宜在农村社区提供的，应该由财政拨款在农村提供，从而形成县乡村优势互补的公共服务格局。

3. 优化公共服务资源在县域内均衡配置的机制，促进基本公共服务由城乡居民共享

当前城乡居民对基本公共服务的享有情况不均衡，城镇居民对公共服务资源的占有量要高于农村居民，尤其刚刚摆脱贫困的农村地区，其居民对公共服务资源的占有量依旧相对较低。伴随着农村居民生活水平的提高和发展需求的多样化，现有公共服务资源的分布状况和供给现状已经难以满足农村居民的需求，这已经严重阻碍了农村居民生活质量的提高。因此，在乡村建设行动中应该优化公共服务资源在县域内的均衡配置机制，加强对农村公共服务的供给，调整教育、医疗等基本公共服务的城乡布局，从而促进基本公共服务由城乡居民共享。

提升乡村基础设施和公共服务水平是实施乡村建设行动的应有之义，当前发展的最大不平衡体现为城乡发展不平衡，最大的不充分体现为农村发展不充分，农村的基本公共服务与城市还存在较大差距，乡村建设行动一个非常重要的目标便是缩小城乡发展差距，尤其是公共服务差距。因此，在乡村建设行动中要推动县域内基本公共服务的统筹规划，优化公共服务资源的配置机制，实现"县—乡—村"基本公共服务均等化和一体化，让更多的农村居民能够享受优质服务。

(四) 全面加强乡村人才队伍建设，为乡村建设提供人才支撑

人才振兴是乡村振兴的核心要素，没有人才振兴，乡村振兴就会缺乏支撑。乡村人才振兴必须坚持把乡村人力资本开发放在重要位置，通过加强乡村内部人才的"培育"和促进外部人才的"回归"来解决乡村人才短缺的问题。同时，也要建立健全乡村人才工作机制，吸引各类人才服务乡村，强化人才振兴的保障措施，培养一批"一懂两爱"的"三农"工作队伍，为全面推进乡村振兴提供有力的人才支撑。

1. 加大对外部人才的引流，引导城市人才下乡

城归人才是乡村人才振兴的一支关键力量，城市人才返乡不仅是对乡村人力资本的重要补充，也是对乡村经济资本和社会资本的重要补充，因为这些人才的回流，还会带着经济资本和社会资本回流乡村，从而促进人的主体性回归。这些人才的回流会有效激活各类乡村人才资源，他们掌握着各类专业技能，还具备管理才能，这些人才返乡创业回归乡村带来新的技术，促进管理理念的更新，在乡村起到示范引领作用，培养一批在地技术型和管理型人才；同时，这些人才在农村发展产业还可以为返乡农民工创造就业机会，促进其参与乡村的产业发展，进而扩大产业发展规模。

2. 大力培育本土人才，并为其创造就业机会

本土人才是乡村人才振兴亟须挖掘的宝贵资源。这些人才世代居住在乡村，在乡村有着较强社会关系和情感纽带，又具备一定专业技能和社会

影响，乡村生活经历促使其形成了独特的乡村智慧，他们不仅最了解乡村的历史和现实，还能感知村民的最新需求，洞悉乡村内部的生计模式、关系网络和运行逻辑，在乡村建设行动中可以发挥独特作用。因此，在乡村人才振兴中要做到"引育结合"，在做好"城归"精英引流的同时，要注重对"本土"人才的培育，有效发挥两类人才的独特优势，才能满足乡村振兴对人才的内在需求，促进乡村其他产业发展，形成"产业—人才"的有效互动，有效地促进乡村振兴。

鉴于此，在乡村建设行动中需要更加重视乡村人才队伍建设，通过多种举措吸引人才回流和培育本土人才，引导专业人才下乡服务乡村，并进一步强化人才保障措施，通过做大做强乡村产业，为返乡创业人才提供就业机会和发挥才华的舞台，实现人才与产业的良性互动，即通过人才发展产业，进而通过产业吸引人才，为实现农业农村现代化提供人才保障。

（五）尊重乡村建设事实，慎重将东部经验推广到西部地区

中国地域辽阔，东中西部地区差异较大，不同地区的经济社会发展阶段和发展基础不同，东部地区的先进经验在向西部地区推广时要结合西部地区发展实际，进行科学论证，尊重乡村发展规律，形成西部地区发展的独特模式。

1. 认真总结东部地区乡村建设行动的经验

东部地区在改革开放的政策背景下率先发展起来，具备先发优势，无论是经济建设，还是社会发展，都走在全国前列。在全面推进乡村振兴的背景下，东部地区已经开始了先行先试，比如浙江省已经开始探索建设共同富裕示范区，这些实践所形成的经验，可以为全国其他地区全面推进乡村振兴和推动共同富裕示范区建设提供经验参考。因此，在乡村建设行动中应该加强对东部发达地区所取得经验的总结，将先进的乡村建设行动理念和做法向西部地区推广。

2. 因时因地推广东部地区先进的乡村建设经验

中国地域辽阔，东中西部地区社会经济发展差异较大，东部经济发达，社会经济发展较快，在全面推进乡村振兴过程中先行先试，已经开启了共同富裕试验区的探索，这些经验探索可为西部地区提供参考借鉴。但是，西部地区的经济社会基础与东部地区有较大差异，在将东部地区先进

经验向西部地区推广时，要秉持科学的态度，尊重乡村发展规律，结合西部乡村发展的实际因时因地和梯度推进乡村建设，不能盲目推动东部乡村建设经验在西部地区的落地实施。

总体而言，在推进乡村建设过程中，要充分尊重乡村发展的现实和农民发展的主体性，在进行试点和经验推广的过程中，要注意区别和比较不同发展区域的差异，并依据这些差异来调整乡村建设规划和乡村建设行动方向，确保农民在发展中真正受益。

◆ **参考文献**

陈涛，位欣 . 2019 . 县域"多规合一"到空间规划的转向：湖北远安县实践 [J]. 规划师（24）.

崔昕 . 2020 . 全域旅游理念下农村人居环境整治与乡村旅游开发的有机结合 [J]. 农业经济（9）.

解静 . 2020 . 农村人居环境整治工作与农村经济发展的互动 [J]. 农业经济（4）.

刘海洋 . 2018 . 乡村产业振兴路径：优化升级与三产融合 [J]. 经济纵横（11）.

刘金海 . 2021 . 知识实践视角下的"乡村建设"研究——基于定县教育、邹平实验和乌江试验的比较分析 [J]. 人文杂志（4）.

马晓河，刘振中 . 2020 . 农村基础设施和公共服务需要明确攻坚方向 [J]. 中国党政干部论坛（1）.

钱理群，卢作孚 . 2016 . 乡村建设思想对中国公益组织建设的借鉴意义 [J]. 中国农业大学学报（社会科学版）（4）.

钱再见，汪家焰 . 2019 . "人才下乡"：新乡贤助力乡村振兴的人才流入机制研究——基于江苏省 L 市 G 区的调研分析 [J]. 中国行政管理（2）.

宋小霞，王婷婷 . 2019 . 文化振兴是乡村振兴的"根"与"魂"——乡村文化振兴的重要性分析及现状和对策研究 [J]. 山东社会科学（4）.

殷梅英 . 2018 . 以组织振兴为基础推进乡村全面振兴 [J]. 中国党政干部论坛（5）.

曾琦 . 2016 . 从开发农村人力资源的角度探讨中国农业农村现代化建设 [J]. 中国管理信息化（10）.

张兰英，艾恺，温铁军 . 2014 . 激进与改良——民国乡村建设理论实践的现实启示 [J]. 开放时代（3）.

赵周华，霍兆昕.2020.农村基础设施建设对贫困民族地区减贫的影响——基于内蒙古 20 个国家级贫困县的实证研究［J］.湖北民族大学学报（哲学社会科学版）（2）.

【作者简介】 赵晓峰，西北农林大学人文社会发展学院教授，博士生导师，主要从事农业转型、贫困治理、新型农民合作社与中国乡村治理研究；李卓，西北农林大学人文社会发展学院副教授。

专题 7 城乡融合的基本公共服务

左　停　何美丽　李　颖

　　基本公共服务既是民生保障的重要内容，也是社会经济发展的基础。受社会经济发展水平制约，我国存在农村基本公共服务不足、城乡差距大的问题，是乡村振兴的短板。城乡融合发展的基本公共服务机制建设是全面推进乡村振兴的重要路径。围绕乡村振兴的目标，要健全城乡融合发展的体制机制，推进基本公共服务更普惠均等可及，完善城乡一体的社会保障制度，形成一种城乡融合、适度下沉的基本公共服务网络。针对脱贫地区基本公共服务短板问题，建议推进乡村义务教育和学前教育事业发展，健全乡村公共医疗卫生服务体系，加大农村社会保障和养老服务体系建设力度，改善乡村人居环境和便民服务体系，加大农业生产经营基本服务的供给。

　　习近平总书记曾多次强调，要做好普惠性、基础性、兜底性民生建设，健全完善国家基本公共服务体系，全面提高公共服务共建能力和共享水平。《中华人民共和国乡村振兴促进法》要求各级人民政府应当协同推进乡村振兴战略和新型城镇化战略的实施，整体筹划城镇和乡村发展，逐步健全全民覆盖、普惠共享、城乡一体的基本公共服务体系。享有基本公共服务是公民的基本权利，保障人人享有基本公共服务是政府的重要职责。然而，受社会经济发展水平制约，我国基本公共服务供给的内容和水平都有限，且城乡基本公共服务差距较大，农村基本公共服务长期处在短缺或低水平状态。城乡融合发展的基本公共服务体系建设是未来一个阶段乡村发展的重要工作。

一、引论

基本公共服务属于公共产品的范畴，是公共服务的一种类型，具有收益的非排他性和消费的非竞争性。基本公共服务，区别于一般性的公共服务，与基本民生类保障相联系，是公共服务中最基础、最核心的部分，是最基本的民生需求，也是政府公共服务职能的"底线"，是一国全体公民都应当普遍、公平、均等地享有的基础性、兜底性保障服务。享有基本公共服务是公民的一项基本权利，提供基本公共服务是政府的基本职责之一。

2017 年《"十三五"推进基本公共服务均等化规划》中将保障基本民生需求的教育、就业、社会保险、医疗卫生、住房保障、文化体育等方面列为基本公共服务，并建立了公共服务清单制度，清单中包括公共教育、劳动就业创业、社会保险、医疗卫生、社会服务、住房保障、公共文化体育、残疾人服务等八个领域的 81 个项目。当前国家尤为重视城乡基本公共服务目标的制定和实现。在"十二五""十三五""十四五"规划以及《国家基本公共服务标准（2021 年版）》中对基本公共服务都有相应的表述。

综上所述，基本公共服务是建立在一定社会共识的基础上，由政府主导提供的，与经济社会发展水平和阶段相适应，旨在保障全体公民生存和发展基本需求的公共服务，并以实现幼有所育、学有所教、劳有所得、病有所医、老有所养、住有所居、弱有所扶以及优军优抚服务保障、文化体育服务保障等民生服务保障为出发点和落脚点。

基本公共服务的基本特性体现为：一是基本性，公共服务要满足公民基本的生存和发展需要，是保障民众最基本的公共服务需求，其供给水平和标准与我国发展阶段和生产力发展水平相适应。二是公共性，公共服务要满足公共需求，在不同地区、人群之间、城乡之间，公共服务需求往往具有同质性和普遍需要性。三是基本公共服务体现国家责任和政府职能，保障公民享有基本公共服务的基本权利。四是基本公共服务供给主要针对当前社会发展中面临的主要问题和矛盾，目的在于缓解那些潜在和现实的社会问题，提升民众的福祉。五是基本公共服务要紧扣以人为本的核心价值取向，各类公共服务供给紧紧围绕着人的生存和发展全面展开。六是我国基本公共服务具有城乡分置的特征，其目标是城乡基本公共服务均等化、一体化，同时也高度重视农村农业农民特殊需要的基本公共服务供给。

（一）乡村基本公共服务体系建设的目标定位

党中央始终把解决好"三农"问题作为全党工作重中之重，连续多年出台指导"三农"工作的中央 1 号文件，使得农业农村发展取得了历史性成就、发生了历史性变革。党的十九大提出实施"乡村振兴战略"，作出"建立健全城乡融合发展体制机制和政策体系"的重大决策部署，首次将"城乡融合发展"写入我党文献，使城乡关系进入了全新的历史时期。为进一步贯彻落实党的十九大提出的"建立健全城乡融合发展体制机制和政策体系"的重大决策部署，2019 年 5 月 5 日发布了《中共中央国务院关于建立健全城乡融合发展体制机制和政策体系的意见》，对我国城乡融合发展进行了科学规划与安排。城乡融合发展背景下，对于乡村基本公共服务建设的目标与内容提出了新的要求。

根据 2017 年国务院印发的《"十三五"推进基本公共服务均等化规划》中国家基本公共服务的清单，包括公共教育、劳动就业创业、社会保险、医疗卫生、社会服务、住房保障、公共文化体育、残疾人服务等八个领域的基本公共服务内涵，具体则包含了 81 个基本公共服务项目，作为政府履行职责和公民享有相应权利的范畴。国家基本公共服务制度紧扣以人为本，围绕从出生到死亡各个阶段和不同领域，以涵盖教育、劳动就业创业、社会保险、医疗卫生、社会服务、住房保障、文化体育等领域的基本公共服务清单为核心，以促进城乡、区域、人群基本公共服务均等化为主线，以各领域重点任务、保障措施为依托，以统筹协调、财力保障、人才建设、多元供给、监督评估等五大实施机制为支撑，是政府保障全民基本生存和发展需求的一项基础制度性安排。

2021 年国家发展改革委等 21 个部门出台的《国家基本公共服务标准（2021 年版）》，从幼有所育、学有所教、劳有所得、病有所医、老有所养、住有所居、弱有所扶以及优军服务保障、文体服务保障等 9 个方面、

22 大类、80 个服务项目进一步明确了新时代国家基本公共服务的具体保障范围和质量要求，强调要强化供给能力建设，织密扎牢民生保障网，加快补齐基本公共服务短板，不断提高基本公共服务的可及性和便利性。这一标准明确了现阶段各级政府必须予以保障的基本公共服务项目范围和底线标准，使地方政府对现阶段保障基本民生"重点要保什么""保到什么程度"可以了然于胸，这就有利于引导各地对照中央要求，查缺补漏，优化资源配置，把有限的财力用到人民群众最关心的领域、生活中最关键的环节，兜牢民生底线，保障基本生活。

按照党中央部署，全国要到 2035 年基本实现基本公共服务均等化，到本世纪中叶基本实现全体人民共同富裕。基本公共服务均等化是共同富裕的先决条件。同时，基本公共服务均等化是共同富裕的基础保障。生活富裕富足需要基本公共就业创业服务、基本医疗卫生服务、基本公共教育服务等作为基础保障。精神自信自强离不开基本公共文化服务作为基础性的支撑，社会和谐和睦不能没有基本社会服务、基本法律公共服务等作为基础条件。

（二）乡村振兴战略中基本公共服务的作用

完善的乡村基本公共服务制度体系，普惠性、基础性、兜底性的民生建设，对于保障农民基本生活，满足人民日益增长的美好生活需要，促进社会公平正义，形成有效的基层社会治理、良好的社会秩序，缩小地区、城乡和收入差距，使人民的获得感、幸福感、安全感更加充实、更有保障、更可持续等具有重要作用。在如期打赢脱贫攻坚战、全面建成小康社会、开启全面建设社会主义现代化国家新征程中，深入推进乡村振兴战略，要坚持农业农村优先发展的总方针，尤其要加快补齐农村公共服务短板，充分发挥基本公共服务在提高广大农民获得感、幸福感和安全感上的重要作用。

1. 提升农民自身发展能力与体面生活，缩小城乡收入差距

当前，农民的自身发展权益越来越集中体现在广大农民的发展能力与发展机会上，这与义务教育、公共卫生和基本医疗、基本社会保障、公共就业服务等基本公共服务直接相关。农村地区基础教育的完善，尤其是保障农村幼儿园和小学的发展，以基本养老、基本医疗和各类社会救助为核

心的农村社会保障制度的完善，以及农村医疗卫生环境的提升，农村就业技能的培训等，都在不断地通过提升农村人口的人力资本进而提升农民的自身发展能力的途径为农民的全面发展提供支持。另外，对农村老人、儿童等弱势群体的基本公共服务供给，能够提高他们的生活品质和体面尊严，使得能够解决后顾之忧和公平享受国家发展成果。尤其是促进农业生产发展和农民技能获得的基本公共服务的供给，进一步拓展了农民生产经营的积极性以及农民增收的机会和能力，这对于增加农户的家庭收入起了关键性促进作用，对于进一步缩小城乡居民收入差距具有重要作用。

2. 保障农业生产发展的基础条件，提高农业生产经营效率

农村水、电、路等与农业生产息息相关的基础设施和基本公共服务的完善，极大地提高农业生产经营的生产效率和能力。农村"四好公路"的建设为农村地区建设外通内联、通村畅乡、客车到村、安全便捷的交通运输网络，有利于实现农村生产资料和产品的流通；农村地区水利基础设施条件的改善有利于提升农业的供水能力、增加农田有效灌溉面积，保障基本农田；农村电网改造升级等电网专项工程，把电网延伸到更多偏远农村，农村地区基本实现稳定可靠的供电服务全覆盖，供电能力和服务水平明显提升，大大改善农业生产用电水平。国家通过对农村实施高标准农田建设、农田整治、农田宜机化改造、农业技术推广等服务项目以及对农户耕地地力保护补贴、政策性农业保险保费补贴、农机购置补贴等提高发展农业的积极性。国家还在县域内积极建设专业化的农产品交易市场和物流基地或结点，在县乡村合理布局冷链物流设施、仓储设备、配送投递设施和农贸市场网络，畅通农产品进城和工业品入乡通道等，为农业生产、加工、贸易等全产业链发展提供了内外部的便利基础设施和公共服务。上述这些生产性和经济性的公共服务及其相关设施建设，为持续推进乡村产业可持续发展和乡村产业振兴提供了基础性保障和开放有利的发展环境，降低了农业发展的成本和风险分散。

3. 提升乡村整体性治理能力与发展活力，改善人居环境

2018 年中共中央办公厅、国务院办公厅印发了《农村人居环境整治三年行动方案》，2019 年中央农办、农业农村部等 18 部门印发了《农村人居环境整治村庄清洁行动方案》，农业农村部将从 2021 年开始启动实施农村人居环境整治提升五年行动，进一步为农村居民提供高质量的人居生活环境服务保障举措。理顺农村基本公共服务的制度、体系架构和机构关系，增加农村基本公共服务的有效供给，既能弥补乡村公共服务供给能力和水平不足的困境，又有助于提升村庄的整体性治理能力，形成多元化、多层次的农村基本公共服务供给格局和治理体制。同时，加强农村基本教育、医疗卫生、公共文化体育、社会保障、就业公共服务、公共安全、人居环境、水电路等民生类基础设施建设和各类农业支持保护政策供给，既能保障农民个体的全生命周期的服务，又能优化提升乡村生产、生活的内外部环境，激发农村的整体发展活力。尤其农村陆续开展的以农村"厕所革命"、农村生活垃圾处理、生活污水治理、村容村貌提升等为主要内容的乡村人居环境改善行动，扭转了农村长期存在的脏乱差局面，村容村貌明显改善，有力地促进了人与自然和谐共生和美丽乡村建设。

4. 促进基本公共服务均等化，推进城乡一体化融合发展

基本公共服务均等化，指全体公民都能公平、可及地获得大致均等的基本公共服务，其核心是机会均等，而不是简单的平均化和无差异化。基本公共服务均等化强调了对作为公民成员的农民的基本国民待遇尊重，赋予了农民平等、公平享有一定水平的基本公共服务的权力，以及农民获取基本公共服务的自由选择权利，这既是作为社会主义国家民众的基本权利，也是政府的基本职责和当然义务。不断加大对农村基本公共服务的制度供给，同时不断提高和优化农村现有的基本公共服务质量和水平，对于实现更加公平、更高质量和均等化的乡村基本公共服务至关重要。

此外，建立健全全民覆盖、普惠共享、城乡一体的均等化基本公共服务体系有利于进一步促进城乡一体化融合发展，尤其是县域内城乡融合发展。均等化的城乡基本公共服务有利于打破中国城乡二元户籍制度所带来的基本公共服务制度分置、差别对待的藩篱，为城乡之间人口的自由流动和生产生活提供基本保障，确保农村人口进城居住和城市人口回乡入村享有水平大致相同的、均等化的、可及性的基本公共服务，形成城乡动态化、常态化的双向互动流动格局，从而实现进一步促进城乡一体化融合发展的目标，实现更好的城市化和乡村振兴，提升民众福祉。

5. 巩固拓展脱贫攻坚成果、预防返贫和新的贫困产生

在脱贫攻坚过程中，我国通过对乡村基本公共服务制度体系的不断完善，加大多层次、多元化的基本公共服务供给，提升了农村贫困人口基本公共服务的可及性和便利性，拓展了农民的发展机会，使得乡村发展能力进一步提升，同时极大地改善了农民的内外部发展环境、农村的发展风貌和农业的综合生产效益。经过 8 年的脱贫攻坚奋战，截至 2020 年底，我国如期完成新时代脱贫攻坚目标任务，实现了现行标准下 9 899 万农村贫困人口全部脱贫，832 个贫困县全部摘帽，12.8 万个贫困村全部出列，区域性整体贫困得到解决，消除了绝对贫困。

在巩固脱贫攻坚成果的过渡期，不断完善的乡村基本公共服务制度供给有助于提升脱贫人口的生活质量，有助于提升产业发展水平、稳定易地扶贫搬迁成效，有助于加强脱贫人口的人力资本和社会资本建设、打破贫困的代际传递，有助于预防返贫和新的贫困的产生。较高质量的乡村基本公共服务是未来乡村根本摆脱落后状况、解决相对贫困、全面振兴发展的基础性要素条件保障。

二、乡村基本公共服务发展成就

基本公共服务在乡村发展中具有重要的战略地位，它既是农村居民基本需求的组成部分，如脱贫攻坚中的"三保障"等，也是他们持续发展的基础条件和平台，是减贫与发展的一个基本路径。促进基本公共服务均等化，是全面建设小康社会的题中之意，对于促进社会公平正义、增进人民福祉、增强全体人民的获得感都具有重要意义。

（一）乡村基本公共服务内容不断拓展，服务水平不断提升

脱贫攻坚期间我国基本公共服务在健全制度体系、完善服务设施、稳固保障能力和区域城乡服务均衡等方面取得了重大成就。脱贫攻坚期间，以国家基本公共服务标准为基础的基本公共服务标准体系逐步形成，城乡均等化水平在不断提升。我国每千人医疗卫生机构的床位数达到 6.51 张，全国广播电视综合覆盖率达到 99% 以上。绝大多数地区实现县域内义务教育基本均衡发展。大病保险制度、社会救助制度、养老托育服务等一系列关系人民群众基本生活保障的重大制度安排逐步建立健全。

我国建成了世界上规模最大的社会保障体系。截至 2020 年底，我国城乡居民最低生活保障平均标准分别达到 678 元/（人·月）和 5 962 元/

（人·年），基本养老保险、基本医疗保险、失业保险和工伤保险的参保人数分别达到 9.99 亿人、13.6 亿人、2.17 亿人和 2.68 亿人。

从农村医疗卫生发展来看，近些年政府持续加大对农村卫生体系均等化的建设力度，各级政府投资兴建或完善乡镇卫生院和村卫生室建设，全面推进农村健康工程，农民"看病难、看病贵"问题也得到了有效缓解。国家对城乡居民社会养老保险、农村最低生活保障以及特困供养的投入逐年增加，城乡居民医疗保险体系建设不断完善。

从农村义务教育发展来看，全国已全面实现基本普及九年义务教育目标。同时中央逐年加大农村教育的财政投入，已远远高于城市，农村义务教育"上学难"的问题已有了根本改善。根据历年《全国教育经费执行情况统计公告》，2020 年全国教育经费总投入为 53 014 亿元，其中国家财政性教育经费比上年增长 7.10%，全国义务教育经费总投入为 24 295 亿元，比上年增长 6.55%。

（二）贫困地区的基本公共服务得到显著发展，促进脱贫攻坚任务的完成

1. 贫困人口的基本教育、医疗、住房保障以及饮水安全得到有效保障

贫困人口受教育的机会显著增多，2020 年贫困县九年义务教育巩固率达到 94.8%。县乡村三级医疗卫生服务体系持续完善，建立了基本医疗保险、大病保险、医疗救助等多层次医疗保障制度，实施大病集中救治、慢性病签约管理、重病兜底保障等措施，99.9% 以上的贫困人口参加基本医疗保险。对贫困人口家庭实施危房改造等全面实现住房安全有保障，告别了破旧的泥草房、土坯房。累计解决了 2 889 万贫困人口的饮水质量安全问题，3.82 亿农村人口受益，贫困地区自来水普及率从 2015 年的 70% 提高到 2020 年的 83%。

2. 贫困地区基础设施显著改善，拓展了乡村生产生活发展能力和空间

贫困农村长期受制于出行难、用电难、用水难、通信难等瓶颈问题。脱贫攻坚中，以"四好"（建好、管好、护好、运营好）农村路为牵引，积极推进贫困地区建设外通内联、通村畅乡、客车到村、安全便捷的交通

运输网络。通过新增和改善农田有效灌溉面积和新增供水能力，贫困地区水利基础设施条件大为改善。通过实施无电地区电力建设、农村电网改造升级、骨干电网和输电通道建设等电网专项工程，把电网延伸到更多偏远地区，供电能力和服务水平明显提升，而且贫困地区信息化建设实现跨越式发展，远程教育、远程医疗、电子商务覆盖所有贫困县，畅通了贫困地区与外界的人流、物流、知识流、信息流，为乡村享有便利的基本公共服务和地区发展提供了有力的硬件支撑。

3. 贫困地区基本公共服务水平明显提升，农民的获得感幸福感安全感大大增强

2013 年以来累计改造贫困地区义务教育薄弱学校 10.8 万所，实现了贫困地区适龄儿童都能在所在村上幼儿园和小学。截至 2020 年底，中西部 22 个省份基层文化中心建设完成比例达到 99.48%，基本实现村级文化设施全覆盖；通过文化下乡，贫困群众有了丰富多彩的文化娱乐生活。贫困地区消除了乡村两级医疗卫生机构和人员"空白点"，98% 的贫困县至少有一所二级以上医院，贫困人口的常见病、慢性病基本能够就近获得及时诊治，越来越多的大病在县域内就可以得到有效救治。综合保障体系逐步健全，贫困县农村低保标准全部超过国家扶贫标准，城乡居民基本养老保险基本实现应保尽保（表 1）。

表 1 脱贫攻坚期间乡村基本公共服务发展情况

序号	项 目	2015 年	2019 年	2020 年
1	贫困地区所在自然村通公路的农户比重（%）	99.7	100	——
2	贫困地区所在自然村进行村主干道硬化的农户比重（%）	94.1	99.5	——
3	贫困地区所在自然村通电话的农户比重（%）	99.7	100	——
4	贫困地区所在村能接收有线电视信号农户比重（%）	92.2	99.1	——
5	贫困地区所在自然村有卫生站的农户比重（%）	90.4	96.1	——
6	贫困地区所在自然村上幼儿园便利的农户比重（%）	76.1	89.8	——

（续）

序号	项　　目	2015 年	2019 年	2020 年
7	贫困地区所在自然村上小学便利的农户比重（%）	81.7	91.9	—
8	农村小学生均公共预算教育经费（元）	8 576.75	11 126.64	—
9	农村初中生均公共预算教育经费（元）	11 126.64	15 196.86	—
10	农村基层医疗卫生机构数（万）	92.1	95.4	97.0
11	农村医疗卫生机构床位数（万）	119.6	137.0	139.0
12	农村卫生人员数（万）	127.8	144.5	148.1
13	农村低保平均标准（元/年）	3 744	5 335	5 842
14	城乡居民基本养老保险参保人数（万人）	50 472	53 266	54 244
15	城乡居民基本医疗保险（含新农合）参保人数（万人）	117 472	102 483	101 676

数据来源：序号1～7，中国农村贫困监测报告；8～9，全国教育经费执行情况统计公告；10～13，社会服务发展统计公报；14，人力资源和社会保障事业发展统计公报；15，卫生和计划生育事业发展统计公报、人力资源和社会保障事业发展统计公报和全国医疗保障事业发展统计公报。

（三）基本公共服务均等化模式与机制不断创新

在推进城乡基本公共服务均等化的实践中，全国各地不断探索创新，在基本公共服务均等化模式与机制方面，取得了明显成效，为推进全国基本公共服务均等化积累了一定的成功经验。浙江省就是基本公共服务均等化的典型代表之一。

2008 年浙江省率先实施"基本公共服务均等化"行动计划，到"十二五"期末，已建立覆盖全省城乡居民的基本公共服务体系，基本公共服务质量和均等化水平明显提高。此后持续推进提升基本公共服务均等化水平。2016 年，浙江省制定《浙江省基本公共服务体系"十三五"规划》，提出到 2020 年全省基本公共服务均等化实现度达到 95% 以上的目标，并制定基本公共服务清单，涵盖基本公共教育、基本就业创业、基本社会保障、基本健康服务、基本生活服务、基本公共文化、基本环境保护和基本公共安全八大领域，包括 114 个基本公共服务项目。

据《中共中央、国务院关于支持浙江高质量发展建设共同富裕示范区的意见》（2021），浙江省基本公共服务均等化的实践探索取得了显著成绩，基本公共服务的主要指标领跑全国，基本公共服务的城乡和区域差距全国最小：率先在全国建立起覆盖城乡居民的社会养老保险制度，率先实现了全民医疗保障制度统一；全省公共体育设施已经100％向社会开放，基本达到了免费或低收费开放的要求；在全国率先统筹了城乡最低生活保障制度，实现城乡低保标准一致；还特别注重基本公共服务资源向基层下沉，实现广大群众在家门口就能享有服务。浙江省基本公共服务体制机制的探索创新走在全国前列：省级建立基本公共服务均等化工作领导小组，建立综合协调机制；实施"最多跑一次"改革，提升基本就业创业服务的效率；拓展基本公共服务内容范围，率先将基本环境保护、基本公共安全作为基本公共服务，并向全省居民提供；地方试点的示范效应凸显，海盐基本公共服务均等化试点、青田加快社会事业发展试点等，都已发挥出明显的辐射带动效应。

综上来看，我国已初步构建了覆盖全民的国家基本公共服务制度体系，各级各类基本公共服务设施不断改善，保障能力和群众满意度进一步提升。今后我国将继续围绕人的全生命周期多层次多样化需求，加大民生投入，创新公共服务供给模式，尤其要注重公共服务向农村、基层、相对欠发达地区倾斜，破解各个突出矛盾和关键堵点；同时，依托"互联网＋"资源，加快推进"城市大脑＋未来社区""健康大脑＋智慧医疗"等公共服务项目的建设，在更广范围实现公共服务的优质共享。

三、新阶段城乡融合的乡村基本公共服务机制建设

始终牢记政府在基本公共服务供给保障中的主体地位和兜底性职能，同时要将与乡村群众关系密切的基本公共服务下沉。大力推进我国城乡基本公共服务均等化、一体化融合发展，同时也要注重基于农村农业农民特殊需要的基本公共服务的供给，切实提高乡村基本公共服务水平和效率。

（一）建立城乡公共资源均衡配置与城乡公共服务融合发展机制

尽快破除城乡二元经济结构和二元公共服务制度约束，探索城乡公共

资源的均衡配置机制，引导和鼓励城市优质公共服务资源向农村延伸。在城乡公共服务领域，促进公共服务的市场要素在城乡之间合理流动与市场配置，探索构建市场机制与政府机制互补的双调节机制，鼓励市场向公共服务发展较为薄弱的弱势乡村地区配置公共服务资源。完善财政倾斜政策，加大对乡村基础教育的教学投入，吸引城市优质师生资源流向农村教育系统；适时提高农村社保的"兜底"标准，实现城乡居民享受同等水平的社保待遇；完善乡村就业创业的鼓励政策及相应的公共服务，积极引导和推动乡村就业创业，加强农村居民的职业培训，提高其就业质量，创新政府购买公益岗位机制，适当向农村居民倾斜，为乡村提供优质就业岗位。

探索建立和完善城乡公共服务融合发展机制，搭建城乡融合发展的数据平台建设，优化乡村公共服务资源配置。依托现代管理理论知识和技术手段，在城乡融合发展中，引入全面质量管理、战略管理、成本效率分析、目标管理等现代企业管理手段和以大数据、人工智能技术、多媒体技术、5G技术等为核心的现代电子信息管理手段，充分提高城乡公共服务的有效性和供给效率。

鼓励由各省市政府部门牵头，协同各级发改、统计、财政等主管部门，依据基本公共服务清单的内容和要求，建立起城乡公共服务综合评估体系。主动公开城乡公共服务综合评估结果、财政收支等公共服务建设情况，要对城乡公共服务实行全方位、多角度、宽领域的监督问责机制，预防因非法寻租活动而出现村霸、市霸等扰乱城乡公共服务有序融合发展的现象。

（二）探索实现乡村基本公共服务的多元化供给机制

积极探索乡村基本公共服务的多元化供给机制，不断拓展乡村基本公共服务供给的资金筹集渠道，切实解决基层政府在推进基本公共服务均等化过程中的财政困难。

首先，要加大政府对农业农村的财政投入力度，推行有利于促进农村基本公共服务发展的政策措施和预算分配；明确划分各级政府的责任，规范配置政府在公共服务上的财政责任，对涉及民众切身利益和福利水平的公共服务项目，应将财权更多地交给基层政府，使其财权、事权相匹配，让基层政府在有了明确的资金保障和财政职责的条件下，根据地区发展特点，更有效地推进基本公共服务均等化。同时，借助基层县乡政府不断增强的财力，积极完善财政补助和激励机制；健全农村金融体系，加大金融业对农村的支持力度，把适合农村发展的金融资源优先配置到农村基本公共服务供给领域。

其次，充分发挥市场机制作用，不断拓展资金筹集渠道，保障乡村公共服务的资金供给。鼓励金融资本下乡投资公共服务，引导资金向乡村倾斜，优化供给模式，广泛吸引社会资本参与。通过合同承包、特许经营、凭单等形式把许多公共服务责任委托给私人公司和个人，从而打破公共服务领域中不必要的市场垄断，实现效率和效益的大幅度提高。推行政府和社会资本合作模式，将未来政府招投标项目的重点用于城乡公共基础设施建设、公共服务体系建设、生态建设与环境治理、产业协作等合作共建项目建设上。

此外，非政府组织不以营利为主要目的，可以提供公共物品和服务。正确利用非政府组织的中介服务功能和直接服务功能，为城市与乡村的弱势群体提供公益性的公共服务，引导非政府组织参与城乡公共服务融合发展，充分发挥志愿服务、公益慈善和邻里互助的补充功能，引导他们在完善乡村公共基础设施建设、改善生态环境和人居环境、延伸农业产业链、增加就业岗位、提高居民收入水平、健全配套基础设施等方面提供一定的公共服务。

（三）完善乡村基本公共服务供给的县乡村统筹

依托实施乡村振兴战略和乡村建设行动，统筹县域城镇和村庄基本公共服务一体化规划建设。把乡村基本公共服务规划建设统筹纳入城镇基本公共服务体系之中，强化城乡基本公共服务的制度衔接，提高县城综合服务能力和乡镇的公共服务功能，建立县、乡、村协同一体的基本公共服务机构和体系化，理顺乡村基本公共服务供给的机构设置和制度体系，为城乡基本公共服务均等化建设提供组织上和制度上的保障，逐步实现城乡基本公共服务的标准统一、制度并轨，改善公共服务供给的"微循环"。健全农村养老标准和低保标准动态调整机制，推进养老制度和低保制度县域城乡统筹，进一步提高农村社会保障水平。

对乡村基本公共服务及基础设施建设等实行县乡村统筹。科学规划先行，合理确定城镇功能，统筹城镇和村庄布局与建设，规范村庄撤并，保护好传统村落和乡村风貌。对于城乡公共基础设施建设，坚持区域内联动发展，把重点放在农村，完善乡村水、电、路、气、通信、广播电视、物流等基础设施建设，推进县域内城乡污水垃圾收集处理、公共文化设施布局、水电通信和道路交通一体化；提升农房建设质量，因地制宜推进农村厕所改造、生活垃圾和污水处理，改善农村人居环境。

（四）强化乡镇的公共服务功能，健全农村基层服务体系

积极推进城乡基本公共服务资源一体化规划布局、一体化建设管理、一体化共享共用。科学优化和细化基本公共服务的功能单元，科学设置和动态调整乡镇、街道、建制村、自然村的不同公共服务类别和内容。根据当地实际情况制定合理的功能配置标准，集中精力、整合资源和加强统筹，优先发展人民群众需求量最大、最迫切的基本公共服务事项。

要把乡镇建成服务于农村居民的"区域服务中心"，加快转变乡镇政府职能，着力强化乡镇的公共服务职能。根据（2017年）中共中央、国务院印发《关于加强乡镇政府服务能力建设的意见》的要求，乡镇政府主要提供以下基本公共服务：巩固提高义务教育质量和水平，改善乡村教学环境，保障校园和师生安全，做好控辍保学和家庭经济困难学生教育帮扶等基本公共教育服务；推动以新型职业农民为主体的农村实用人才队伍建设，加强社区教育、职业技能培训、就业指导、创业扶持等劳动就业服务；做好基本养老保险、基本医疗保险、工伤、失业和生育保险等社会保险服务；落实社会救助、社会福利制度和优抚安置政策，为保障对象提供基本养老服务、残疾人基本公共服务，维护农民工、困境儿童等特殊人群和困难群体权益等基本社会服务；做好公共卫生、基本医疗、计划生育等基本医疗卫生服务；践行社会主义核心价值观，继承和弘扬中华优秀传统文化，加强对古村落、古树名木和历史文化村镇的保护和发展，健全公共文化设施网络，推动全民阅读、数字广播电视户户通、文化信息资源共享，组织开展群众文体活动等公共文化体育服务。乡镇政府还要提供符合当地实际和人民群众需求的农业农村经济发展、农民基本经济权益保护、环境卫生、环境保护、生态建设、食品安全、社会治安、矛盾纠纷化解、

扶贫济困、未成年人保护、消防安全、农村危房改造、国防动员等其他公共服务。县级政府要制定乡镇政府公共服务事项目录清单，明确服务对象和要求。

健全农村基层服务体系，设立村级便民服务中心，依托"互联网＋"、大数据分析等技术手段，建成"一站式"服务窗口，推进"一站式"办理，真正实现基本公共服务的便利性和可及性。不但要实现城乡基本公共服务制度上有机衔接，还要在公共服务机构建设、公共服务信息化应用等共享上实现互联互通，逐步完善乡村公共服务体系，提高乡村公共服务的标准化水平和服务质量，全面实现农村居民便捷地享有公共服务。

此外，在巩固拓展脱贫攻坚成果的过渡时期，既要巩固拓展脱贫攻坚成果，同时也要不断实践创新，力争在幼有所育、老有所养、弱有所扶等领域有突破性进展，以满足不同地区、不同乡村的个性化公共服务需求，提高乡村基本公共服务供给的效能。

四、新阶段城乡融合的乡村基本公共服务发展建议

根据 2019 年国民经济和社会发展统计公报显示，截至 2019 年末我国乡村人口为 5.5 亿，占全国人口的 39.4%，农村人口的绝对数量依然较多，农民生产生活离不开基本公共服务的供给。然而，由于我国长期以来的城乡二元发展格局，带来了城乡基本公共服务差距悬殊，突出表现为基本公共服务发展水平的非均等化和失衡，城乡基本公共服务在资源布局、能力提供和服务质量上存在较大差距。目前的公共服务体系和城乡二元结构所带来的结果是，穷人只得到了社会救济类服务，社会保障类服务不足，较多地得到了见效快的经济服务，但着眼于长远利益的经济服务相对较少。社会医疗保险等保障性公共服务能够直接或间接地发挥缓解贫困的作用，政府由单纯的贫困救助转向为低收入群体提供保障性公共服务将是减贫的一种选择。因此，当前的公共服务体制需要改革，构建一套真正惠及穷人的公共服务制度，制度设计的目标是减少相对贫困、减少社会不平等和缩小贫富差距。

根据《国家基本公共服务标准（2021 年版）》的目标要求，从幼有所育、学有所教、劳有所得、病有所医、老有所养、住有所居、弱有所扶以

及优军服务保障、文体服务保障等9个方面、22大类、80个服务项目进一步明确了现阶段国家基本公共服务的具体保障范围和质量要求。按照党中央部署，全国要到2035年基本实现基本公共服务均等化，到本世纪中叶基本实现全体人民共同富裕。这些标准和目标将引导地方政府对照中央要求，查缺补漏，优化资源配置，兜牢民生底线，保障基本生活。

（一）补齐乡村公共服务短板，巩固拓展脱贫攻坚成果

从脱贫攻坚的经验积累来看，贫困地区的农村基础设施状况得到了较大改善，其中电力、电话、文化活动室、卫生室等基本公共服务得到较好的普及，但在有线电视、宽带、道路硬化、客运班车、净化水、幼儿园与小学等方面仍存在较大不足，亟待改善。部分特困地区仍存在难以突破的发展困境，因"困"致"贫"现象依然突出，这些地区便是所谓的深度贫困地区。从中不难看出，乡村基本公共服务制度供给仍是国家基本公共服务的短板和薄弱环节。农村基本公共服务不足、城乡基本公共服务差距较大，也成为制约乡村振兴的一个短板。要实现基本公共服务的共享发展和均等化，必须加快补齐农村基本公共服务短板，增加乡村公共服务的供给，完善乡村基本公共服务机构建设和体系化建设，同时要增强基本公共服务在大城市、县城和乡村之间的同步性、统筹性和公平性。

在2021年4月29日颁布，2021年6月1日起施行的《中华人民共和国乡村振兴促进法》中，要求发展农村社会事业，促进公共教育、医疗卫生、社会保障等资源向农村倾斜，提升乡村基本公共服务水平，推进城乡基本公共服务均等化。这就要在补齐短板的同时提高农村基本公共服务水平，最终实现城乡基本公共服务的均等化一体化融合发展。

借鉴浙江基本公共服务均等化模式与经验，推进和实现城乡基本公共服务的均等化，要在统筹规划、制度衔接、标准一致、水平均衡等方面持续推进，并已进入快车道。2021年5月20日颁布的《中共中央、国务院关于支持浙江高质量发展建设共同富裕示范区的意见》要求，浙江要着力强化科技创新、打造全球数字变革高地，加快建设"互联网＋"、生命健康、新材料三大科创高地和创新策源地，推动发展质量变革、效率变革、动力变革，着力加快缩小城乡发展差距，深入推进以人为核心的新型城镇化，高质量实施乡村振兴战略，大力实施强村惠民行动，构建城乡新格

局；要着力推动人的全生命周期公共服务优质共享，迭代升级为民办实事长效机制，构建育儿友好型社会，办好人民满意教育，推进劳动者职业技能大提升，加强全民全生命周期健康服务，构建幸福养老服务体系，健全住房市场和保障体系，构建弱势群体公共服务普及普惠幸福清单。

今后乡村基本公共服务体系建设，应当坚持国家所需、政府所能、群众所盼、未来所向，以"数字化改革"撬动体制机制创新，健全公共服务优质共享机制，实现乡村基本公共服务领域取得重大突破性成果。重点攻克实现城乡基本公共服务均等化的"五大着力点"，使城乡基本公共服务均等化成为推进实现乡村振兴、农业农村现代化、城乡融合发展的有力手段，最终实现富强民主文明和谐美丽的社会主义现代化强国的建设目标。实现城乡基本公共服务均等化一体化融合发展的五大着力点是：

1. 发展乡村教育文化体育事业，实现优质教育资源的城乡共享

习近平总书记曾强调，教育公平是社会公平的重要基础，要不断促进教育发展成果更多更公平惠及全体人民，以教育公平促进社会公平正义，要优化教育资源配置，逐步缩小区域、城乡、校际差距。应当促进各类教育资源向乡村倾斜，建立以城带乡、整体推进、城乡一体、均衡发展的义务教育发展机制，实现优质教育资源在城乡间共享。同时，要完善对乡村教师的激励制度建设，确保乡村教师队伍稳定。

要健全城乡公共文化体育服务体系，推动各类服务项目与群众的实际需求有效对接。优质的公共文化和体育活动是提高城乡居民生活质量和精神文明的一个重要保障。要统筹城乡公共文化体育的设施布局、服务提供、队伍建设，推动相关资源重点向农村倾斜，提高服务的覆盖面和适用性，让农民群众能够享有更丰富、更适合自身特点的文化体育服务。

2. 健全乡村公共医疗卫生服务体系，实现优质医疗资源的城乡共享

要健全乡村公共医疗卫生服务体系，加大服务供给和人才培育。强化乡镇卫生院和村卫生室在疾病预防、基本医疗和健康保健方面的"守门人"角色，统筹加强乡村医疗卫生服务设施建设、设备更新和乡村医疗卫生人才供给，尤其是全科医生，并通过鼓励县医院和乡村卫生院（室）建立医疗共同体，鼓励城市大医院对口帮扶或者发展远程医疗来缓解农村居民看病难的问题，实现优质医疗资源在城乡之间共享，提高群众享有均等化健康保障服务的水平。同时要规范家庭医生签约服务，加强对农村居民的健康管理服务，建立统一规范、互联互通的电子化居民健康档案，以便为群众提供疾病筛查、随访评估、分类干预、健康体检服务等。

3. 加大农村社会保障力度，实现城乡社会保障公共服务均等化

近年来农村社会保障发展迅速，农村的养老保险、医疗保险基本实现了全覆盖，而且实现了城乡基本医疗保险和城乡居民基本养老保险的制度统一，这是城乡基本公共服务均等化的标志性体现。但农村社会保障制度仍然存在保障水平低、缺乏多层次保障机制和区域统筹、全国统筹的困境，尤其在农村老年服务和社会救助方面，需要进一步加大保障力度，在提高物质保障水平的同时，更要加大照料照护、精神慰藉、医养结合等方面的服务供给，加强村级幸福院、养老院、日间照料中心等农村养老服务体系网络建设以及相关专业人才的培养，探索推动各地通过政府购买服务、设置基层公共管理和社会服务的岗位、引入社会工作专业人才和志愿者等方式，为农村留守儿童和妇女、老年人以及困境儿童、残疾人等提供关爱服务。

4. 改善乡村人居环境，全面提升城乡人居环境质量

受制于多种因素影响，乡村人居环境治理一直是被忽视的领域，长久以来处在无人管护的放任状态，给农民的生产生活带来了诸多不便，尤其是对自然生态环境的破坏力度在加大。因此，在乡村振兴战略下，要着力改善乡村人居环境，加大相关服务的供给和城乡统筹规划。以建设美丽、生态、宜居、宜业的村庄为导向，以农村"厕所革命"、农村生活生产垃圾、污水治理、整体性村容村貌提升和传统村落保护等为重点加大乡村基本公共服务供给，全面提升农村人居环境质量。

5. 加大农业生产经营公共服务供给，提高农村收入水平

主要围绕降低农业生产成本与交易成本、降低农业的自然风险与市场风险以及提高农业质量与效益三个方面加大农业生产经营方面的基本公共服务供给力度。首先，要进一步完善农业水利和电力设施设备、加大推进基本农田建设，增强农业的基础生产能力。其次，要为农业生产、经营、储运、销售、初加工等全产业链提供一定的基础设施设备保障和必备的农业市场交易平台、市场信息发布平台以及相关物流和电商服务平台等，降低农业生产成本、交易成本和市场风险。第三，国家要不断完善和创新农业支持保护体系，采取财政投入、税收优惠、金融支持等多种手段，从资金投入、农业技术推广、能力培训、质量标准、检验检疫、农业保险以及农村农业防灾减灾救灾能力建设等方面加大公共服务供给，扶持农业生产。

（二）缩小城乡发展差距，全面推进乡村振兴

1. 健全城乡融合发展的体制机制，缩小城乡区域发展差距

探索创新城乡融合发展的体制机制，推动新型城镇化与乡村振兴全面对接，积极破解城乡经济社会和福利制度的"二元结构"，缩小城乡区域发展差距。推动实现城乡交通、供水、电网、通信、燃气等基础设施同规同网。推进以人为核心的新型城镇化，健全农业转移人口市民化长效机制。促进大中小城市与小城镇协调发展，推进新时代乡村建设，提升农房建设质量，加强农村危房改造，探索建立农村低收入人口基本住房安全保障机制，提升城乡宜居水平。

2. 推进基本公共服务更普惠均等可及，稳步提升保障标准和服务水平

推动义务教育优质均衡发展，建成覆盖城乡的学前教育公共服务体系，探索建立中小学的新时代城乡教育共同体，共享"互联网＋教育"优质内容，探索建立终身学习型社会，提高人口平均受教育年限和综合能力素质。深入实施健康行动，加快建设强大的公共卫生体系，深化城乡医联体建设，推动优质医疗资源均衡布局。积极应对人口老龄化，提高优生优育服务水平，大力发展普惠托育服务体系，加快建设居家社区机构相协调、医养康养相结合的养老服务体系，发展普惠型养老服务和互助性养老。健全全民健身公共服务体系。

3. 完善城乡一体化的社会保障制度，构建统一的公共服务平台

完善城乡一体化的社会保障制度，加快实现法定人员全覆盖，建立统一的社保公共服务平台，实现社保事项便捷"一网通办"。健全多层次、多支柱养老保险体系，大力发展企业年金、职业年金、个人储蓄型养老保险和商业养老保险。规范执行全国统一的社保费率标准。推动基本医疗保险、失业保险、工伤保险省级统筹。健全重大疾病医疗保险制度。做好长期护理保险制度试点，积极发展商业医疗保险。健全灵活就业人员社保制

度。健全统一的城乡低收入群体精准识别机制，完善分层分类、城乡统筹的社会救助体系，加强城乡居民社会保险与社会救助制度的衔接，按困难类型分类分档及时给予专项救助、临时救助，切实兜住因病、因灾致贫等困难群众基本生活底线。保障妇女儿童合法权益，完善帮扶残疾人、孤儿等社会福利制度。

4. 完善"先富带后富"的帮扶机制

探索建立先富帮后富、推动共同富裕的目标体系、工作体系、政策体系、评估体系。深入实施东西部协作和对口支援，持续推进智力支援、产业支援、民生改善、文化教育支援，加强对欠发达地区帮扶，大力推进产业合作、消费帮扶和劳务协作，探索共建园区、飞地经济等利益共享模式。完善社会力量参与帮扶的长效机制。

5. 推进基本公共服务领域的现代化建设

推进基本公共服务领域的现代化建设，包括数字化、市民化、标准化、法治化、品牌化及绿色化。基本公共服务也可以搭上数字经济快速发展的便车，借助数字化来降低提供成本和获取门槛，提升供给效率和均等化程度，确保基本公共服务对象能更好共享数字带来的红利。实现城乡基本公共服务均等化的结果，就是要逐步缩小城乡间、地区间和人群间的差距，将我国全部人口纳入基本公共服务体系的覆盖范围。健全农业转移人口市民化长效机制，切实保障农民工随迁子女平等接受义务教育，逐步实现随迁子女入学待遇同城化。这种义务教育的市民化服务发展模式，可以逐步向其他公共服务领域进行推广。要根据实际制定并落实科学合理的城乡基本公共服务标准，提升基本公共服务供给质量，缩小城乡差距。在标准化公共服务基础上，进一步推动基本公共服务供给的法治化升级，为基本公共服务项目及标准寻求更有力的法律保障。

我国各地发展差异显著，特色各异，在公共服务供给上并不能完全"一刀切"。为了推动人的全生命周期公共服务优质共享，各地在借鉴其他地区公共服务供给的实现路径和经验的基础上，因地制宜，充分融合地域特色，在基本公共服务体系建设和均等化中，力争在不同领域重点突破，打造各地基本公共服务的特色品牌。要正确处理好公共服务与环境宜居宜业之间的关系，在基本公共服务领域探索绿色发展的新路子，创新基本公共服务绿色化供给的可持续路径。

◆**参考文献**

左停，徐加玉，李卓. 2018. 摆脱贫困之"困"：深度贫困地区基本公共服务减
　　贫路径 [J]. 南京农业大学学报（社会科学版）（2）.

龚昕羽，张玉梅，曾子竟. 2020. 城乡公共服务融合发展路径探讨 [J]. 管理观
　　察（28）.

刘穷志. 2007. 公共支出归宿：中国政府公共服务落实到贫困人口手中了吗？
　　[J]. 管理世界（4）.

卢盛峰，卢洪友. 2013. 政府救助能够帮助低收入群体走出贫困吗？——基于
　　1989—2009 年 CHNS 数据的实证研究 [J]. 财经研究（1）.

【作者简介】　左停，中国农业大学国家乡村振兴研究院副院长、人文
与发展学院教授；何美丽，北京农学院文法与城乡发展学院副教授；李颖，
中国农业大学人文与发展学院博士研究生。

专题8 脱贫攻坚与乡村振兴衔接的金融支持政策研究

许　朗

脱贫攻坚与乡村振兴有效衔接的金融支持政策是现阶段"三农"工作目标的关键抓手。通过梳理脱贫攻坚同乡村振兴衔接相关金融支持政策，基于不同金融机构类别划分，归纳梳理政策性银行金融机构、大型商业银行金融机构、农业保险及资本市场、中小型银行和其他社会资本机构六类金融机构相关措施。研究分析表明，金融在支持脱贫攻坚同乡村振兴的衔接中，仍然存在金融服务产品多元化不足和农村金融体系信息流通壁垒等问题。提出"加大金融投入，加强组织领导""创新金融产品，优化金融服务""完善农险体系，加大政策扶持""改善农村信用，构建信息渠道""提升服务能力，强化激励约束"五条金融支持脱贫攻坚与乡村振兴衔接优化路径。

从如期实现全面建成小康社会目标到开启全面建设社会主义现代化国家新征程，目标的转换意味着我国"三农"工作的重点从绝对贫困治理转向巩固脱贫攻坚成果、缓解相对贫困和实现乡村振兴（王国敏等，2021）。脱贫攻坚与乡村振兴战略在方向、目标上契合一致，在任务上交织叠加，协同推进农业农村现代化目标实现（牛坤玉等，2020）。自2018年中央1号文件首次提出"做好实施乡村振兴战略与打好精准脱贫攻坚战的有机衔接"以来，国家相继出台了一系列政策强调做好脱贫攻坚与乡村振兴的有效衔接。2019年1月，《中共中央国务院关于坚持农业农村优先发展　做好"三农"工作的若干意见》指出，做好脱贫攻坚与乡村振兴的衔接，对摘帽后的贫困县要通过实施乡村振兴战略巩固发展成果，接续推动经济社会发展和群众生活改善。2020 年中央 1 号文件明确指出"加强解决相对贫困问题顶层设计，纳入实施乡村振兴战略统筹安排。抓紧研究制定脱贫攻坚与实施乡村振兴战略有机衔接的意见。"党的十九届五中全会提出"实现巩固拓展脱贫攻坚成果同乡村振兴有效衔接"。2021 年中央 1 号文件再次强调"实现巩固拓展脱贫攻坚成果同乡村振兴有效衔接，逐步实现由集中资源支持脱贫攻坚向全面推进乡村振兴平稳过渡"。2021 年 3 月，《中共中央国务院关于实现巩固拓展脱贫攻坚成果同乡村振兴有效衔接的意见》再次重申了要加强过渡期内脱贫地区在领导体制、工作体系、发展规划、政策举措考核机制等方面的有效衔接，以期实现巩固拓展脱贫攻坚成果和全面推进乡村振兴的目标。从全局来看，脱贫攻坚和乡村振兴的有效衔接是乡村发展战略目标有序推进的保障，有深刻的内在联系；从实践来看，脱贫攻坚与乡村振兴有机衔接具有强烈的历史必然、理论必然和现实必然意义（王文彬，2021）。

从脱贫攻坚到乡村振兴，金融在治理绝对贫困、推进农业农村现代化建设和乡村繁荣上发挥了关键作用。全面推进乡村振兴战略首先需要全力满足农业农村多样化的金融需求（廖红伟等，2019）。金融是农村经济的血脉，是农业支持保护体系的重要组成部分，是乡村振兴战略中最关键的资金缓解渠道（张林等，2021）。2021 年 2 月，《中共中央国务院关于全面推进乡村振兴加快农业农村现代化的意见》发布，提出要持续深化农村金融改革，撬动金融资本重点支持乡村产业发展，并从加强农业信贷支持、引导农村金融回归本源以及健全农业保险机制等方面作出顶层设计，为金融支持脱贫攻坚与乡村振兴有效衔接指明了方向。2021 年 3 月，《关于深入扎实做好过渡期脱贫人口小额信贷工作的通知》中提到，"深入落实关于巩固拓展脱贫攻坚成果同乡村振兴有效衔接的决策部署，扶贫小额信贷政策在过渡期内将继续坚持并进一步优化完善，切实满足脱贫人口小额信贷需求"。2021 年 5 月，《金融机构服务乡村振兴考核评估办法》的发布强化了考核评估工作的激励约束作用，督促引导金融机构加大对乡村振兴的支持和服务。一系列有关农村金融支持乡村振兴的国家政策相继出台表明，全面贯彻实施乡村振兴战略必须发挥好金融这一重要的基础性制度（表1）。

表1 金融支持脱贫攻坚与乡村振兴衔接相关政策

发布时间	政策文件
2021.07.01	《关于金融支持巩固拓展脱贫攻坚成果全面推进乡村振兴的意见》
2021.05.12	《中国银保监会办公厅关于2021年银行业保险业高质量服务乡村振兴的通知》
2021.03.31	《中央财政衔接推进乡村振兴补助资金管理办法》
2021.03.10	《关于深入扎实做好过渡期脱贫人口小额信贷工作的通知》
2020.12.16	《关于实现巩固拓展脱贫攻坚成果同乡村振兴有效衔接的意见》
2020.04.09	《中国银保监会办公厅关于做好2020年银行业保险业服务"三农"领域重点工作的通知》
2019.03.12	《中国银保监会办公厅关于做好2019年银行业保险业服务乡村振兴和助力脱贫攻坚工作的通知》
2019.02.11	《关于金融服务乡村振兴的指导意见》

基于上述背景分析，本研究通过深入剖析脱贫攻坚与乡村振兴有效衔接的内在逻辑，基于对当前脱贫攻坚与乡村振兴有效衔接的金融支持现状分析，梳理金融支持政策的已有优势和现实问题，结合金融支持脱贫攻坚与乡村振兴的典型案例分析，针对脱贫攻坚向乡村振兴过渡关键时期的发展特点，提出金融支持脱贫攻坚与乡村振兴衔接的实现路径，以期为实现农业农村现代化建设提供一定的参考依据。

一、脱贫攻坚与乡村振兴有效衔接的内在逻辑分析

（一）脱贫攻坚与乡村振兴战略目标的互涵关系

脱贫攻坚与乡村振兴是中国实现社会主义现代化必须完成的两大重要战略任务，脱贫攻坚是实现全面小康的必经之路，乡村振兴是实现全面小康的必要保障，二者衔接关系密切。从目标导向上看，脱贫攻坚与乡村振兴目标相连，层层推进（汪三贵，2020）。一方面，二者都着眼于"三农"

问题，从产业发展、基础设施建设、基层治理和民生保障等方面做出了制度性安排，两者都是为实现"两个一百年"奋斗目标而确定的国家战略（陈燕，2021）。另一方面，乡村振兴战略是对脱贫攻坚战略的进一步延伸（张永丽，2021）。乡村振兴以脱贫攻坚成果为基础，在基层党建、社会保障兜底、基础设施建设等农业农村发展的重要方面，提出了较脱贫攻坚更高的要求。乡村振兴是稳定脱贫攻坚成果的有效保障，是有效防止返贫，实现农业农村现代化的重要抓手（汪三贵，2019），建立巩固拓展脱贫攻坚成果的机制的关键在于能否与乡村振兴战略有效衔接（李小云，2021）。因此，脱贫攻坚和乡村振兴在战略目标上具有相互协调、相互促进的互涵关系，二者是相辅相成、相互联动的整体（刘焕等，2020）。

（二）脱贫攻坚与乡村振兴战略时空演进的接续关系

从时间维度上看，脱贫攻坚是乡村振兴战略实施推进的时序前提。脱贫攻坚战的全面胜利在乡村改革和乡村治理方面取得了较为丰富的成果与经验，为乡村振兴的进一步开展奠定了良好的基础（黄祖辉，2021）。脱贫攻坚解决了农村贫困人口基本的生存和发展需求，弥补了乡村振兴在实现农村繁荣进程中的最低短板，缩小了城乡差距，进一步推动了乡村振兴发展（庄天慧，2018）。同时，脱贫攻坚的实施成果使农村人口贫困状况得到大幅改善，着力提升了乡村治理体系和乡村治理能力。从空间维度上看，脱贫攻坚和乡村振兴存在空间维度的重叠关系。《中共中央国务院关于打赢脱贫攻坚战的决定》和《中共中央国务院关于实施乡村振兴战略的意见》中均提到农村发展和农民生计等问题，表明脱贫攻坚与乡村振兴战略实施推进的主要地区都为农村，二者在空间维度具有一致性。与此同时，脱贫攻坚向乡村振兴的过渡也具有"由点及面"的特征（王文彬，2021）。脱贫攻坚战略主要聚焦于特困地区和深度贫困地区，而乡村振兴战略则覆盖了整个农村区域。

（三）脱贫攻坚与乡村振兴战略体制机制的共融关系

脱贫攻坚与乡村振兴战略都是解决农业农村发展问题、实现共同富裕的战略，在体制机制层面体现出共融关系。作为不同发展阶段的战略任务，脱贫攻坚与乡村振兴并不是互相孤立的，而是紧密联系、各有侧重

（左停等，2019）。在战略内容方面，脱贫攻坚的政策措施与乡村振兴战略的实现途径存在着显著的延续和递进的关系，从"产业扶贫"到"产业振兴"，"生态扶贫"到"生态振兴"等的衔接，脱贫攻坚采取的战略措施与乡村振兴战略的实现目标有着诸多相通之处；在战略机制方面，二者均形成了"党中央集中统一领导，自上而下推动以及自下而上反馈的工作机制"（白永秀等，2021）；在参与主体方面，乡村振兴战略延续了脱贫攻坚战略实施进程中形成的"党政主导、行业协同、社会参与、群众主体"的四位一体格局，同时更加强调人民群众在战略实施推进过程中的主体作用。

二、脱贫攻坚与乡村振兴衔接的金融支持政策现状及存在问题分析

（一）基于不同金融机构的脱贫攻坚与乡村振兴衔接政策

1. 政策性银行金融机构

政策性、开发性金融机构是参与脱贫攻坚的先锋（周孟亮，2020），也是助力脱贫攻坚与乡村振兴有机衔接的中坚力量。在脱贫攻坚向乡村振兴过渡的关键时期，政策性银行金融机构主要通过加大中长期信贷支持巩固脱贫攻坚成果，助力乡村振兴发展。2021年，农业农村部、国家乡村振兴局与中国农业发展银行签署战略合作协议，合力推动金融服务"三农"高质量发展，助力巩固拓展脱贫攻坚成果同乡村振兴有效衔接。在过渡阶段，中国农业发展银行着力落实脱贫攻坚与乡村振兴有效衔接考核方案，做好考核指标的监测分析通报，继续在支持有效衔接中发挥先锋主力模范作用。同时，国家开发银行积极履行社会责任，主动参与脱贫攻坚和乡村振兴工作。2021年，国家开发银行将发放4 000亿元贷款，支持易地搬迁后续扶持、产业发展、农业现代化建设、农村基础设施建设、农村人居环境整治等重点领域，助力巩固脱贫攻坚成果，全面推进乡村振兴。

2. 大型商业银行金融机构

大型商业银行是推进乡村振兴战略的重要参与者。当前，绝大部分大型商业银行多通过成立"三农金融事业部"，结合大数据、人工智能等先

进技术，在服务对象、服务领域、网点布局、产品设计等方面进行升级转型，以适应过渡期乡村发展需求。其中，持续开展"普惠金融"服务是大型商业银行在过渡期发挥金融扶持作用的重要抓手，大型商业银行通过提升网点服务能力和辐射范围，完善创新农户贷款、小微企业贷款等专项产品两条主要路径，持续加大农村普惠金融服务力度。中国建设银行建立"裕农通"普惠金融服务点，截至 2020 年末，全行累计设立 54.2 万个"裕农通"普惠金融服务点，基本覆盖全国乡镇及行政村；同时，发行"乡村振兴·裕农通卡"，为农村客户提供惠农优惠。此外，"产业兴旺"作为乡村振兴的首要任务，扶持乡村产业发展成为大型商业银行开展农村金融服务的重要内容。各大型商业银行创新推出"工银兴农通""产业引领，能人带动""银行＋龙头企业＋产业链金融"等多种金融服务模式，增强脱贫地区产业持续发展动力，确保产业发展持续发挥振兴乡村的积极作用。

3. 农业保险及资本市场

农业保险可以为农业主体分散风险、降低损失，是我国农业产业振兴和农民生活富裕的重要保障，是推进乡村振兴战略实施的关键因素。在总结脱贫攻坚先进经验的基础上，我国农业保险在产品种类、服务模式、保障水平等方面转型升级，以适应乡村振兴阶段"三农"发展需求。具体而言，基于"订单农业＋保险＋期货（权）""政府＋龙头企业＋农户＋银行＋保险""保险＋期货"等新型产品服务模式探索，不断深化农业保险"扩面、提标、增品"改革；农业保险服务网点乡镇覆盖率不断提升，基本形成了以政策性保险为基础、商业性保险和互助性保险为补充的农业保险体系；此外，农业保险补贴力度不断加强，地方财政与中央财政合力加大对稻谷、小麦、玉米三大粮食作物的补贴力度，扩大三大粮食作物完全成本保险和种植收入保险实施范围，同时继续开展中央财政对地方优势特色农产品保险奖补试点。

资本市场在实施普惠金融，尤其是在实施乡村振兴战略中能够发挥独特的作用。当前我国农村资本市场通过采取过 IPO "绿色通道"政策、开发产业扶持专项债券以及开发普惠性金融产品和金融工具等方式，加快脱贫地区产业发展融资步伐。同时，增强对农产品期货市场、农村土地证券化市场和农业产业发展基金的探索，落实农产品期货市场套期保值、分散风险能效，构建农业经营重要融资渠道，为农村中小企业实现持续经营提供坚实后盾。各金融机构作为资本市场主要参与者，以股票、债券和基金主要交易对象的不同形式参与农村资本市场建设。国家开发银行开展以开发性金融服务国家乡村振兴战略新举措，于 2021 年 6 月成功发行首期乡村振兴专题人民币金融债券 100 亿元，通过探索创新专题债券发行模式，深度挖掘债券市场融资优势，高效筹集低成本资金，为金融支持乡村振兴提供有力保障。

4. 中小型银行

中小型银行以服务地方经济、服务小微企业及"三农"为其市场定位，是乡村振兴的主力军。在脱贫攻坚向乡村振兴过渡的重要节点，金融科技成为中小型银行提升"三农"金融服务能力，创新"三农"金融服务模式，完善"三农"金融产品体系的重要动力。中小型银行借助金融科技手段，通过线上化银行服务、数字化业务运营、数据化经营管理和线上融资业务四条主要路径有效填补农村金融服务空白。具体而言，中小型银行围绕农户生产生活需求，上线惠农 APP 提供金融、非金融服务；通过内外部数据的挖掘，产品和服务参数化配置等途径实现客户营销和业绩考核数字化，拓展特色客户群，针对性开展营销服务工作；通过数据风险防控、数字化精准营销等方式，提高现有银行业务的营销效果和风控水平；利用大数据风控技术实现小额融资线上化，实现线上申请、线上公证、线上放款、线上还款等全流程线上处理方式。

5. 其他社会资本机构

在政策性银行、大中小型商业银行、农业保险、期货、证券等资本市场的支持带领下，以小额信贷公司和融资租赁公司为主的其他社会资本在关键过渡期也发挥了重要作用。小额信贷是农村金融服务的重要创新，是助力脱贫攻坚的重要抓手，同时也是推动乡村振兴的品牌工作。根据《关于深入扎实做好过渡期脱贫人口小额信贷工作的通知》要求，当前小额信贷公司通过创新开发"惠农贷""惠民小贷"等多种信贷产品模式促进脱贫人口融入产业发展；同时联合其他金融机构推进脱贫地区信用体系建设，提高脱贫人口信用意识。

涉农融资租赁公司是服务乡村振兴战略的新型道路，通过发挥融资租赁这一新型金融工具的相关特性，为农业农村提供优质对口的资金，同时最大程度降低地方财政的各项资金风险，以解决乡村振兴战略实施过程中农村地区资金供给不足的问题。当前，涉农融资租赁公司主要通过开展农民与农民合作社直接租赁业务，农业企业售后回租业务和大型涉农企业厂商租赁业务服务乡村振兴战略。

各类金融机构支持脱贫攻坚与乡村振兴衔接的措施见图1。

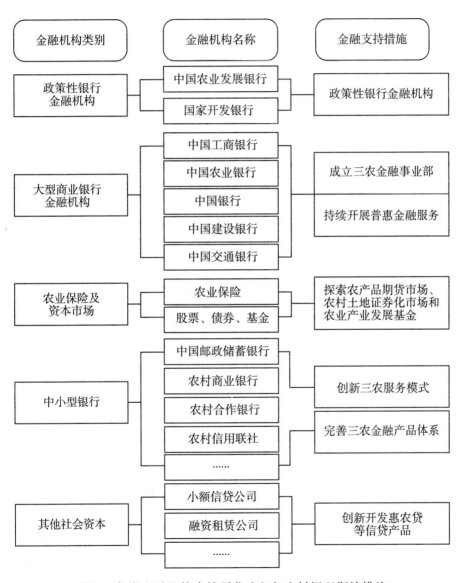

图1　各类金融机构支持脱贫攻坚与乡村振兴衔接措施

（二）脱贫攻坚与乡村振兴有效衔接的金融支持政策存在问题分析

1. 金融产品和服务难以满足多元化需求

2021 年，《中国银保监会办公厅关于银行业保险业高质量服务乡村振兴的通知》中提到，鼓励开发适合乡村振兴的金融服务和产品，积极推进巩固拓展脱贫攻坚成果同乡村振兴有效衔接。但当前涉农金融机构仍存在信贷产品形式单一，已有金融产品趋同化明显的问题，难以满足在脱贫攻坚向乡村振兴过渡的关键时期的多元资金和金融服务需求，使得金融机构可持续发展能力不足（陆静超，2021）。随着乡村经济的发展，农业经营主体从小农户向专业大户、家庭农场、农民合作社以及农业大型企业转变，并成为乡村经济发展的重要力量，但针对新型农业经营主体规模化经营的中长期大额信贷服务明显不足，制约了乡村经济建设和乡村振兴战略推进。此外，产业振兴作为脱贫攻坚与乡村振兴有效衔接的关键举措，针对多元化产业发展以及产业融合的特色金融产品与服务仍有所欠缺，各产业领域多样化、多层次化的金融产品和服务需求仍未完全得到满足（吴寅恺，2020）。

2. 各类金融机构发展水平参差不齐

在脱贫攻坚与乡村振兴战略有效衔接进程中，银行类金融机构在农村金融市场占据主导地位，非银行类金融机构发展滞后。其中，作为农村金融的重要组成部分，农业保险发展滞后较为明显。一方面，农业保险产品供求失衡和供给质量、效率较低等问题突出。在新型农业经营主体成为乡村振兴战略发展主力军的当下，农业保险在精算定价、产品服务、优惠政策等环节缺乏针对性，且存在风险分散机制缺乏等问题，对于具有高风险特征的农业来讲已成为重大的制约瓶颈，给新型农业经营主体生产经营带来巨大隐患。另一方面，农业保险缺乏相应的信息平台支撑。农户保险需求信息和农业保险产品信息的匮乏，导致相关信息交流不畅，不仅影响农业保险的推广和普及效果，还对了解及研判农业保险工作对脱贫攻坚与乡村振兴衔接效果产生不利影响（李新光等，2019）。

3. 农村金融体系信息壁垒引致信用风险

完善的征信机制和信用体系是金融支持脱贫攻坚与乡村振兴有效衔接的重要前提。然而，当前农村金融活动存在信息不对称现象，农村金融机构掌握农户完整的信息资料较为困难，尚未建立起较为完备的个人和中小企业征信体系。同时，农村金融基础设施相对薄弱，金融信息系统、金融监管体制以及法律法规硬性约束的缺失使得农村征信机制建立面临巨大的挑战（张建波等，2021）。此外，农民金融知识普遍匮乏，金融素养缺失，诚信意识淡漠，导致逃债现象频发，农民收入来源不固定和可供处置财产较少，使得信用风险的发生率居高不下。农村征信机制缺失问题既制约了农民对贷款的获得性，也影响了农民要求贷款的积极性，还增加了信用风险的不确定性。

三、金融支持脱贫攻坚与乡村振兴衔接路径研究

（一）加大金融投入，加强组织领导

1. 加大重点领域金融资源投入

加大对脱贫攻坚向乡村振兴过渡关键期两类主体的金融资源倾斜。维持对脱贫地区、脱贫农户防止返贫的金融帮扶政策稳定，保持对易地搬迁后续帮扶工作的金融支持力度，增加对农业农村绿色发展的综合金融服务；加大金融资源向乡村振兴重点帮扶地区倾斜，鼓励和引导银行金融机构在农业生产、乡村产业建设、城乡融合发展等方面，通过优化信贷服务模式、创新金融产品等方式加大金融支持力度。

2. 强化统计监测，完善工作机制

强化对脱贫攻坚典型模式、成功案例以及先进经验的总结和推广，持续对银行业金融机构向脱贫地区和人口发放贷款情况进行数据统计监测，推动乡村土地流转、税收、保险等涉农信息与金融机构互联互通，为金融支持脱贫攻坚与乡村振兴有效衔接提供数据基础；进一步加强政策性银行、大型商业银行、中小型银行以及其他金融机构与农业农村、乡村振兴各部门间的统筹协调，确保巩固脱贫攻坚成果与推动乡村振兴战略具体目标一致，提高金融服务乡村振兴实效。

（二）创新金融产品，优化金融服务

1. 创新信贷产品体系

创新信贷产品体系，完善多元化、专业化的"三农"信贷服务供给机

制，提高涉农信贷的针对性和可得性。探索面向新型农业经营主体的农业设施抵押、应收账款等动产质押和农业保险保单质押融资等中长期信贷业务，深化农村土地制度改革，完善产权交易市场，稳妥推进农村承包土地经营权、农民住房财产权和林权抵押贷款试点。利用小额信贷政策，帮助农民建设生产用房，创办小型加工项目等。加大对具有独立法人地位、集体资产清晰、现金流稳定的集体经济组织的金融支持力度。

2. 创新融资服务模式

创新融资服务模式，开发新型金融债券。发展多层次农村资本市场，鼓励涉农企业通过上市、发行企业债和公司债等方式开展直接融资，支持商业银行发行"三农"金融债券；加大债券市场服务"三农"力度，推进农产品期货期权市场建设，丰富农产品期货交易品种；支持农户及企业利用期货市场的风险分散功能，开展套期保值业务抵御农产品价格波动风险；支持部分地区设立乡村振兴投资基金，推动农村三产融合和转型升级；引导新型农业经营主体运用期货、期权套期保值，防范化解农业生产经营风险。

（三）完善农险体系，加大政策扶持

1. 完善农业保险政策体系

完善农业保险政策体系，应加大中央和地方政府对农业保险的支持，积极拓宽农业保险险种，可以通过涉农贷款风险补偿基金，完善农业保险政策。2021 年中央 1 号文件提出，扩大稻谷、小麦、玉米等三大粮食作物完全成本保险和收入保险试点范围，可通过降低粮食主产区三大粮食作物农业保险保费补贴比例，增加农业保险对农业生产活动的保障力度；增强政府指导作用，在坚持引导农业保险开展以需求为导向的供给侧结构性改革的同时，不断完善农业保险市场相关法制建设，增强制度建设切实保障农业保险在实施乡村振兴战略的积极作用。

2. 开发新型农业保险产品

围绕服务新型农业经营主体、新型农户的发展需要，构建服务于农业现代化的农业保险支撑体系。农业保险需求主体的质量可以从根本上决定农业保险市场发展的效率和质量，通过"新型农业经营主体＋直销"的经营模式和产品体系，探索农业保险可持续发展路径；持续推动"保险＋期货"在服务乡村振兴战略发展中的作用，积极探索"信贷＋保险＋期货""订单农业＋保险＋期货"等创新形式，建立农业补贴、涉农信贷、农产品期货期权和农业保险联动机制，形成金融支农综合体系。

（四）完善农村信用，构建信息渠道

1. 改善农村信用信息平台

着力改善农村信用信息系统平台建设，多渠道整合社会信用信息，稳步推进农户、家庭农场、农民合作社、农业企业等经济主体电子信用档案建设，实现农村信用信息共享；发展农村联保贷款能够有效地降低农村借贷活动的信息不对称程度，更有效地甄别借款群体、更好地避免高风险借款人，有助于解决农户的道德风险问题、缓解或消除农村信贷市场逆向选择问题；完善农户信用等级评定制度，规范信息采集，建立指标体系和评级模型对农户信用情况进行等级评定，通过开展"信用户、信用村、信用乡镇"的三级信用体系创建评定活动，对信用优良地区和农户的信贷实行倾斜政策。

2. 优化农户融资增信机制

优化农户及新型农业经营主体的融资增信机制是推进农村信用体系建设的重要内容。探索"农户＋征信＋信贷"的融资模式，为信用良好的农户提供快速、便捷的金融服务；大力开展农村信用宣传，培养农民诚信意识，提升农户整体素质、融资意识和金融素养，推动形成农村信用环境和信用文化；推进农村征信立法，健全守信激励机制和失信惩戒机制，加快建立农村信用指标体系和评级规则。

（五）提升服务能力，强化激励约束

1. 提升银行业金融服务能力

鼓励银行业金融机构设立乡村振兴专项金融服务部门，支持打造乡村振兴金融服务特色支行或网点；改进银行业金融机构内部资源和制度，加大对涉农业务的支持力度，针对乡村振兴战略重点地区制定内部资源转移优惠方案，并将金融机构对乡村振兴服务情况纳入考核体系；提升农村金融科技水平，加快大数据、云计算等现代科技与农村金融的融合，破除农村金融信息壁垒，打造线上线下有机融合的金融服务模式。

2. 持续完善农村基础金融服务

通过设立涉农信息共享数据库、市场化征信机构等方式，构建市县金融信用信息基础数据库，因地制宜深入推进农村信用体系建设；深化移动支付等新兴支付方式在农村的普及应用，创新开发符合乡村振兴战略要求以及农业农村建设、农民实际情况的支付模式；加大金融知识宣传教育力度，加强金融消费者权益保护力度，着力提升农户自我金融信用和风险防范意识。

3. 强化对银行业金融机构的激励约束

强化对银行业金融机构服务乡村振兴的资金支持和落实财税奖补政策和风险分担机制两大途径，激励银行业金融机构增强乡村振兴服务能力，进一步加强考核评价和监管约束。对位于国家乡村振兴重点帮扶县的银行业金融机构，继续开展金融帮扶政策效果评估工作，全面开展金融机构服务乡村振兴考核评估，加强评估结果运用，进一步落实好商业银行绩效评价办法。

金融支持脱贫攻坚与乡村振兴衔接路径见图 2。

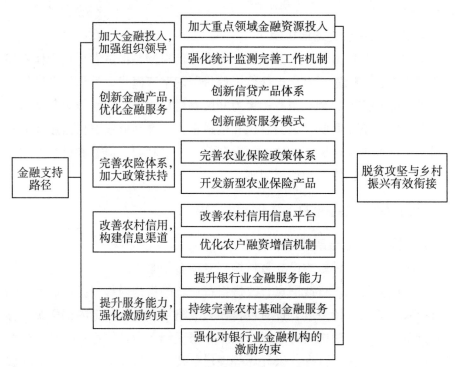

图 2　金融支持脱贫攻坚与乡村振兴衔接路径

◆ **参考文献**

白永秀，宁启 . 2021. 巩固拓展脱贫攻坚成果同乡村振兴有效衔接的提出、研究进展及深化研究的重点［J］. 西北大学学报（哲学社会科学版）（5）.

陈燕 . 2021. 脱贫攻坚后时代：农业农村现代化及乡村振兴的新征程［J］. 福建论坛（人文社会科学版）（3）.

豆书龙，叶敬忠 . 2019. 乡村振兴与脱贫攻坚的有机衔接及其机制构建［J］. 改革（1）.

黄祖辉，钱泽森 . 2021. 做好巩固拓展脱贫攻坚成果同乡村振兴有效衔接［J］. 南京农业大学学报（社会科学版）（6）.

李小云 . 2021. 巩固拓展脱贫攻坚成果的政策与实践问题［J］. 华中农业大学学报（社会科学版）（2）.

廖红伟，杨良平 . 2019. 乡村振兴背景下节约交易成本的农村金融体系改革建议［J］. 经济研究参考（4）.

刘焕，秦鹏 . 2020. 脱贫攻坚与乡村振兴的有机衔接：逻辑、现状和对策［J］. 中国行政管理（1）.

陆静超 . 2021. 新时期金融精准支持乡村振兴对策研究［J］. 理论探讨（3）.

牛坤玉，钟钰，普蓂喆 . 2020. 乡村振兴战略研究进展及未来发展前瞻［J］. 新疆师范大学学报（哲学社会科学版）（1）.

汪三贵，冯紫曦 . 2019. 脱贫攻坚与乡村振兴有机衔接：逻辑关系、内涵与重点内容［J］. 南京农业大学学报（社会科学版）（5）.

汪三贵，冯紫曦 . 2020. 脱贫攻坚与乡村振兴有效衔接的逻辑关系［J］. 贵州社会科学（1）.

王国敏，何莉琼 . 2021. 巩固拓展脱贫攻坚成果与乡村振兴有效衔接——基于"主体—内容—工具"三维整体框架［J］. 理论与改革（3）.

王文彬 . 2021. 由点及面：脱贫攻坚转向乡村振兴的战略思考［J］. 西北农林科技大学学报（社会科学版）（1）.

张林，温涛 . 2021. 农村金融高质量服务乡村振兴的现实问题与破解路径［J］. 现代经济探讨（5）.

张永丽，高蔚鹏 . 2021. 脱贫攻坚与乡村振兴有机衔接的基本逻辑与实现路径［J］. 西北民族大学学报（哲学社会科学版）（3）.

周孟亮 . 2020. 脱贫攻坚、乡村振兴与金融扶贫供给侧改革［J］. 西南民族大学学报（人文社科版）（1）.

庄天慧，孙锦杨，杨浩．2018．精准脱贫与乡村振兴的内在逻辑及有机衔接路径研究［J］．西南民族大学学报（人文社科版）（12）．

左停，刘文婧，李博．梯度推进与优化升级：脱贫攻坚与乡村振兴有效衔接研究［J］．华中农业大学学报（社会科学版）（5）．

【作者简介】 许朗，南京农业大学经济管理学院教授，博士生导师，长期从事投资项目经济评价（项目管理）、金融与投资管理、技术经济管理、创新创业管理等方面的教学与研究工作。

专题9　中国少数民族地区乡村治理现代化研究

赵鸭桥

我国少数民族同全国人民一道，在完成了脱贫攻坚的历史使命并实现了全面小康之后，进入了乡村振兴的历史阶段。我国少数民族地区，不仅是国家安全的屏障，也是我国对外开放的前沿。少数民族地区乡村治理的现代化不仅是乡村振兴的重要内容，而且关乎国家统一、民族团结、乡村发展和各民族的幸福。我们应该看到，随着全社会的开放性与各民族之间交往的增加，各民族关系的广度和深度都将发生深刻变化，各民族之间将会形成相互依赖和趋向融合的关系。所以我国少数民族地区的乡村治理现代化，需要在强调国家认同、民族认同、文化认同和道路认同的基础上，牢固树立"有国才有族，有国才有家"的共识，按照"解决民族问题，保障民族利益，尊重民族风俗，加强民族团结"的思路，充分考虑各民族的发展意愿，认真补齐各民族的发展短板和历史"欠账"，逐步完善各民族"各美其美"的治理模式，努力实现全国各族人民经济发展、社会融入和文化融合的乡村治理现代化目标。

乡村社区是我国国家统治的最基层单元，是各个社会群体的利益集结点，是各种社会组织的落脚点，也是各种社会矛盾的交汇点。和谐、有序的社会治理，能让人类在纷繁复杂的生存环境和相互关系中充分实现自身价值。但是一个国家选择什么样的治理体系，是由这个国家的历史传承、文化传统和经济社会发展水平来决定的，是由各民族来自主选择的。

我国当前的农村，一方面是顺利地完成了脱贫攻坚的历史任务、全面建成了小康社会并衔接进入了乡村振兴时代，农村居民彻底解决了"两不愁三保障"的问题，取得了人类历史上最大的扶贫及农村发展成就，为实现中国梦奠定了重要的历史基础；另一方面，我国的农村及农村社会正在发生着一系列深刻的变化：一是传统的农村"熟人社会"正在变成"半熟人社会"甚至是"陌生人社会"，二是农业微利化、农村空心化、农民老龄化现象日趋明显，三是农村社会主体多元化、利益多样化、冲突复杂化、文化功利化已经显现。尤其是在基层社会治理方面，传统习俗、生活准则、价值取向和文化习惯对农民的规范和导向作用逐渐减弱，村民作为自治主体的积极性和主动性缺失，政府在社会控制和社会管理方面的责任重大、成本巨大。

我国的少数民族地区，在自然环境上，地处边远高寒，交通不便，农业生产和经营成本高；在居住上，表现出"大分散，小聚居"，还有杂居混居，民族构成复杂；在经济发展上，相比较而言，少数民族地区的经济发展水平更为落后；在文化上，各民族都有自己独特的文化，而且有宗教信仰的人口比例较高。历史上，少数民族地区的社会治理是历代王朝统治和管理少数民族的重大而复杂的问题。治理策略一直在中央集权和地方自治之间不断反复，在土官和流官之间岁月轮回，实施了恩威并施、联络控制、以夷制夷甚至是民族压迫的治理手段。中华人民共和国成立之后，中国共产党实行了各民族在政治上一律平等、少数民族地区治理的基本方略，民族区域自治成为主要的治理方式。在改革开放尤其是脱贫攻坚的历史进程中，中国共产党强调的是"绝不让任何一个民族掉队"，实现了全国各族人民"像石榴籽一样紧紧抱在一起"的一荣俱荣目标，创造了"注意解决民族问题，保障民族利益，尊重民族风俗，加强民族团结"的治理经验。但近几年来，某些西方国家为了削弱中国的竞争力量，在世界范围内对中国进行打压和围堵。其中，反复炒作我国的少数民族议题，挑动我国国内的民族主义分裂活动，是它们十分有效并经常使用的手段。再加上一段时期以来少数民族地区一些地方政府存在"花钱买平安"思想，纵容导致了"会哭的孩子有奶吃"的社会治理畸形现象，甚至动不动就把少数民族地区的一般民事纠纷和刑事案件上升为民族矛盾和民族问题，极大地影响了我国少数民族地区基层治理的现代化进程。

乡村振兴是在我国社会的主要矛盾发生了根本变化和转移的背景下展

开的，换句话说，在新时期人民的物质条件巨大改善、生活水平大幅提高之后，影响人民获得感和幸福感的重要因素就是社会公平正义和人的全面发展。具体到我国的少数民族地区，由于各民族所处的自然环境不同、历史上获得的发展机会和条件不一样、发展的速度和水平不一样，发展的不平衡和不充分也就更加明显，再加上外部势力的插手和干预更加频繁，少数民族地区的社会治理成为了乡村振兴的第一要务。因此，改进少数民族地区的社会治理方式，激发少数民族地区社会组织的活力，创新少数民族地区有效预防和化解社会矛盾的机制，健全少数民族地区的公共安全体系，推进少数民族地区乡村治理的现代化，对实现我国少数民族地区的乡村振兴至关重要、意义重大。

一、少数民族地区及其特征

（一）少数民族地区概况

少数民族，一般是指多民族国家中除主体民族以外的民族。在中国，除主体民族汉族以外的其余 55 个法定民族均称之为少数民族。少数民族地区是指以少数民族为主聚集生活的区域。根据第七次人口普查，当前我国各少数民族人口为 12 547 万人，占总人口的 8.89%。与 2010 年相比，各少数民族人口增长 10.26%，少数民族人口比重上升了 0.40 个百分点。我国少数民族人口虽少，但分布面积却很广，多数分布在西南、西北和东北等边疆地区，少数民族自治地方的面积占全国总面积的 64%。我国的少数民族自治地方分为三个级别即自治区、自治州和自治县。我国各地还有很多少数民族的民族乡和民族村，不属于自治制度的范围。我国少数民族主要分布在内蒙古、新疆、西藏、广西、宁夏 5 个自治区和 30 个自治州、120 个自治县（旗）、1 200 多个民族乡（表 1、表 2）。

表 1　我国少数民族分布自治州情况

序号	省份	自治州	州府
1	吉林	延边朝鲜族自治州	延吉市
2	湖北	恩施土家族苗族自治州	恩施市
3	湖南	湘西土家族苗族自治州	吉首市

（续）

序号	省份	自治州	州府
4	四川	阿坝藏族羌族自治州	马尔康市
5		甘孜藏族自治州	康定市
6		凉山彝族自治州	西昌市
7	贵州	黔东南苗族侗族自治州	凯里市
8		黔南布依族苗族自治州	都匀市
9		黔西南布依族苗族自治州	兴义市
10	云南	楚雄彝族自治州	楚雄市
11		红河哈尼族彝族自治州	蒙自市
12		文山壮族苗族自治州	文山市
13		西双版纳傣族自治州	景洪市
14		大理白族自治州	大理市
15		德宏傣族景颇族自治州	芒市
16		怒江傈僳族自治州	泸水市
17		迪庆藏族自治州	香格里拉市
18	甘肃	临夏回族自治州	临夏市
19		甘南藏族自治州	合作市
20	青海	海南藏族自治州	共和市
21		海北藏族自治州	西海市
22		海西蒙古族藏族自治州	德哈令市
23		黄南藏族自治州	同仁市
24		果洛藏族自治州	玛沁市
25		玉树藏族自治州	玉树市
26	新疆	伊犁哈萨克自治州	伊宁市
27		博尔塔拉蒙古自治州	博乐市
28		昌吉回族自治州	昌吉市
29		巴音郭楞蒙古自治州	库尔勒市
30		克孜勒苏柯尔克孜自治州	阿图什布

表 2　我国少数民族分布自治县及自治民族

序号	省份	自治县数量	自治民族
1	云南	29	单一民族 16：彝族 7，佤族 2，纳西族，拉祜族，哈尼族，苗族，瑶族，独龙族，傈僳族各 1 多民族 13：彝族苗族，回族彝族，彝族傣族，傣族佤族，哈尼族彝族 2，傣族彝族，白族普米族，哈尼族彝族傣族，傣族拉祜族佤族，彝族哈尼族拉祜族，苗族瑶族傣族，拉祜族佤族布朗族傣族
2	广西	12	瑶族 6，毛南族，仫佬族，侗族，苗族，各族 2
3	贵州	11	单一民族：苗族，土家族，侗族，水族 多民族：彝族回族，布依族苗族 2，苗族布依族，仡佬族苗族 2，土家族苗族
4	辽宁	8	蒙古族 2，满族 6
5	湖南	7	侗族 3，苗族 3，瑶族
6	甘肃	7	哈萨克族，蒙古族，裕固族，藏族，回族，东乡族，保东撒
7	青海	7	单一民族：回族 2，土族，撒拉族，蒙古族 多民族：回族土族 2
8	新疆	6	塔吉克族，哈萨克族 2，回族，锡伯族，蒙古族
9	河北	6	满族 4，回族 2
10	海南	6	黎族 6
11	重庆	4	土家族 3，苗族
12	四川	4	彝族 2，羌族，藏族
13	吉林	3	朝鲜族，满族，蒙古族
14	广东	3	瑶族 2，壮族
15	内蒙古	3	鄂伦春族，鄂温克族，达斡尔族
16	湖北	2	土家族 2
17	黑龙江	1	蒙古族 1
18	浙江	1	畲族 1

（二）少数民族地区主要特征

1. 分布特征

一是大杂居、小聚居、交错杂居。各少数民族因具备共同语言、相同地域、类似经济特征和基本一致的心理素质而居住在一起且主要集中于我国西部及边疆地区，整体上呈"U"型分布。由于历史上发生的土地制度改革、民族迁徙、战争、移民戍边等原因，又有一定数量的汉族在各少数民族地区交叉分布居住。少数民族在保卫和建设边疆、对外关系上发挥着重要的作用。二是分布范围广、人口密度小。在我国2.1万千米的陆地边境线上，几乎都居住着不同数量的少数民族，他们大多居住在高原、山区、牧区、森林地区，分布范围涉及123个边境县。我国东部地区人口稠密、西部地区人口稀少的人口分布特征与汉族和少数民族的人口分布有一定关系。

2. 文化特征

一是形式多样、内容丰富。各民族语言文字独具特色，我国55个少数民族中，有53个民族使用本民族的语言，22个民族使用着28种本民族文字。民族艺术种类繁多，既有几十种演唱艺术，也有数百种舞蹈艺术。各民族传统节日丰富多彩，各民族都有展示和传承自己民族文化的节日盛会。二是地域特色浓郁。我国少数民族居住地地域辽阔，各具不同的气候条件和地理环境，使各民族文化呈现出鲜明的地方特色和纷繁各异的文化表现形式。三是广泛深刻的宗教影响和较强的民族意识。中国少数民族群众大多有宗教信仰，主要有佛教、道教、伊斯兰教、天主教、基督新教、自然崇拜等。宗教影响着他们与自然的关系、日常行为、饮食结构、价值观和文化。四是对茶和酒文化贡献巨大。许多少数民族地区都是茶叶的原产地，酿酒的方式多样，茶和酒融合在各类节日庆典和礼仪活动中，是彼此交往的重要载体。

3. 经济特征

一是自然资源性优势明显。其中：少数民族地区的森林资源占全国的51%，草原面积占全国的94%，西部少数民族地区水能蕴藏量占全国的52.5%，矿产资源种类齐全，天然气、煤炭、有色金属蕴藏量较大，有许多种类居全国之首。我国的珍禽异兽、名贵药材也大多产于少数民族地区。此外，旅游资源类型齐全，特点鲜明。二是经济发展差异性更大，经济相对不发达且较为粗放。少数民族地区因其环境、条件的复杂性，经济发展必将遭遇多种阻力，经济发展地域性差异明显，东、中、西部地区之间人均总产值呈现倍数差异，在经济发展目标制定及实践过程中表现出对生产总值的片面性追逐。城镇化水平随地区逐渐递减，少数民族集中分布的地区，低收入人口较为集中，经济收入水平相对较低。

4. 社会特征

一是社会发育程度较低。因自然环境恶劣，生产力发展和经济形态演进缓慢，社会组织体系不够健全、社会文化和发育程度偏低。二是社会关系复杂。既受民族关系影响，又与宗教关系、传统社会、现代社会相互纠缠。尤其是在一些地区，形成了动不动就把一般民事问题和民事案件上升到民族问题和民族矛盾、或者是"花钱买平安"的极不正常的社会关系。三是社会规范作用日渐式微。少数民族地区历史上的、传统的、内化于心的行为准则和社会规范，随着人口的大规模加速流动，传统的"熟人社会"已被打破，传统一个社会、一个民族的共同体特征不再明显，传统的价值观念发生了改变，新的行为规则还没有建立。

二、少数民族地区乡村治理特点

（一）治理兼具挑战性和复杂性

一是治理的"挑战性"。由于城镇化、工业化的推进，乡村人口老龄化、人口流失严重、村干部能力不足、村民参与度不高，因此造成缺乏带动乡村发展的产业、公共服务供给不足等问题。年轻农民离开乡村，熟人社会瓦解，治理主体缺失，乡村文化日益功利化和庸俗化。二是治理的"复杂性"。首先，治理主体主要面向不同文化背景、宗族特征、生活习俗的少数民族和多民族共生、共存的局面，需要高超的协调艺术和方法。其次，治理环境较为复杂，少数民族多分布于我国边远和高山峡谷地区，由此引起的物理隔离和相对不足的公共服务设施设备，给治理带来了不方便和不确定性。最后，治理要求具有多重性。既需要满足民族平等、团结、繁荣的基本要求，也要完成乡村振兴的历史任务，还要适应迅速变化的外部世界。尤其对于跨境而居的少数民族，还要考虑境内外的发展水平和发展政策的差异性，要防范境外敌对势力的渗透和挑唆。

（二）传统方法治理与现代方法治理并存

虽然城镇化、工业化、农业现代化正在推进，但中国乡村的乡土本色仍然存在，"中华传统美德融入乡村治理，继续发挥价值塑造、利益调节、矛盾化解、促进乡村社会发展功能的根基还在。"传统美德意蕴丰富，与当代村民的心理需求更切合，将其融入乡村治理更能够让民众接受，非制度的规范性作用让治理成本更低，软约束力提高了民众的接受度，让治理效果更为持久、稳定。比如彝族深厚的传统道德文化、壮族的仪式传统、藏族的"生态禁忌"、侗族的村规民约等都为民族地区治理提供了治理根基和文化依靠。在充分考虑民族地区的特殊性前提下，国家完善民族特色立法和发展乡村法律，弥补乡村自治过程中因民族习惯法、宗教信仰而产生的漏洞。现代治理要求充分利用互联网的互联互通的特性，增加各民族间的交流和提高治理的效率，创新社会组织形式和引入社会新力量，如乡贤会、党群理事会等参与到乡村治理中。现代治理是各种公共的或私人的、个人和机构管理共同事务的诸多方式的总和，是使相互冲突的或不同的利益得以调和并且采取联合行动的持续的过程，其目的之一是要把民族、民族主义与国家建构整合到主流社会之中。

（三）政府管理与乡村自治并存

"民族乡村治理也是乡村外部力量特别是国家权力渗入乡村并建构民族乡村秩序的过程。"传统的民族乡村治理依靠民族自身的文化、族群关系、风俗习惯、宗教仪式的自治，国家力量悬浮于乡村之外。随着现代化的发展，随着人口流动规模的增加和速度的加快，外来力量介入，民族自治的空间被挤压，民族治理的边界和秩序被打破。党的十八大以来，精准扶贫精壮施策，国家力量对民族乡村的治理和管控能力得到提升，基层党支部的建立与引导深入到了民族治理内部，重构了民族乡村的经济秩序。乡村振兴提出建立"自治、法治、德治"的治理体系，使民族乡村非正式的礼俗和国家规范正式融合。比如，江西省流坑村是宗族村落，其宗族规则、流程配备齐全，但在任何时期管理村庄事务、处理纠纷时并不能仅靠宗族组织和规章，还需要借助国家权力。"事实上，在传统乡村社会中，民间法从来都不是自主的和自足的，它和国家法律并济，共同实现维持地方社会秩序的目的。"

（四）统一治理与灵活治理互补

在多民族聚居地区要以党建为基础，强化道德、文化的作用，让其互融互通。对于分散地区则要因地制宜利用现在的传统资源，通过现代技术扩大治理范围和降低治理成本。对于流动性较强的地区则要以村规民约来约束人的行为、整合资源提供及时的公共服务。李增元以贵州省毕节市试验区核桃乡木寨为例指出：在多民族聚居的地区开展治理需要将包容性、共通性贯穿其中，通过强化农村基层党建来引导和规范居民行为，培育符合时代的道德价值观。从提高诚信意识入手，结合普及法律，倡导法治和道德，以文化引导为着力点切实提高乡村治理能力。在少数民族杂居分散地区，为了解决因地理环境分散造成的管理成本高的难题，湖北恩施州将传统资源与现代资源相结合再利用，吸纳村医、村教进入村两委，送律师进村，设立"网上服务中心"等方式来打破限制，推进乡村治理。在游牧民族地区，结合游牧民族流动的特点，建立便民流动管理服务体系，强化基层党组织的引领作用，确保"网格式"服务、"契约化"管理、信息服务和公共服务的及时供给。

三、少数民族地区乡村治理的主要模式

（一）乡村基层党群共治

1. 村两委＋乡贤会

贵州省印江土家族苗族自治县在全县范围内的行政村内登记成立合法的"乡贤会"组织，让拥有资金、技术、才能、知识的本土人才聚集于各行政村。该协商治理模式，始终坚持基层党组织在基层治理中的领导地位，发挥统筹协调的作用，乡贤会会长原则上由村党组织或村委会负责人兼任，同时印江县制定了乡贤治理的纲领和总则，规范了乡贤参与治理的流程及方式。乡贤会在扶贫助困、乡村经济发展、扩大协商范围、密切干群关系、文化引领和融合、维护乡村和谐上发挥着重要作用。不同主体的结合有利于提高民众的参与积极性，优化村级治理结构，为乡村治理提供新思路。

2. 村医村教进入村两委班子

2013 年，湖北省恩施土家族苗族自治州为应对因城镇化、工业化造成的村庄"空心化"和村干部来源不足的问题，将长期工作生活在农村、具有群众基础、文化水平较高的乡村医生和乡村教师吸收至村级班子中。宣恩县采用"两推荐一考核两票决"的选拔方式，用明确岗位职责、强化培训、落实待遇保障三种方式来管理，以宣传党的路线、了解民意，优化决策和联系服务群众三项机制来发挥作用。该模式优化了村两委班子结构，提升了村级服务水平，拓宽了群众参与治理范围，探索和创新了民族地区乡村治理方式。

3. 村务公开质询制度

村民自治发端于广西，经过不断探索创新，广西在民主选举、决策、管理、监督进程取得了新进展。"公推直选"提高了村干部的公认度、公信度、凝聚力。村民代表联系户制度，广泛听取村民意见，增强了村民参政议政意识和责任感。健全村务公开民主管理十项制度，制度化、规范化和程序化村务管理内容。广西合浦县首创村务公开质询制度，将村内的热点、难点问题通过每半年召开一次的公开质询会向群众答复，落实了村民的民主权利，提高了村干部的办事能力。

（二）少数民族传统道德文化约束

1. 桂西南壮族的仪式传统与族群互动

桂西南的壮族因与中原文化相互融合形成了独特的文化特点，其传统仪式和节庆在塑造乡村社会秩序、推动治理实践中发挥辅助性作用。德保县壮族的"春节""中元节"是其重要的祭祖活动，仪式规范、庄严，分工明确，通过祭祖活动，缅怀先祖，延续传统，传递知恩图报、邻里互助的精神，增加村庄成员的互动。德保县的安村和喜村在仪式活动中，使用文书记载仪式目的和要义，以文字的形式向先祖表达对美好生活的向往，向后辈传递尊老爱幼、忠义仁信的思想观念，以传统的观念构建乡村社会秩序规范。村民还会在堂屋内悬挂"福、寿、康、定"的刺绣牌匾展示敬老文化等。村民在仪式中发挥主体作用，主动且有活力，以共同的文化底蕴为基础来实现乡村自治。将仪式中所传递出的尊老爱幼、长幼有序、亲疏有别的"礼"融入到法治中，便于法治秩序的建立。节庆活动还能增加族群间的交流与互动，以共同的价值理念引导村民的行为，助推德治塑造功能。

2. 彝族传统道德文化

彝族有悠久的历史和丰富的传统道德文化，其著作中有关于道德思想的文献保留完整。彝族倡导平等和睦，反对特权，村内有崇高地位的"毕摩""族老"也无法享受特权。彝族人民喜好团结、诚实守信、互帮互助，乡村治理中需要深入挖掘这些精神。彝族人崇敬万物、尊重自然，在保护自然、建设生态文明方面有重要作用。在民族地区的乡村治理过程中，要深入挖掘和中国特色社会主义核心价值观相符的道德观念，用丰富的形式和手段来保护和发展优秀的传统文化，加强对有权威的"毕摩""族老"的培训让其发挥引导、协调的作用。彝族丰富的思想道德文化为乡村治理奠定了扎实基础，依此建立完整的制度规范能增加民众接受度和契合度，有利于和谐社会的建立。

（三）传统社会组织的管理

1. 侗族的寨老组织

寨老是传统侗族寨子里的自然领袖，寨老制度随着时代的发展，作用有所改变但权威性仍然存在。"肇兴侗寨内基于房族划分为 5 个地方社会内部群体，当地称之为'团'"。各团都有寨老，寨老人数一般为 3～6 人不等，有较为明确的运行机制。一般主要处理民间内部事务，如传统活动仪式的安排、向政府申请资金、山林收支等。将寨老吸纳进乡村治理中，让其参与决策，获得寨老的认可，能减少执行中的阻力。在肇兴侗寨发展旅游的过程中，政府联合发起了"古民居保护协会"组织，由寨老、村干部、积极的群众共同组成，在政府有关机构的指导下开展工作。协会通常需要将群众的思想、意见传达给联席会议，向民众传递上级精神，寨老作为协会成员可得到政府发放的报酬。地方政府将政府力量和民间权威巧妙地结合，调节了少数民族地区的传统社会组织和国家的关系，有利于构建少数民族乡村多元共治的格局。

2. 贵州西江千户苗寨"老人会"

"老人会"无严格的组织形式、无官方背景，通常由村寨德高望重的老人和村寨精英自然组成。2009 年，在推进西江千户苗寨扶贫旅游开发因修建村内道路占用耕地发放补贴过程中，"老人会"一边安抚民众情绪和了解民意，一边与政府交涉争取提高补贴，保证了旅游开发项目的顺利进行。当村民与外来商家因利益分配不均发生冲突时，"老人会"以保护村民利益为出发点，通过协商化解了双方矛盾。2011 年因村民内部协调难度和外部矛盾的交织造成"老人会"解散。后政府承认其合法性，"老人会"再次重组，在旅游开发中重新发挥作用。明确农村社会组织的辅助地位、给予必要的参政议政权利和强化与政府的互动，对于缓解政府与乡村矛盾、促进乡村和谐发展有明显作用。

3. 青海藏区"卡果哇"

"卡果哇"是青海省藏区部落临时推选的组织，可译为组织人或者负责人，在部落内发挥管理、组织、协调的功能。在一些仪式活动中，"卡果哇"组织能将属于家庭的个体召集进入组织为集体办事，增强了村民间的交流，营造互助、和谐的村社氛围，传播藏区传统文化。"卡果哇"是藏区治理的低成本的治理工具，它可分可合的协调、凝聚能力让其可长久存在。藏区形成的以村两委为合法权威，合作社掌握资源，发挥"卡果哇"的组织优势的合作共管、多方参与的治理模式值得参考学习。新时期民族地区治理要尊重传统的社会组织，根据地区特点匹配其他组织，相互配合、彼此共融、发挥优势来夯实乡村治理基础。

四、少数民族地区乡村治理中存在的问题

（一）治理思维带有"民族化"和"问题化"

由于民族地区在历史文化、地理位置、社会习俗、宗教信仰等方面存在明显差异，使民族地区的治理带有一定的难度和特殊性。民族地区的治理问题一直是国家关注的重点，一般表现为以官方政策规定为主，这让民族地区的治理带有敏感性，出现明显的民族区分和正常事务"问题化"，非正常地对待民族问题会给民族团结带来不利影响。当社会发生转型时，民族地区的政治、经济、文化的复杂性、多样性逐渐显现，加之民族地区发展需求目标的多样性，在治理过程中容易引起文化与利益的冲突、生态保护与经济发展的冲突、传统习俗与现代文化的冲突，造成基层政府在处

理民族地区问题时常难以决策，由此使治理出现"问题化"倾向。或者说，有的时候在少数民族地区发生矛盾和冲突时，实质上是一般的民事纠纷或刑事案件，但别有用心的人或某些势力总往民族问题上面扯，甚至有人故意制造民族议题，混淆视听，加剧矛盾的复杂性。

（二）治理手段行政化和单一性

当前，民族地区的治理主要依靠官方政策文件和规范、行政执行流程单一，治理过程主要依靠政府，且形成了凡涉及民族治理问题均由相关特定部门解决的固定思维，缺少了部门之间和社会的互动。在西北民族地区，由于村民自治、区域自治、少数民族自治三个"自治"的重叠，使得村委会在行使自治权时较为特殊，有明显的行政化倾向。随着服务型基层的建立和自上而下地制定规范，村级治理逐渐走向程序化、标准化、规范化，村级干部也转变为职业化、脱产管理，"村干部丧失了主体性和主动性，时间和精力几乎都用于完成上级安排的各种任务之中。"当前，基层治理已经出现了手段代替目标的错误方向，国家越严越细的要求会造成乡村治理丧失主动性，会使村干部花大量时间应付各种评估、检查、督查、报告、总结、交流、记录等事务，而忘记了与村民的充分交流和讨论，忘记了教育、教化和引导社区发展的真正核心任务。

（三）治理实践在传统文化和现代文化的碰撞下难于选择

民族地区多位于祖国边疆和偏远地区，生存环境恶劣，发展资源欠缺，造成民族地区多发贫困且贫困程度较深，使得治理缺乏基本的物质支撑。由于民族文化、宗教信仰、风俗习惯等因素所引起的民族认同感较强且存在差异而弱化了国家认同感，使得民族地区治理面临未知风险。现代文化的渗透冲击了少数民族的传统文化，文化间相互融合的过程会给治理带来不确定因素。陈蒙指出宗族习俗、民族习惯、族规祖训等传统因素对于在边远民族地区现代化治理的推进中虽有积极作用，但消极作用也随着对村庄的自我管理而逐渐显现。在西北民族地区，农村社会受宗教文化影响较大，出现了宗族文化影响力越过国家法律法规的现象，村两委力量因其自身能力不足而难抵宗族势力的现象。西藏自治区日喀则市拉孜县 G 村存在"庄园主领导下的管家负责制"，一种内聚性的治理方式与受现代知识冲击变得更为开放、复杂的村庄不相匹配。传统文化的衰落性与现代文化的异化性同时到来，应对和取舍变得十分困难。

（四）农村基层组织建设和治理能力明显不足

农村基层党组织在联系群众、推进乡村治理中发挥着重要的作用，其发挥作用的大小受人员素质高低、组织配备完整程度和后备干部储备情况等因素影响。近年来，由于城镇化的推进、老龄化程度加深和农村产权制度改革的影响，民族地区牧区的基层党组织干部总体年龄偏大、素质较低、思想观念保守、业务能力差。有学者在研究西北民族地区的青海省的村干部成员文化素质情况时发现村干部成员学历普遍为初中以下，西北少数民族地区的村干部文化素质明显低于全国平均水平。在西藏自治区的某个村庄中出现村两委、驻村队员虽代表国家权威但却不得不依赖于以"老村长"为代表的传统权威的现象。少数民族地区因复杂的地理特征、相对封闭的熟人社会和长期的传统的伦理道德及习惯性的约束等因素，在接受外来文化和现代知识的程度较低和速度上较缓慢。我国虽从1986年起就开启大范围的普法宣传，但在民族地区的效果却不尽如人意，民主法治观念并不能被很好接受和采纳，乡村治理还存在人治的特征。

五、推进少数民族地区乡村治理现代化的建议

（一）针对乡村治理的公共性和博弈性，发挥党的领导作用

一是基层政府治理能力的提升对于推动乡村治理有重要作用，其能力体现在制度化、法治化、民主化、权威化四个主要指标中。因此，基层政府更多的应该是尊重民族地区乡村治理的自我管理、服务、监督的权利，并引导新型主体、组织参与到乡村治理中去。要加强政府自身建设和主动争取资源，实现职能的转变、组织人才的培养和队伍建设以及提高自治政府功能性制度创新能力。从自治权入手，向上一级政府、对口帮扶的地区、社会公众争取资源。二是强化村委会和基层党组织在乡村治理中的权威力量并借助乡镇政府对乡村治理的监督、指导力量来保障村委会的权利。从学历、素质、年龄、社会经验、适应力等多方面考核选拔村干部并匹配相应的培训机制、激励制度、考核制度。三是要理直气壮地强化党对

乡村治理的领导，党组织一定要发挥好在乡村治理过程中"压舱石"的作用，一定要强化其公平正义的形象。

（二）强化"村三委"的权威作用，发挥社会组织的教化作用

首先，明确政府、村民、社会组织在民族地区乡村治理中的作用和地位。坚持政府或"村三委"（村党支部委员会、村民委员会、村务监督委员会）在乡村治理中的基础性、领导性地位，在制定制度、监督执行、服务农民、保障兜底等方面发挥作用。其次，村民是乡村治理的主体，要积极行使自身权利，发挥主观能动性融入到乡村治理中去。立足民族地区的特殊性，加强对有权威、有群众基础的民族精英的交流与教育，使其成为乡村治理的重要力量。民族地区可向传统借力，凝聚传统社会中形成的、具有权威、代表的人物力量。如西北地区有宗族性质的"族长"、屯长制组织、黔西南州侗族的"寨老"、西藏地区的"老村长"等，在尊重民族地区文化的权威性的基础上提升治理的效能。最后，社会组织是两者的补充，在协同参与、衔接政府政策、为村民服务、促进文化融合、激发村民主体意识方面发挥重要的作用。探索"党建＋新型经营主体"的模式，将外来的经营主体纳入乡村治理范围，使其发挥优势带动村庄产业发展，为治理提供物质基础和新思路。总之，传统社会组织要发挥民间教化作用和形成积极向上的社会共同价值观，规范人们"不会做""不想做"的行为；新型经营主体要积累具有时代特点的正能量，增加乡村治理的社会资本；"村三委"要守住法律的底线，要做乡村公共物品的"看守人"。

（三）构建"三治"相融的外在体系，强化公共物品管理的内在机制

一方面，"三治合一"充分考虑到民族地区治理的特殊性，是民族地区治理的必要治理方式。在自治方面，使村民自治制度化，明确村民的自治主体地位；挖掘、保护、弘扬少数民族优秀的传统文化，以共同的文化认同作为自治的支撑，让规范化、合法化的传统社会组织，发挥其协调、组织、上传民意、下达宣传教化的作用，让村民自治有权威可依，有组织可靠；创新与基层党组织互动的治理模式，让村民可行使民主权力，调动参与乡村治理的活力和主动性。在法治建设方面，加大普法力度。民族地

区的法制建设只靠自上而下的推力而没有关注本土情景的差异性是很难进行的，整体素质较高的村干部、乡贤等力量能帮助法律的普及；完善机制，畅通民众表达诉求、利益协调、矛盾处理的机制。在德治方面，关注民众的精神需求，将现代化手段融入到少数民族优秀文化传承的过程中，创新传播方式、组织形式；加强对传统民间组织的引导，利用其自有的民间权威和丰厚的伦理道德资源强化对村民的教化、约束作用。

另一方面，随着生活水平提高、文化冲击和其他组织的介入，民族地区乡村居民的需求将呈现多样化，构筑完整、系统的公共服务体系成为必然。①以村委会为平台收集民众的真实、急需的服务，借助上一级政府资源丰富、权威性强的特点，加快和监督服务落实，后由村委会根据所需服务特性和实际特点，制定规划和安排到户并做好后续的收集反馈、管护等服务。②根据民族地区特性的不同，提供公共服务上的政策倾斜，尤其在教育及医疗方面。当然，最为关键的是乡村内部治理力量的增长，这种力量要能够积极主动并且能够承接乡村治理事务，而不是事事"靠上级，等上级"。

（四）衔接民族传统文化与现代文化，构筑社会共同意识

文化是民族的底色，内化于心的文化对个人的价值观有引领作用，对个人的行为有指导和规范作用。"文化在调节人与人之间的关系中通常会建构出一定的社会组织"。少数民族地区的文化在社会的变迁中早已被地方的乡村治理打上了独特的印记，优秀且符合时代特点的民族文化能够在乡村治理中发挥积极正向的作用，反之则起阻碍作用。将现代优秀的文化有创造性地融入到传统文化中，赋予传统民族文化新的时代内涵，能够强化文化引领的正向作用。比如，彝族常以善良、朴实、温和为人所道，其许多传统经典重视道德修养、家庭和睦、有相互帮扶的氛围、崇敬自然等优秀文化，为彝族地区的治理提供了文化基础，增强了文化认同。教育具有内化和外塑的核心功能。充分发挥家庭教育、学校教育、社会教育的作用，从无形中增强民族地区的文化认同，提高对自己民族认同感和对公权力的认可，强化对国家的认同感，从而促进民族间相互协作、共融共通。当前，我们一方面要认清少数民族地区"空心化"的现实以及"陌生人社区"的趋势，看到传统文化在现代化过程中受到的挑战；另一方面也要对

各民族的优秀文化充满信心，要对打造各民族新的时代文化肩负责任，创造新时期的乡村治理文化，形成多民族命运共同体意识。

◆ **参考文献**

陈蒙 . 2020. 新时代民族地区乡村治理现代化瓶颈及对策［J］. 中南民族大学学报（人文社会科学版）（5）.

董建辉，周慧慧 . 2019. 宗规族约与地方社会秩序维持——以流坑村董氏族谱资料为中心［J］. 三峡大学学报（人文社会科学版）（1）.

顿祖义 . 2019. 国家治理体系和治理能力现代化视域下的民族地区治理研究［J］. 湖北民族学院学报（哲学社会科学版）（2）.

付明珠 . 2019. 民族地区构建"三治合一"乡村治理体系的困境及对策研究［D］. 南宁：广西师范大学 .

和思鹏，卢丽娟 . 2018. 乡贤会嵌入民族地区乡村治理的内在价值及路径选择——以印江自治县"村两委＋乡贤会"为例［J］. 贵州民族研究（4）.

贺雪峰 . 2017. 乡村治理现代化：村庄与体制［J］. 求索（10）.

贺雪峰 . 2019. 规则下乡与治理内卷化：农村基层治理的辩证法［J］. 社会科学（4）.

侯万锋 . 2010. 民族区域自治制度与少数民族地区的政治建设［J］. 前沿（1）.

李增元 . 2020. 民族地区乡村治理体系创新探索及新时代重点内容［J］. 湖北民族大学学报（哲学社会科学版）（6）.

李钟铉 . 2011. 中国少数民族饮食文化特点［D］. 北京：中央民族大学 .

刘月霞，鲁晨 . 2018. 中华传统美德融入当代乡村治理研究［J］. 高校马克思主义理论研究（4）.

吕蕾莉，刘书明 . 2017. 西北民族地区村庄权力结构下的乡村精英与乡村治理能力研究——对甘青宁三省民族村的考察［J］. 政治学研究（3）.

骆桂花，马文利 . 2020. "卡果哇"与藏区基层社会治理——以同仁县江什加村结夏安居欢庆仪式为例［J］. 贵州民族研究（11）.

孟祥丹，丁宝寅 . 2021. 农村新生劳资关系对乡村治理现代化的影响与挑战［J］. 福建师范大学学报（哲学社会科学版）（3）.

彭正波，王凡凡 . 2017. 西南民族地区农村社会组织参与村寨治理的路径分析——以贵州西江千户苗寨"老人会"为例［J］. 贵州民族研究（10）.

孙杰远.2018. 论民族地区社会治理的认同逻辑与教育支持［J］. 教育研究（11）.

谭文平.2020. 少数民族地区乡村振兴视域下治理效能提升研究——基于西藏自治区日喀则市拉孜县 G 村的观察［J］. 黑龙江民族丛刊（1）.

汤志华，李嘉伟.2012. 广西村民自治发展的历史进程研究［J］. 广西社会科学（7）.

唐俊，徐祖祥.2020. 桂西南壮族乡村治理中的仪式传统与族群互动［J］. 云南民族大学学报（哲学社会科学版）（4）.

王猛.2019. 乡村振兴下民族地区乡村治理创新的目标模式及实现路径［J］. 广西民族研究（6）.

王云飞.2015. 少数民族地区经济发展的制约因素初探［J］. 赤峰学院学报（自然科学版）（19）.

杨勇.2018. 少数民族地区乡村治理的传统道德基础——基于对彝族传统道德文化的认识［J］. 红河学院学报（6）：26－29..

周丹丹.2016. 少数民族乡村治理中的传统社会组织研究——以侗族寨老组织为例［J］. 江淮论坛（6）：30－34..

周平.2003. 边疆民族地区的政治文明建设［J］. 思想战线（3）.

周晓丽.2014. 基于民族地区特殊性下的社会治理理念及路径［J］. 南京社会科学（11）.

祖欣.2014. 湖北恩施州优选村医村教进村"两委"班子［N］. 中国组织人事报，12－22.

【作者简介】 赵鸭桥，云南农业大学经济管理学院院长，教授，主要研究领域为参与性农村发展、社会林业、村级森林持续经营、集体林产权。

专题 10　浙江高质量推进乡村振兴的实践经验与启示

潘伟光　　王炳钰　李金果　徐敏群　丁嘉达

　　本研究报告对浙江高质量推进乡村振兴的实践成效、经验特点和启示进行分析总结。报告从农村现代化、农业现代化、农民现代化、城乡融合化四个视角对浙江省近年乡村振兴实践进行梳理，以期为各地推进乡村振兴实施提供启发借鉴。

　　民族要复兴，乡村必振兴。党的十九大提出实施乡村振兴战略，这是以习近平同志为核心的党中央从党和国家事业全局出发，着眼于实现"两个一百年"奋斗目标，推进农业农村现代化，顺应亿万农民对美好生活向往作出的重大决策。浙江是革命红船的起航地，改革开放的先行地，习近平新时代中国特色社会主义思想的重要萌发地，也是首个部省共建乡村振兴示范省。浙江省在乡村振兴战略实施和推进实践中，围绕乡村振兴的二十字总要求，按照总书记"秉持浙江精神，干在实处、走在前列、勇立潮头"殷殷嘱托，不断开拓进取，砥砺前行，在产业振兴、生态振兴、人才振兴、文化振兴、组织振兴上持续进行实践创新、政策创新、制度创新，高水平推进乡村振兴战略的实施，推动农业全面升级、农村全面进步、农民全面发展，为实现乡村全面振兴和农业农村现代化提供浙江经验、浙江智慧。

一、高质量推进新时代美丽乡村建设，奋力打造"重要窗口"乡村建设新篇章

浙江省在改善农村人居环境建设的工作起步早，成效好，起点高。党的十九大以来，浙江省再接再厉、乘胜前进，开启了新时代美丽乡村建设的新征程。先后出台《浙江省万村景区化五年行动计划（2017—2021年)》《浙江省深化美丽乡村建设行动计划（2016—2020年)》《浙江省美丽河湖建设实施方案（2018—2022年)》《全面实施乡村振兴战略高水平推进农业农村现代化行动计划（2018—2022年)》《浙江省乡村振兴战略规划2018—2022》《浙江省高水平推进农村人居环境提升三年行动方案（2018—2020年)》《新时代美丽乡村建设规范（2019年)》《浙江省深化"千万工程"建设新时代美丽乡村行动计划（2021—2025年)》，以全域美丽乡村大花园建设为目标，持续推进乡村建设升级，通过政府主导、政策驱动、科学规划、分步实施、统筹协调，全面提升农村人居环境和基础设施建设水平，加快实现从局部美到全域美，从一时美到持久美，从外在美到内在美，从环境美到人文美，从形象美到制度美的转型升级，从建设美丽乡村向经营美丽乡村和共享美丽乡村转变。

（一）科学规划引领，构建美丽乡村新格局

在省域层面，迭代升级美丽乡村行动计划，顶层设计谋划打造现代版"富春山居图"，让美丽乡村成为大花园的标志、美丽浙江的底色。全面构建起新时代美丽乡村大花园"五朵金花、百线风景、千颗明珠、万村达标"空间布局，差异化培育海洋风情、生态绿谷、钱江山水、江南水乡、和美金衢等东南西北中"五朵金花"组团。在县市区层面，完善县市区美丽乡村建设规划和精品村、风景线规划，优化乡村建设规划，合理确定县域村庄布局和规模，加强空间布局规划、土地利用规划、基础设施建设等规划之间的衔接，并与"十四五"农业农村现代化规划有效衔接，统筹农业产业、农业园区规划与村庄布局规划。在村庄层面，明确集聚提升村、特色保护村、搬迁撤并村、一般行政村等村庄发展类型，加快"多规合一"实用性村庄规划编制和修编，合理确定村庄公共空间、产业发展空

间、基础设施配套、新建农房区块等布局，严格村庄规划落地。

（二）持续开展美丽乡村体系化创建

持续开展万村景区化、美丽河湖、美丽示范乡镇、美丽村庄和美丽庭院等系列建设。一是实施万村景区化行动。2017 年出台浙江省万村景区化五年行动计划，以全域旅游理念持续深入推动景区村庄建设，完善全省农村地区旅游基础设施和公共服务水平，丰富乡村旅游产品供给，全面推进农村一二三产业融合，推动美丽乡村向美丽经济转型发展。截至 2020 年底，全省已建成 A 级景区村庄 10 083 个，其中 3A 级景区村庄 1 597 个，村庄景区化达到 48.7%，提前一年完成万村景区化五年任务目标。二是建设美丽河湖。浙江省从 2018 年起开展建设美丽河湖行动，规划推进美丽河湖、水美乡镇、治理中小河流、整治农村池塘等建设，并通过创新湖长制河长制、美丽河湖示范县等工作机制保障行动计划有效实施。三是持续打造美丽农业。浙江省于 2016 年起开始打造整洁田园建设美丽农业专项行动，乡村振兴战略实施以来，浙江省持续打造美丽农业，致力于形成基础设施完善、生产环境整洁、产业布局合理的美丽田园。四是持续构建美丽乡村风景线。以沿湖、沿景区、沿产业带、沿山水线、沿人文古迹等为重点，以新时代美丽乡村、精品村、特色村为节点，串点成线、连线成片，打造主题突出、特色鲜明、形象靓丽、可憩可游的风景线，到 2020 年，建成美丽乡村风景线 500 条。五是创建美丽乡村示范乡镇。坚持整乡整镇推进美丽乡村连线成片，努力把盆景变成风景，全域提升农村人居环境水平，"十三五"期间培育出美丽乡村示范乡镇 500 个。同时，从 2016 年 9 月开始实施小城镇综合整治三年行动计划，到 2019 年 1 191 个乡镇和小集镇进行了整治，形成了一大批美丽集镇。六是推进美丽庭院建设。2016 年省妇联会同农业农村部门，在全省开展美丽庭院创建活动，成功打造了一批"洁、齐、绿、美、景、韵"的美丽庭院，到 2020 年，共创建美丽庭院 200 万户。浙江省通过推进示范县、示范乡镇、风景线、精品村、美丽庭院的"五美联创"，已建成美丽乡村示范县 34 个，培育特色精品村 1 500 个，以示范引领推进乡村全域美丽，造就了万千美丽乡村。以美丽生态和人文环境为基础的美丽经济如火如荼，农家乐、民宿、乡村研学、乡村康养等新经济业态蓬勃发展，乡村的生态价值、文化价值、社会价值、经济价值得以挖掘和转化，展示出"绿水青山就是金山银山"的生动实践。

（三）持续深入实施"三大革命"，高水平推进农村人居环境建设

浙江农村人居环境建设起步早，2003 年时任省委书记习近平同志亲自调研、亲自部署、亲自推动了一项开创性农村人居环境建设的"千村示范、万村整治"工程，浙江一张蓝图绘到底，久久为功，农村人居环境发生巨大变化。2018 年 9 月，浙江"千万工程"获联合国"地球卫士奖"。2019 年初中共中央办公厅、国务院办公厅转发了《中央农办、农业农村部、国家发展改革委关于深入学习浙江"千村示范、万村整治"工程经验扎实推进农村人居环境整治工作的报告》，推广学习浙江的经验。乡村振兴战略实施以来，浙江持续深入推进污水、垃圾、厕所"三大革命"的同时，建立起长效管理制度规范机制。一是建立起农村生活污水运行维护管理体系。浙江之前通过实施"五水共治"中污水治理工程，实现全省农村生活污水截污纳管全覆盖，在 2018 年基本完成污水整治工作，村生活污水治理覆盖率达 100%，农村生活污水基本实现应纳尽纳、应集尽集、应治尽治、达标排放。全省各地普遍推行了县级政府为责任主体、乡镇政府为管理主体、村级组织为落实主体、农户为受益主体、第三方专业服务机构为服务主体的"五位一体"长效管护制度。2019 年制定了《浙江省农村生活污水处理设施管理条例》，发布《农村生活污水处理设施运行维护单位基本条件》等 5 个配套文件，并先后组织制定了《农村生活污水治理设施运行维护技术导则》等 17 个标准导则，推进规范化管理和标准化运行。二是在农村垃圾治理方面。浙江省 2018 年发布《浙江省城镇生活垃圾分类管理办法》《农村生活垃圾分类管理规范》，推动农村生活垃圾减量化、资源化、无害化，分类由粗分向精分迈进，处理体系向分类投放、收集、运输、处理体系转变。2019 年底，浙江省农村生活垃圾分类处理建制村覆盖率 76%（2020 年为 85%），农村生活垃圾回收利用率 46.6%，资源化利用率 90.8%，无害化处理率 100%。三是在农村厕所升级方面，2018 年连续出台了《浙江省农村公厕建设改造和管理服务规范》《浙江省农村公厕改造工作实施方案》，让"厕所革命"有法可依、有标准可循。

出台《浙江省旅游厕所建设管理三年行动计划（2018—2020 年）》，推动标准化厕所建设从浙江的景区扩展到全域，从城市扩展到农村。2019 年底全省农村卫生厕所覆盖率 99.87%，无害化卫生户厕覆盖率 99.48%，建有公共厕所的行政村比例达 99.9%。此外，浙江加快人居环境治理数字智慧治理，利用物联网、互联网、数字技术等新手段，突出数据赋能、科技支撑，把数字智慧监管融入到人居环境治理中。开展垃圾分类全链条监管、农民建房风貌全过程管控、污水处理监测以及水域等生态环境全天候监控等智慧治理，推动乡村人居环境治理能力和治理水平的现代化。

（四）加大历史文化乡村建设并探索未来乡村建设

一是加大历史文化村落的保护利用。历史文化村落承载着我国悠久的农耕文化，是弘扬我国优秀传统文化的重要载体，是人文乡村的重要建设内容。早在 2003 年浙江启动"千万工程"时，就把历史文化村落保护利用纳入其中，现全省共有省级以上传统村落 1 042 个，其中国家级传统村落 636 个。乡村振兴战略实施以来，浙江省乡村振兴战略规划和美丽乡村建设行动计划都在持续推动历史文化村落保护。2018 年 5 月出台《浙江省传承发展浙江优秀传统文化行动计划》，明确每年开展 250 个重点村、一般村项目建设，对重点村给予每村 500 万～700 万元补助。同时制订发布《浙江省传统村落技术指南》《浙江省传统村落保护发展规划编制导则》《浙江省传统村落和历史文化名城名镇名村白蚁防治技术导则》等技术标准，有力推动了浙江省历史文化（传统）村落的保护利用。2017—2019 年全省各级投入保护利用资金累计 27.9 亿元。"十四五"期间开展新一轮历史文化（传统）村落调查梳理，把有红色记忆、重要理论发源地、名人故居等村落纳入项目库。二是注重乡村特色风貌、风味的建设保护，"微改造"推动乡村有机更新。近年来浙江明确提出严格规范村庄撤并，不搞大拆大建，要更多采用"微改造"的"绣花"功夫，全力保留村庄原有纹理和浙派风貌，科学植入现代功能，推动乡村生态化有机更新。同时针对前些年部分村庄大拆大建，照搬公园广场、园林草皮、景观灯光等"乡村过度城市化"问题，新时代美丽乡村建设更加注重彰显乡村特质风貌，加强乡村特色、风格、色调引导，强调要重视乡村风貌建设自然乡土的原味。以杭州余杭区为代表，鲜明提出"十不十宜"的管理规定来指导乡村人居环境建设，规定不贪大求洋、不大拆大建、不过度人为造景、不硬化河道、不砍树填塘、不大开大挖、不破坏山体、不污染土壤，要保留山水林田湖草等乡村原有的自然生态环境和浓郁乡土味道。三是创新开展未来村庄建设。浙江省在"十四五"时期正在规划建设一批未来村庄，探索未来乡村建设模式。未来乡村聚焦人本化、生态化、数字化、融合化、共享化，围绕未来邻里、文化、健康、低碳、生产、建筑、交通、智慧、治理、党建"十场景"，集成美丽乡村、数字乡村、富裕乡村、活力乡村、人文乡村、善治乡村的建设内容，建成呈现未来元素、彰显江南韵味的未来村庄。

（五）领先领跑推进数字乡村建设

2019 年国家颁布了《数字乡村发展战略纲要》《数字农业农村发展规划（2019—2025 年)》，对数字乡村进行了战略部署。浙江省数字经济、数字浙江领先领跑全国，数字化改革也成为浙江头号改革工程，数字乡村基础较为良好。浙江省 2020 年出台《浙江省数字乡村建设实施方案》，2021 年发布《浙江省数字乡村建设"十四五"规划》，全面推进数字乡村建设，奋力把浙江数字乡村打造成为农业农村现代化先行的标志性成果。一是加快数字乡村基础设施建设。乡村信息基础设施得到有效提升，加快县城及重点乡镇实现 5G 信号全覆盖，推动乡村水利、公路、电力等生产生活基础设施数字化改造，加快自动感知终端广泛应用。推动建设数字"三农"协同应用平台，农业农村数据资源库不断完善，初步建成天空地全域地理信息图。二是推进乡村产业数字化。实施电子商务进农村工程和"互联网＋"农产品出村进城工程，做大"网上农博"，壮大跨境电商、直播带货等新业态，加强智慧农业关键技术攻关和集成应用，创建数字农业工厂，推进数字技术在畜禽、渔业、田管、农资和农机等行业应用。三是乡村治理数字化转型加快。推进乡村山水林田湖草等资源、农村住房、人居环境等领域数字化管理，建立农村生活垃圾分类、公厕管理智能化、数字化监管系统。农村集体经济三资管理基本实现数字化，"基层治理四平台"系统更加完善，乡村公共服务数字化加快普及，教育、医疗、文化旅游、社会救助等领域数字化广泛向乡村延伸。深化"最多跑一次"改革，实现政务服务掌上办、村里办。根据农业农村部对全国 2019 年县域数字农业农村发展水平首次评价，浙江省德清、乐清、桐乡等 20 个县市区获评先进县，在 100 个先进县市区中占 1/5。

二、高质量构建农业产业、生产、经营三大体系，高水平推进农业现代化先行省建设

农业高质量现代化发展是乡村振兴产业发展的基础。浙江省作为沿海发达地区，一直在探索中国特色农业现代化之路。2004 年习近平同志在浙江明确指出，要"充分发挥浙江省的比较优势，把发展高效生态农业作为效益农业的主攻方向"，并在 2007 年《人民日报》发表署名文章"走高效生态的新型农业现代化道路"。多年来，浙江坚持这一发展道路，也经受了国际国内市场竞争的考验。2018 年中央 1 号文件《中共中央国务院关于实施乡村振兴战略的意见》明确指出，以农业供给侧结构性改革为主线，加快构建现代农业产业体系、生产体系、经营体系，提高农业创新力、竞争力和全要素生产率，加快实现由农业大国向农业强国转变。2018 年中共中央国务院印发《乡村振兴战略规划（2018—2022 年）》，2019 年国务院印发《关于促进乡村产业振兴的指导意见》，2020 年农业农村部印发《全国乡村产业发展规划（2020—2025 年）》，都对农业现代化和发展壮大乡村产业进行了规划部署。在新时期，浙江省以农业现代化先行省建设为目标，坚持以高效生态农业为导向，深入推进农业供给侧结构性改革，2018 年以来先后出台《关于加快推进农业供给侧结构性改革大力发展粮食产业经济的实施意见》《关于加快完善培育支持新型农业经营主体政策体系的实施意见》《关于再创体制机制新优势高水平推进农业绿色发展的实施意见》《关于浙江省农业绿色发展试点先行区三年行动计划（2018—2020 年）的通知》《浙江省供销社关于推进产业农合联建设的指导意见》《关于促进粮油产业稳定发展的意见》《关于推进乡村产业高质量发展的若干意见》等文件，加快构建现代农业产业体系、生产体系、经营体系，推进农业高质量发展。

（一）大力推进农业绿色化、品质化，高质量构建农业产业体系

浙江省坚持"绿水青山就是金山银山"绿色发展新理念，以建设国家

农业可持续发展试验示范区暨农业绿色发展试点先行区为抓手，着力把现代农业建设成为绿色可持续产业，实现生态环境和经济效益的统一。一是推动粮食产业绿色增产增效。大力推广粮经结合、种养结合、粮饲牧结合等新型高效农作方式，大力推广粮食优质品种、绿色增产技术和"千斤粮万元钱"模式。全省年推广粮食作物绿色增产技术500万亩，加快培育以粮食、食用油、饲料加工为重点的千亿级粮食产业经济。二是推动农业主导产业绿色发展。编制全省特色农产品优势区发展规划，推动特色农产品向优势区聚集，建设一批茶叶、食用菌、水产、林特产品等特色农产品优势区，培育千亿级农业全产业链经济。大力推行绿色生产方式，推广多层次、多形式生态循环模式，推动农业废弃物无害化处理、资源化循环利用、规模畜禽养殖场排泄物资源化利用、农作物秸秆综合利用。2020年，全省化肥、农药使用量比2017年均下降2%，农作物秸秆和畜禽粪污综合利用率分别达到95%、90%，农药废弃包装物回收率和处置率分别达到80%、90%，废旧农膜回收处置率达到90%。三是加快绿色农业品牌培育。深入实施农业品牌振兴行动，坚持名品、名企、名牌相结合，加快培育企业品牌、产品品牌和区域公用品牌。加快培育和发展"三品一标"产品，积极开发绿色生态农产品。加强农业品牌营销，积极拓展品牌产品市场，增强品牌辐射带动力。2020年主要食用农产品"三品一标"（无公害农产品、绿色食品、有机农产品和农产品地理标志）率达到55%以上，主要农产品省级监测合格率达到98%以上。全省创建省级以上品牌农产品300个。四是农业农村新业态新经济发展。大力发展休闲观光农业和乡村旅游，加强农村非物质文化遗产和重要农业文化遗产挖掘、保护和传承，促进农业与旅游、教育、文化、养生等产业深度融合，以产业融合化、多功能化来推进农业结构全面优化，提高农业一二三产融合发展和综合效益水平。大力发展农业生产性服务业，加快培育专业化市场化服务组织，培育千亿级农业综合服务经济。推进农产品电子商务平台和农村电商服务站点建设，实施农家小吃振兴三年行动计划。2019年全省乡村休闲农业总产值442.7亿元，接待游客2.5亿人次。农家乐经营户总数2.12万户。依托互联网大省的优势，推动互联网与农业农村的深度渗透融合，农村电子商务迅猛发展。全省农产品网上销售额842.9亿元，累计培育电子商务专业村1720个，电商镇256个，村级电商服务站1.8万个，农村电商走在全国前列，拥有活跃涉农网店 2.2 万家，实现农产品网络零售额 842.9 亿元。

（二）大力培育农业新型经营主体，高质量构建新型农业经营体系

浙江省把大力培育新型农业经营主体和新农人、农创客作为强农的核心任务，实施万家新型农业主体提升工程，优化农业从业者结构，加快建设知识型、技能型、创新型农业经营者队伍，鼓励农业龙头企业、农民合作社、专业化市场化服务组织等加强对小农户的带动，着力构建适度规模化家庭经营、产业化合作经营和公司化企业经营相结合的新型农业经营体系。一是把培育多类型适度规模经营的家庭农场作为培育新型主体的基础性工作。通过大力鼓励专业大户、返乡农民工和大中专农科毕业生创办家庭农场，培训农村实用人才，培育新农人、农创客等新型职业农民，发展多类型适度规模经营的现代家庭农场，使之成为农业家庭经营的主体力量。通过创新整村流转、长期流转以及土地股份合作农场等形式，有效促进了土地规模经营持续增长。到 2019 年底家庭承包耕地流转面积 1 119 万亩，流转率 60.7%。经工商注册登记的家庭农场 46 051 家，全省示范性家庭农场总数 4 099 家，经营土地面积 335.9 万亩。二是创新增强农民合作组织的经营实力和社会化服务能力，提升农业合作化规模经营和服务水平。2019 年全省农民专业合作社总数达 4.3 万家，农民合作社联合社 297 家，农民合作社社员 97 万名。浙江率先在全国探索构建生产、供销、信用"三位一体"新型农民合作服务体系和社会化服务体系建设，浙江所有地级市和大部分县市已建立了农合联组织，构建以合作社联合社和产业协会为载体的农业专业性服务体系与以农合联为载体的通用性服务体系相结合的现代农业服务体系，推进县域"一业一联"，加强产业农合联建设。三是积极推进农业企业化经营和农业产业化合作经营。全省农业产业化经营组织 2.8 万个，带动农户 975.3 万户。2019 年县级以上农业龙头企业 5 979 家，其中国家级农业产业化重点龙头企业 65 家，省级骨干农业龙头企业 494 家（含国家级 65 家）。创建 50 个分工明确、紧密联结、利益共享的农业产业化联合体。同时积极引导从事农产品加工营销的农业龙头企业与农民专业合作社、家庭农场结成股份合作等形式的利益共同体，

构建起共创共享的产业化合作经营的新机制。全省共有农创客 5 073 名，其中，本科及以上学历占 42.7％，80 后占 53.9％，90 后占 29.5％。

（三）大力强化农业生产设施科技平台新支撑，高质量构建新型农业生产体系

一是推动高标准农田保量提质。开展高标准农田和千万亩标准农田质量提升工程，2019 年新建高标准农田 144.8 万亩，累计建成 1 900.4 万亩。严格保护 810 万亩粮食生产功能区，提标改造粮食生产功能区 50 万亩，农田有效灌溉面积 2 161.2 万亩。二是增强农业科技支撑。推进现代种业强省建设，健全种质资源保护机制，完善国家级农作物、畜禽、水产种质资源保护体系，深入实施现代种业提升工程，2019 年主要农作物良种覆盖率达 98％。大力推进农业机械化、设施化、智能化应用，扎实推进农业"机器换人"工程，2019 年新建全国主要农作物全程机械化示范县 16 个、省级农业"机器换人"示范县 26 个，水稻耕种收综合机械化率达 81.1％。三是积极创建国家级、省级现代农业园区和特色农业强镇等平台。全省已经形成了以茶叶、丝绸、黄酒、中药等农业相关经典产业为基础的"产、城、人、文"融合的特色农业小镇和特色农业强镇。2019 年创建一二三产业融合示范园 10 个，国家级、省级现代农业园区、特色农业强镇创建对象分别新增 1 个、11 个、35 个。

三、高质量推进农民富裕富足，走共同富裕之路

共同富裕是人民群众孜孜以求的美好愿景，是社会主义的本质要求，也是中国共产党的初心所在。共同富裕的方向是缩小城乡差距、收入差距、地区差距，解决的关键问题是城乡发展不平衡，农民发展不充分。近年来，浙江省先后出台《中共浙江省委浙江省人民政府关于落实农业农村优先发展总方针推动"三农"高质量发展的若干意见》《关于鼓励和支持农创客发展的意见》《浙江省人民政府办公厅关于实施"两进两回"行动的意见》《关于高质量推进乡村振兴争创农业农村现代化先行省的意见》《高质量创建乡村振兴示范省推进共同富裕示范区建设行动方案（2021—2025 年)》，积极推进农民富裕富足，走共同富裕之路。

（一）促进农民收入持续普遍较快增长

多途径推动工资性收入、经营性收入、财产性收入、转移性收入增长，力争农村居民人均可支配收入五年增长万元以上。通过大力发展农村旅游经济、生态经济、电商经济、文创经济、养生经济等美丽经济业态，发展农产品精深加工、商贸物流、文化旅游等产业，实施高素质农民和农村实用人才培育工程，增加农民创业收入。实施农民高质量就业服务支持，大力开展技能培训、再就业培训工程，确保零就业家庭动态清零，提高工资性收入。完善企业与农民利益联结机制，引导农户自愿以土地经营权、水权等入股企业，盘活农民闲置宅基地、房屋等资产资源，提高财产性收入增长水平。加快推进农村公共服务覆盖面和社会保障水平，增加农民转移性收入。到 2020 年浙江农民收入连续 36 年稳居全国各省区第一，可支配收入达到 31 930 元，城乡收入比为 1.96，连续 8 年缩小。

（二）加快推动保障低收入农户高水平全面小康再到基本同步现代化

2015 年浙江省全面消除家庭年人均收入 4 600 元以下绝对贫困现象，在全国率先打赢脱贫攻坚战。在 2017 年全省低收入农户人均可支配收入达到 11 775 元，圆满完成了低收入农户收入倍增计划的目标任务后，浙江部署了低收入农户高水平全面小康行动计划，出台《关于做好新一轮扶贫结对帮扶工作的通知》（浙委办发〔2018〕63 号）《低收入农户高水平全面小康计划（2018—2022 年）》。低收入农户收入较快增长，年增幅保持在 10％以上，高于当地农村居民收入增长水平。脱贫攻坚的社会保险、社会救助、社会福利等社会保障政策覆盖到所有低收入农户，行业扶贫政策覆盖到所有低收入农户，重点帮扶村发展落后状况得到根本性改变，低收入农户的生活质量明显改善，住房、教育、医疗、社会保障等指标达到全面小康标准。2019 年低收入农户人均可支配收入 12 546 元，低保标准全省平均每月 814 元，真正做到了全面奔小康路上一个不能少，率先实现了高水平全面建成小康社会。在全面建成小康社会后的共同富裕美好社会的进程中，浙江省着力推动低收入农户同步现代化。进一步健全低收入农户兜底保障机制，动态提高最低生活保障标准，同步更新低边、特困标准，实施医疗、教育、住房等专项救助。加快健全动态监测预警响应机制，实现低收入群众救助"一件事"集成服务。实行分层分类帮扶，完善"一户一策一干部"结对帮扶制度，低收入农户人均可支配收入年均增幅达到10%以上。

（三）持续发展壮大集体经济

集体经济是巩固乡村基层政权、实现共同富裕、展现中国特色社会主义制度优越性的重要内容。由于各地农村资源禀赋不同，工业化、城市化进程存在较大差异，村级集体经济发展很不均衡。自20世纪80年代以来一直存在不少经济薄弱村、空壳村。浙江先后多次实施了壮大集体经济行动，2017年出台《中共浙江省委关于实施消除集体经济薄弱村三年行动计划的意见》，通过科学开发资源转化、发展物业经济培育、规范管理增效、发展服务型经济推动、推进政策支持增收、深化结对帮扶助推等手段路径，到2019年已消除村集体经济收入10万元以下、经营性收入5万元以下的薄弱村。之后浙江又启动实施村级集体经济巩固提升三年行动，预计到2022年底，全省集体经济年收入达到20万元以上且经营性收入达到10万元以上的行政村实现基本覆盖，年经营性收入50万元以上的行政村占比达到40%以上。

（四）山海协作推动区域协调发展

为解决浙江区域发展不平衡问题，时任省委书记习近平同志亲自部署推动山海协作工程，旨在走出扶贫开发与区域协调发展、共同富裕的新路子。十多年来，山海协作成效明显，浙西南地区获得了项目、资金和人才，实现了加快发展，沿海地区获得了要素资源和发展空间，实现了加快转型。近年来，浙江省守正创新，山海协作内涵和方式都不断升级，出台《中共浙江省委浙江省人民政府关于深入实施山海协作工程促进区域协调发展的若干意见》，聚力打造"山海协作工程"升级版，推进技术、人才、信息等高端要素和公共服务向山区转移，实现更高质量的区域协调发展。26个加快发展县与其他县市差距持续缩小，形成了山海共同发展的新格局。进入"十四五"新时期，浙江被赋予高质量发展建设共同富裕示范区的新使命，中共中央已出台《中共中央、国务院关于支持浙江高质量发展建设共同富裕示范区的意见》。浙江省正在全面部署推进共同富裕示范区的建设，山区 26 县能否实现跨越式高质量发展、能否取得标志性成果，事关共同富裕示范区建设全局。2021 年浙江省发展改革委、经信厅、科技厅、自然资源厅、商务厅、生态环保厅等多部门已连续出台一系列加快山区 26 县跨越式发展的政策文件，支持 26 县跨越式高质量发展，预期到 2025 年 26 县人均 GDP 占全省比重的 65%，消除区域差距的共同富裕路径已十分清晰。

四、深化农村综合集成改革，高质量推动城乡融合发展

为重塑新型城乡关系，走城乡融合发展之路，2019 年中共中央、国务院出台《关于建立健全城乡融合发展体制机制和政策体系的意见》，旨在解决城乡要素流动不顺畅、公共资源配置不合理等突出问题，建立健全有利于城乡要素合理配置、基本公共服务普惠共享、乡村经济多元化发展和农民收入持续增长的体制机制。浙江省早在 2004 年率先在全国制定了统筹城乡发展一体化纲要，推进统筹城乡发展的一系列综合配套改革，目的是打破城乡二元体制机制的束缚。党的十九大以来，浙江省加快改革和政策的制定，推动城乡要素自由流动、平等交换，加快形成工农互促、城乡互补、全面融合、共同繁荣的新型工农城乡关系，实现高质量发展、高品质生活，建成共同富裕示范区。

（一）高质量推进城乡资源要素大融合

推动城乡资源要素的融合就是要消除体制机制障碍，打通城乡土地、人才、资金、科技等要素流动渠道，构建乡村振兴发展新环境。2019 年浙江省人民政府办公厅《关于实施"两进两回"行动的意见》提出实施科技进乡村行动、资金进乡村行动、青年回农村行动、乡贤回农村行动等四大行动，促进发展要素回流乡村。目标是到 2022 年，科技方面，农业科技的引领和支撑作用显著增强，科技贡献率显著提升；资金方面，形成财政优先保障、金融重点倾斜、社会积极参与的多元投入格局；青年方面，培育青年农创客 1 万名、新农人 1 万名；乡贤方面，吸引 20 万名新时代

乡贤返乡回乡投资兴业、建设家乡。

财政优先投入上，浙江省农业农村现代化"十四五"规划提出调整土地出让收益用于农业农村的比例要达到50%以上。在金融服务上，出台《关于金融服务乡村振兴的指导意见（杭银发〔2018〕72号）》《浙江银行业服务乡村振兴战略行动计划（2018—2022年）》（浙银监办发〔2018〕193号）《关于推进全省农业信贷担保工作的实施意见》《浙江省公益林补偿收益权质押贷款管理办法》，浙江省农信联社《关于实施浙江农信乡村振兴战略金融服务工程（2018—2022年）的意见》，促进金融资源向农村倾斜，引导社会资本投入乡村。积极创新金融产品，鼓励利用集体经营性建设用地使用权、土地经营权、集体林木所有权和使用权、集体资产股权、农民住房财产权等依法开展抵押、质押融资，2020年开展全省农户小额普惠金融贷款。稳步推进政策性农业保险，2018年制定出台《关于加强政策性渔业互助保险工作的意见》（浙政办发〔2018〕61号）等政策，到2019年农业政策性保险险种89个，渔业互助保险险种16个，政策性林木保险面积达4703万亩。健全乡村发展用地保障，出台《关于做好低丘缓坡开发利用　推进生态"坡地村镇"建设的若干意见》（浙政办发〔2018〕64号）《全域土地综合整治与生态修复工程三年行动计划（2018—2020年）》《关于做好城乡建设用地增减挂钩节余指标调剂使用管理工作的通知》（浙土资规〔2018〕11号）等政策。盘活农村存量建设用地资源，全面推进农村低效利用建设用地整治，农村土地综合整治节余指标交易收益全部用于农村发展和乡村振兴。加大农村新增规划建设用地指标保障力度，在规划建设用地指标与年度新增建设用地计划指标中预留一定比例用于乡村新产业新业态发展。推进"坡地村镇"建设，完善设施农用地政策，支持发展设施农业，保障设施农业用地政策需求。

（二）高质量推进城乡基础设施和城乡公共服务大融合

通过城乡一体的基础设施规划、建设、运营管理，推动城乡交通设施、城乡供水供电供气、城乡通信邮电物流等一体化建设，提高乡村基础设施建设运营管理水平，全面提升城乡基础设施一体化水平。大力推进城乡基本公共服务均等化、普惠化、便捷化，优化配置公共教育、医疗卫生、社会保障、文化体育等基本公共服务资源，基本形成农村 30 分钟公共服务圈、20 分钟医疗卫生服务圈。鼓励通过建立城乡教育共同体等方式，促进优质教育资源城乡共享。通过建立县域城乡医疗共同体等方式，促进优质医疗资源城乡共享。建立健全城乡统一的居民基本养老保险、居民基本医疗保险、大病保险和社会救助制度，持续提高保障和救助水平。2020 年农民基本养老保险参保率 98.36%，基本医疗保险户籍人口参保率达到 99%。

（三）高质量推进城乡居民发展大融合

加快实现城乡居民之间双向转化和人的全面发展，加快促进整个社会向人的自由而全面发展的新社会转变。加快农业转移人口市民化，放宽城市落户政策，促进有能力在城镇稳定就业生活的新生代农民工、在城镇就业居住 5 年以上和举家迁徙的农业转移人口在城市落户。全面放开中小城市和建制镇落户限制。加快推进"三权"到人（户）、权跟人（户）走，维护进城落户农民土地承包权、宅基地使用权、集体收益权，不得以退出"三权"作为农民进城落户的条件，探索建立进城落户农民集体经济组织成员备案制度。提高未在城镇落户转移农民公共服务保障水平。建成以居住证为载体、与居住年限等条件相挂钩的基本公共服务提供机制。逐步将居住证持有人纳入城镇住房保障体系，推进公办学校普遍向随迁子女开放。

（四）创新实施新时代乡村集成改革

浙江省是改革开放的先行地，21 世纪初在习近平同志主持制定的城乡一体化改革方略指导下，持续深入开展户籍制度、农村产权制度、医疗养老社会保障制度、城乡低保标准一体化等城乡综合配套改革，现已形成了城乡融合发展的良好基础。2015 年，浙江省政府出台《关于进一步推进户籍制度改革的实施意见》，全面放开县（市）落户限制，取消农业户口与非农业户口性质区分。2014 年底，浙江省 11 个设区市都已制定出台全市统一的城乡居民基本医疗保险制度。2018 年率先实现全省城乡低保标准一体化，城乡人均月低保标准已达到 771 元。近年来，持续深化各类单项改革，不断深化土地制度改革和农村集体产权制度改革，完善承包地

"三权分置"制度，大胆探索农村宅基地"三权分置"改革，探索农村集体经营性建设用地入市制度；深化"三位一体"改革，以一体化、组织化、数字化、现代化为统领，深化供销社综合改革，积极建设"三位一体"改革示范省。

同时，创新开展新时代乡村集成改革。2020 年 12 月，浙江省委、省政府印发《关于开展新时代乡村集成改革的实施意见》，部署新时代乡村集成改革，"十四五"期间，围绕现代农业、农村经济、人居环境、乡村治理、农民发展、综合配套服务等农业农村重点领域，每年确定 11 个以上县（市、区）作为省级新时代乡村集成改革试点，分批推进；条件成熟的地方，整市域推进集成改革试点。通过乡村集成改革，形成区域改革的联动效应、整体效应、组合效应和示范效应。

五、浙江高质量推进乡村振兴的经验启示

浙江干在实处、走在前列，以弄潮儿姿态谱写出了浙江农业全面向强、农村全域向美、农民全体向富、城乡融合发展的崭新篇章，为全面实施乡村振兴提供了重要的经验启示。

（一）乡村振兴战略实施要坚持以习近平"三农"工作重要论述为根本遵循

浙江今日乡村振兴成就非一日之功，是"忠实践行八八战略、奋力打造重要窗口"的结果，在一定程度上也是 21 世纪初开始的先行先试乡村建设和乡村改革的结果。习近平同志在浙江工作期间，从根本上对解决城乡二元体制和"三农"问题进行了深入思考和实践探索，作出了一系列关于浙江"三农"工作的重要论述，亲自主持制定了《浙江省统筹城乡发展推进城乡一体化纲要》等重要文件，亲自部署推进改善农村人居环境"千万工程"，推动了浙江"三农"工作走在全国前列。浙江从那时开始，开创了从"千万工程"到"新时代美丽乡村"建设的现代农村发展之路，走出了从"效益农业"到"高效生态农业"为特征的现代农业发展之路，开辟了生态文明新时代"绿水青山就是金山银山"的"两山"发展之路，形成了从城乡统筹发展到城乡融合发展之路。浙江已成为全国农业现代

化进程最快、乡村经济发展最活、乡村环境最美、农民生活最优、城乡融合度最高、区域协调发展最好、乡村治理最善治的省份之一。浙江乡村振兴的成就证明了习近平总书记"三农"重要论述的实践伟力。在"十四五"全面推进乡村振兴的新时期，要认真学习、深刻领会把握习近平总书记关于"三农"工作重要论述的丰富内涵、核心要义和精神实质，加快推进农业高质高效、乡村宜居宜业、农民富裕富足、城乡融合发展。

（二）坚持以人的发展为中心，实施城乡融合改革发展方略

乡村振兴的核心是人的发展，必须看到农民是中国最大的发展群体，没有农民的现代化就没有中国的现代化，也不可能实现共同富裕美好社会。习近平同志在浙江任省委书记时就强调要"以人为本谋三农"，要明确三农问题的核心是农民问题，农民问题的核心是增进利益和保障权益问题。"发展出题目，改革做文章"，农村改革就是乡村发展的动力源，新发展阶段要通过深化农业农村改革来解放农民、赋权农民、转化农民、提升农民、发展农民、富裕农民，回应广大农民群众对美好生活的向往。新发展时期我国城乡二元经济社会结构仍是制约城乡融合发展的根本性体制机制障碍，仍然是农村改革的着力点和主攻方向。浙江农村改革和发展方略清晰，习近平同志在 2005 年《人民日报》署名文章中明确指出，"统筹城乡兴'三农'，这是从根本上解决'三农'问题必须长期坚持的发展方略。"浙江坚持以推进城乡综合配套改革为主线不动摇，不断推动城乡户籍制度、土地制度、产权制度、公共服务制度、社会治理制度等一系列改革，提升农村教育、医疗、养老、社会福利等社会事业的发展水平，不断消除城乡差距、收入差距、区域差距，不断提升广大农民群众的获得感、幸福感、安全感。

（三）坚持上下联动和改革创新精神相结合

在乡村振兴实施中，浙江坚持上下联动，积极发挥创新精神。在贯彻落实中央对乡村振兴战略顶层设计、总体一盘棋的前提下，立足浙江乡村振兴基础良好的条件，以高质量高水平乡村振兴目标为牵引，顶层设计浙江省实施乡村振兴战略规划，以万家新型农业主体提升、万个景区村庄创

建、万家文化礼堂引领、万村善治示范、万元农民收入新增的"五万工程"为主抓手，全面实施乡村振兴战略五大行动，并部署推动县市区开展全面推进乡村振兴高水平实现农业农村现代化行动，实行上下联动，高质量推进乡村振兴，争创农业农村现代化先行省。同时，既坚持一张蓝图绘到底，又不因循守旧，持续迭代升级。无论是乡村建设，还是高效生态农业现代化推进以及城乡融合化的改革，都是在继承发扬改革发展逻辑的基础上不断推陈出新、与时俱进。在深化农村人居环境"千万工程"建设工程中，浙江省先后开展美丽乡村建设行动、深化美丽乡村建设行动、新时代美丽乡村建设行动，不断推陈出新，引领农村人居环境建设的持续高质量发展。同时，积极尊重基层实践创新精神和基层干部的创造力和智慧，上下联动，把基层乡村振兴创新实践提升为全省性经验加以推广实施，创造了诸如"德治自治法治三治结合""宅基地三权分置""村务监督委员会""村民说事""小微权利清单""河长制""数字乡村一张图""道德银行""坡地村镇"等许多在全国领先的"三农"发展基层经验，也形成了一批具有浙江辨识度的乡村振兴模式。

（四）坚持新型城镇化与乡村建设"双轮"驱动互促共进

城市与乡村是相互独立又相互依赖的两大系统、两大生存发展空间，也是一对共生共荣的社会有机体。新中国成立后很长一段时间实行以牺牲农业农村农民的利益来支持工业化城市化的发展战略，这种城乡割裂式的发展方式反倒阻碍了我国工业化城市化的深入推进。近二十多年来，浙江坚持城乡互促共进，城乡双轮驱动的发展脉络非常清晰。一方面，率先以"千万工程"为农村综合性改革龙头工程推进新农村建设，大力实施改水、改厕、改路等工程，来弥补乡村人居环境脏乱差、基础设施建设薄弱等乡村建设短板。之后深入实施美丽乡村建设，推动"美丽城镇""美丽村庄""美丽廊道""美丽田园""美丽河湖"联动建设，串珠成线、连线成片，实现全域美丽新乡村。乡村生态文化经济社会等价值得以进一步实现，农家乐、民宿、乡村旅游等新产业新业态蓬勃发展，乡村进入了"城市让生活更美好，乡村让人们更向往"的新境界。另一方面，持续推进城镇化建设。顺应城市化发展趋势，深化新型城镇化改革，开展杭州、宁波、温州、金义四大都市区建设，不断提高城市能级；以县域城镇化为重心，实施农业转移人口就地就近城镇化；开展小城镇环境综合整治，建设"美丽城镇"。在全国率先提出并积极推动以产业集聚发展、融合发展为目标的特色小镇建设。城镇化发展加快了乡村公共服务设施供给和集聚，推动了水、电、气、管、路、公共交通、垃圾污水处理等基础设施城乡一体化，加快了农业转移人口市民化的进程。浙江人口产业要素不断向城镇集聚，城镇化率不断提高，常住人口城镇化率 2019 年达到了 70%，高于全国 10 个百分点。正是浙江坚持"新型城镇化和乡村建设"两轮驱动、协调发展，乡村建设和城镇化相得益彰。这一双轮驱动战略推动浙江城乡收入差距持续缩小、城乡面貌日新月异、城乡融合进程加快，有效促进工农互促、城乡互补、协调发展、共同繁荣的新型城乡关系的形成。

（五）坚持体系化推进乡村振兴战略的实施机制

坚持以系统思维，建立起乡村振兴的目标体系、组织体系、政策体系、评价体系，形成推动乡村振兴工作闭环系统。一是顶层设计规划目标蓝图。制定《全面实施乡村振兴战略　高水平实现农业农村现代化行动计划（2018—2022 年)》《浙江省乡村振兴战略规划（2018—2022 年)》《共同建设乡村振兴示范省合作框架协议（2018—2022 年)》三个纲领性文件，明确了全面乡村振兴、农民共同富裕和农业农村现代化高水平实现的总目标，设定三步走实施步骤。11 个设区市和 90 个县市区都制定规划或实施方案。二是高站位构建乡村振兴领导组织体系。建立健全"省负责总责、市县抓落实、乡村组织实施"的领导组织体系。自上而下建立乡村振兴组织架构，在 2018 年成立由省委书记、省长任双组长，省委副书记、分管省长任副组长，54 个省直单位主要负责人为成员的省乡村振兴领导小组，同步建立领导小组议事规则、年度工作报告制度、实绩考核办法等机制。全省 11 个市 90 个县（市、区）均成立了由党委副书记（县级由县委书记）任组长，政府分管领导为副组长，相关部门主要负责人为成员的党委政府农业和农村工作领导小组。三是制定了相对完整的政策支撑体系。浙江省委省政府以及相关职能部门制定了涉及产业振兴、生态振兴、人才振兴、文化振兴、组织振兴以及综合性政策 80 多个，设区市、县市区、乡镇也分别制定了相关政策。四是制定科学绩效评价激励体系。制定《2018 年市县乡村振兴实绩考核评分细则》和《2018 年省领导小组成员单位乡村振兴实绩考核评分细则》等浙江省实施乡村振兴战略实际考核暂行办法，明确年度市县和省成员单位重点工作任务清单，对年度实施乡村振兴战略成效明显的县市区予以激励。

我国"十四五"时期已开启全面建设社会主义现代化国家的新征程，"三农"工作的重心也要从脱贫攻坚转移到全面推进乡村振兴。浙江省是部省共建乡村振兴示范省，高质量发展建设共同富裕示范区，加快建设农业农村现代化先行省，浙江高质量推进乡村振兴的经验对全国全面推进乡村振兴、加快农业农村现代化，有着重要的启迪意义。

【作者简介】 潘伟光，浙江农林大学浙江省乡村振兴研究院执行院长、经济管理学院教授，博士生导师，长期致力于农业现代化与农村经济发展、农产品国际贸易领域的研究；王炳钰、李金果、徐敏群、丁嘉达，浙江农林大学浙江省乡村振兴研究院研究人员。

专题11　乡村振兴的国际经验及启示

于乐荣　武　晋

　　乡村振兴实质是农业农村现代化，乡村振兴战略是推动实现农业农村现代化进而实现社会主义现代化的重大战略。从现代化视角梳理主要发达国家在现代化进程中处理工业和农业、城市和乡村关系问题的经验对我国全面实施乡村振兴战略具有借鉴意义。主要发达国家（英国、美国、德国、日本、韩国）已经完成结构转型，工业化、城市化水平很高，农村人口和农业就业人员的比重都很小，专业农户的收入与周边城市中等收入水平相当。同时，农业生产力高度发达，农业增加值绝对水平上升，农业产值在GDP中的比重大幅降低。相比较而言，中国仍处在转型过程中，与发达国家仍存在较大的差距。因此，从现代化进程看，任何超越目前发展阶段而实施的政策措施都是超前的、不切实际的，唯有立足国情，顺应发展阶段的基本规律，稳妥有序地推进乡村振兴才是适合中国的乡村振兴之路。首先，正视中国目前的发展阶段，持续推进城市化。其次，以科技创新为动力，持续推动农业产业化和农村现代化。再次，着眼于缩小城乡差距，实现基本公共服务均等化。最后，注重激发村民积极性，以社区为基础实施乡村振兴。

　　乡村振兴实质是农业农村现代化，乡村振兴战略是推动实现农业农村现代化进而实现社会主义现代化的重大战略。从已经实现现代化的发达国家的经验看，工业和农业以及城市和乡村的关系问题是现代化进程中不容

忽视的关键问题，也就是结构转型问题。发达国家普遍完成了结构转型并处于向现代化高级阶段迈进的阶段，而发展中国家在现代化进程中往往存在未完成转型或者转型中结构失衡等问题。对于中国而言，经济与社会、城市与乡村的二元结构仍然突出，特别是农业和农村现代化尚未完成，这成为制约社会主义现代化目标实现的突出短板，也是党和国家做出乡村振兴战略决策的主要考量。因此，本文将从现代化视角梳理发达国家实现农业农村现代化的主要路径和政策，以形成对乡村振兴国际经验的基本认识。

从世界范围内看，现代化几乎是不可逆转的潮流，沿循从中心向外围推进的方式将世界各国各民族卷入其中，大家都以不同的速度和不同的方式突破原来的农业社会形态，向工业社会形态转变，或者以某种适应性的变化来顺应现代化的潮流。作为世界性的历史进程，现代化是指从一个以农业为基础的人均收入很低的社会，走向着重利用科学和技术的都市化和工业化社会的这样一种巨大转变，亦即从传统的农业社会向现代化工业社会转变的历史过程。更广义的现代化概念还包括由这种社会生产力大发展而导致社会生产方式大变革所引起的社会组织和社会行为的深刻变化。现代化既发生在先进国家的社会变迁中，比如以英国、美国为代表的先进国家，同时也存在于后进国家追赶先进水平的过程中，比如以东亚的日本和韩国为代表。英国是典型的在掠夺农业基础上发展工业化的国家，但工业化也带动了农业农村现代化，也就是经济结构转型带动了农村结构转型，并最终实现城乡一体化。与英国不同，美国是在高效率商品农业基础上发展工业化的。美国的农业现代化完成得最早，这是美国能够在20世纪初经济实力一跃超过英国的重要原因之一。德国的城乡等值化发展经验值得借鉴。作为追赶型的后发国家，东亚的日本和韩国则反映了以小规模农业为基础的国家实现农村转型的过程。当然，无论是先进国家还是后进国家，其在转型过程中不可避免会出现各种各样的问题，比如城乡结构失衡、乡村贫困、乡村空心化和老龄化等乡村衰落问题。为有效应对这些问题，发达国家普遍采取了一系列政策措施促进乡村发展，特别是着眼于缩小城乡差距，从城乡发展等值化角度推进乡村可持续发展。因此，本文还将聚焦发达国家在结构转型中如何应对乡村衰落的问题，特别是在政策路径上如何进行调整，从而为我国振兴乡村提供借鉴和启示。

一、世界主要发达国家振兴乡村的路径及政策

（一）英国

作为最早实现农业转型乡村一体化的国家，英国所呈现出的农业与农村发展历程和脉络是复杂且曲折的，可供参考的相关发展经验也较为丰富和系统。本报告重点选取英国农业农村发展史上具有显著代表性特点的两个阶段：18—19 世纪的农业革命和 20 世纪以来的城乡融合政策阶段，回顾这两个阶段英国的农业与农村转型发展历史，并重点梳理期间所面临的乡村发展问题和应对政策。

发生在 18 世纪的农业革命对英国农业现代化和结构转型产生重大影响。18 世纪中期，英国农业革命在全国范围展开，其主要内容为农业技术变革，依靠开发和普及先进农业生产技术，在现有土地资源规模不扩大的情况下实现作物产量的大幅度增长。英国积极引入粮饲作物轮作技术，以小麦—萝卜—大麦或燕麦—三叶草为代表的轮作技术在当时被广泛推广，农业机械、土壤和品种改良等农业技术也被大规模推广。这些农业技术改革的推广应用，使得英国农业产出的增加不再单纯依靠开垦荒地、增加耕种面积这一低效方式，英国耕地利用效率得到大大增加。在作物轮作技术的基础上，种植与养殖开始出现有机结合，循环农业得到发展并进一步促进农业产出增加。此外，建立排水系统改造黏土地区土壤水盐环境为英国农业革命提供了先进的农业基础设施。据统计，1846—1870 年的管道排水工程总投资达到 2 400 万英镑，其中政府部门投入 400 万英镑，私营公司投资 800 万英镑，其他部分由农场主自己承担。

随着农业技术的进步，与技术改进相适应的制度变迁也悄然发生。18 世纪中期，英国开始在农业内部推行新的经济和社会制度。具体内容包括：①土地产权改革，通过圈地运动将大部分属于公共产权的土地改为私有财产，将小型农场合并为大型农场；②大力发展交通工具，扩建农产品交易市场，完善市场信息系统；③明确界定地主—佃农—农业劳动力三方的责任关系，保证了土地使用权的长期稳定；④城乡居民之间的自由流动，尤其是具有土地的乡村士绅可以自由进入城市的商务社区，确保了资金和商务观念可以进入农业和农村，大大提高了农业土地资源管理效率；

⑤通过制度化的方式来传播农业科技知识。1838 年，英国成立"英格兰皇家农业社会"（Royal Agricultural Society of England，RASE），通过定期举办展览及演出的形式推广农业科学技术，其座右铭是"以科学指导实践"（Practice with Science），这种方式一直持续到 2009 年。此外，该协会还致力于向农业生产实践者传递农业科技知识。

英国农业革命的成功直接推动农业现代化以及乡村转型的发生。在 1700 年，农业为英国的主要产业，对 GDP 的贡献率达到 43%，75% 以上的英国人口的生计都直接或间接地依赖农业。而到 1880 年，农业对 GDP 的贡献率只有 10% 左右，城市人口已占大多数。期间，16 世纪开始的"圈地运动"迫使农民离开土地，到城市或村庄周边的工厂做工。18 世纪 60 年代，英国开始工业革命，纺织、冶金、煤炭等工业纷纷发展起来，大量农村人口转移到城市。19 世纪初，英国农业就业人口占全社会就业人口的 35%，到 19 世纪末降低到 10% 以下。

20 世纪以来英国进入到城乡融合发展阶段，英国政府出台一系列乡村发展政策推进乡村转型。英国是世界上最早推行城乡一体化的国家。早在乡村建设初期，英国政府就认识到城乡融合的重要性，并在相关的规划中将乡村建设与城市发展相互联结。1932 年，英国政府颁布了第一部《城乡规划法》，提出遏制城市向乡村扩张，保护林地和农业用地，并对乡村地区具有历史意义的建筑进行保护。20 世纪 40 年代末以后相当长的一段时间内，英国的城镇发展政策是通过新城（卫星城）建设疏解大城市增长，通过"绿化带"政策控制城市的蔓延，同时以此政策强化对农业耕地和粮食生产的保护。20 世纪 60 年代，英国乡村旅游发展趋于完善，乡村田园景区兼具休闲度假和旅游功能。20 世纪 70—80 年代，英国将农村发展政策聚焦于乡村田园景观的保护，重视乡村人文景观的维护与修缮。20 世纪末期，英国出现了城市人口向乡村迁移的新现象，这种"逆城市化"现象一方面带来了资本和城市精英的回流；另一方面，也对乡村社区生活产生了很大的影响，比如乡村优美、宁静的环境遭到了威胁。为此，英国农村发展政策主要聚焦于如何缓解大众休闲娱乐活动需求与乡村自然景色保护之间的矛盾，同时开始重视并加大对自然景观地区保护的力度。20 世纪 80 年代后，乡村的"生产主义"功能开始向多功能转变。此时，农业发展政策是力图提升农业和林业竞争力；农村发展政策则是以保护乡村环境为主，同时扶持乡镇企业发展，创建有活力的农村社区；全面统筹涉农政策，维护农业、农村及农民的利益。除此之外，还在乡村小城镇建设公租房、发展基础设施、提供公共服务等方面给予较为宽松的自主决策权，赋予了英国小城镇和乡村更大的发展空间。

整体上看，英国乡村发展的经验在于依据不同发展阶段适时调整其农村发展政策，以乡村规划为切入点，引入长期规划和土地发展权管控，重视发挥地方基层政府作用，在欧盟共同农业政策框架下，实施"自下而上"的综合农村发展政策，促进农村地区多样化发展（表1）。

表 1　英国振兴乡村的政策经验汇总

时期	乡村发展面临的主要问题	政策目标	关键政策和举措
（1）20 世纪30—60 年代	（1）城市蔓延，村镇人口过剩，居住环境恶化	（1）控制乡村无序开发，保护乡村人文和自然景观	（1）《城乡规划法》（1932，1947，1968 年），空间规划上促进城乡融合；科学规划并加强村镇建设
（2）20 世纪60—70 年代	（2）乡村旅游发展，"逆城市化"风一度盛行	（2）缓解大众休闲娱乐需求与乡村自然景色保护之间的矛盾	（2）聚焦于乡村田园景观的保护，重视乡村人文景观的维护与修缮
（3）20 世纪80 年代	（3）乡村人口构成多样化，乡村多功能性体现	（3）注重地方需求，强调社区建设	（3）综合的乡村发展政策，创建有活力的社区
（4）20 世纪末期	（4）城市人口向乡村迁移的新现象	（4）基本实现城乡一体化	（4）综合的乡村发展政策，创造更好的外部环境。发展环境友好型农业、有机农业、"地方食品运动"

资料来源：作者整理。

（二）美国

美国应该算是农业现代化最成功的国家之一。美国独立战争结束时，95％的人口从事农业活动，到 19 世纪中期，非农业人口占美国总人口的人数还不到 20％。美国农业的转型应该是从美国内战结束后才开始的，出现了经济快速增长和农村人口快速减少的状况。到 19 世纪末，美国已经具备了农业商业化发展的制度基础和比较先进的基础设施。到 20 世纪初期，美国农业基本完成现代化转型，农业生产率持续增长，农民家庭收入不断增加，城市消费者的食品价格也相对低下与稳定。美国农民的数量不到总人口的 1％，但依靠规模化与机械化，美国不仅保障了全国粮食供给，而且农产品在国际市场长期保持着强劲的市场竞争力。

美国乡村发展政策经历了长期持续的演变过程，在不同时期，美国联邦政府根据城乡现实特征适时调整农业农村政策，使之能够顺应时代发展需要。20 世纪 30 年代大萧条时期，农场支持和农产品支持政策是农业政策的重点，在 1936 年《农村电气化法》出台以后，国会开始关注乡村发展。随着工业化、城市化进程不断加快，农业人口急剧向非农部门转移，城乡结构失衡、乡村经济停滞等问题随之凸显。到 20 世纪 70 年代，如何振兴乡村经济的议题得到国会重视，农村政策的法制化进程由此开启。美国政府先后采取了完善立法、构建乡村发展政策管理机制等措施，形成了针对乡村基础设施建设、就业、环境保护等多方面、多层次的政策框架，有效解决了城乡发展不平衡的问题。

美国对乡村发展的支持遵循着从改善乡村基础设施、解决乡村贫困问题再到培育乡村自我发展能力的实施路径。从美国的实践经验看，联邦政府前期投入大量财政资金用于解决水、电、路等公共基础设施；中期开始关注贫困问题，通过引入新兴产业、提供技术援助等多种手段提高居民收入水平，缓解城乡收入差距；后期更多关注教育培训、就业、生态环境保护等领域，着重培育乡村的自我发展能力。

经过 80 多年的发展，美国的乡村发展政策已经形成以联邦政府为主导，公众、区域性组织和地方政府相互配合的框架体系，政策内容逐渐从单一的农产品支持政策向环境保护、就业、竞争力培育等多方位的全面发展政策转变（表2）。

表2　美国振兴乡村的政策经验汇总

时期	乡村发展面临的主要问题	政策目标	关键政策和举措
（1）1936—1971年	（1）经济大萧条，农业过剩，农民收入低下	（1）解决乡村电力短缺问题；帮助低收入的乡村居民，解决乡村贫困	（1）《农村电气化法》（1936年），为农村合作社提供低息贷款，建设农村电气化设施，扩大政府对乡村的财政支出
（2）1972—1989年	（2）农村社会快速向非农社会结构转变，农村人口老龄化、经济落后的问题突出	（2）乡村发展的目标由保障农村人口的最低生活水平向着为农村人口提供新的和高收入的就业机会，创造良好社区环境转变	（2）《农村发展法》（1972年），对乡村基础设施建设、信贷、供水、公共住房、教育培训、商业发展、环境保护等方面落实具体项目和资金
（3）1990年至今	（3）全球化以及政府财政赤字带来的挑战，小农场主面临被边缘化的风险	（3）通盘考虑乡村发展，刺激乡村经济增长	（3）弱化联邦政府管理角色；提高对乡村地区的支持力度；发展合作伙伴关系

资料来源：作者整理。

（三）德国

德国城市化起步较早，在其城市化的不同发展阶段，乡村地区面临的问题和挑战有较大差异，采取的应对措施也在不断调整完善。在城市化率30%～50%的发展阶段，主要是通过建立移民委员会，建设农村居民生活点，增加中小农户的数量；通过发起"家乡保护"运动，保护乡村自然景观。在城市化率50%～70%的发展阶段，德国经历了两次世界大战带来的危机，一战后促进乡村地区发展的重要举措是开展移民垦殖和定居点建设、以安置战败后因割让领土而失去家园的难民，二战后促进乡村地区发展的重要举措是通过项目建设以创造就业机会、通过一揽子的农业支持政策以增加农民收入。在城市化率接近和超过 70% 以后，应对乡村衰落的做法更加全面系统，主要做法是，以产业的"逆城市化"增加乡村就业机会，以"等值化"理念指导的"村庄更新"改善乡村人居环境、提升乡村生活品质，以欧盟"引领项目"（LEADER 项目）促进乡村地区综合发展，以创新发展推动乡村"再振兴"。

经过多年努力，德国村庄更新取得明显成效，村庄的特色文化、独特风貌等得以保留，居民的自我认知感和归属感大幅增强；村庄房屋、道路、教育、卫生等基础设施和公共服务明显改善，村民生活水平不断提升；村庄居民收入持续增加，城乡经济发展差异大幅缩小。据统计，目前德国共有 2 630 万人口居住在乡村，约占总人口的 32%；1 200 万个就业岗位分布在乡村地区，占总就业岗位的 28%。有些地区，如巴伐利亚州，城市和乡村的 GDP 已基本相当。德国乡村因自然环境优美、基础设施完备、产业结构完善，日益成为居民优先选择的居住地点。

德国的经验表明，均衡的城市化和生产力布局更有利于城乡互动、促进乡村地区发展，土地整治是促进乡村振兴的重要平台和切入点，不同发展阶段乡村衰落的内在逻辑不同，促进乡村振兴的策略也必须相应调整，促进乡村振兴有必要营造社会氛围、聚集人气（表3）。

表 3　德国振兴乡村的政策经验汇总

时期	乡村发展面临的主要问题	政策目标	关键政策和举措
（1）19 世纪中叶—19 世纪末	（1）农村人口大量流入城市，大片土地荒废，乡村景观和生态环境遭受工业化城市化破坏	（1）增加中小农户数量，保护乡村自然景观	（1）建设农村居民生活点，安置难民，增加中小农户数量

（续）

时期	乡村发展面临的主要问题	政策目标	关键政策和举措
（2）20 世纪初—60 年代	（2）人口和劳动力就业向城市集中，乡村空心化严重，村庄衰落趋势明显	（2）创造就业机会促进乡村发展	（2）项目建设增加乡村就业，农业支持政策增加农民收入
（3）20 世纪60 年代以后	（3）无计划的"返乡运动"，导致乡村无序发展	（3）乡村地区综合发展	（3）以产业的"逆城市化"增加乡村就业机会；以"村庄更新"提升乡村生活品质；以欧盟"LEADER"项目促进乡村综合发展
（4）2000 年以后	（4）人口老龄化以及乡村公共服务规模不经济，乡村人口衰减、经济活力下降	（4）乡村"再振兴"	（4）支持农村创新发展

资料来源：作者整理。

（四）日本

日本是第一个实现工业化的非西方国家，也是后发追赶型现代化国家的代表。日本的农业转型开始于明治维新时期的西化政策，但直到 1952 年，日本的人均 GDP 只有 188 美元，跟很多发展中国家一样贫穷。但与其他国家不同的是，在其经济还非常落后的时期，日本就注重对农业的基础设施进行投资，不断完善相关的法律和制度，通过义务教育和职业教育培养了高素质又具备职业技能的农业从业人员。20 世纪 80 年代中期，日本的农业对 GDP 的贡献率低于 8%，从事农业的人口占总人口的数量也只有 10% 左右。在不到 100 年的时间里，日本农业实现了由分散的小农经营走向适度规模经营的农业现代化转型，其经验值得我们关注。

二战后最初的十年，日本工业高速发展，而农业人口的平均收入不及城市居民的 3/4，农业人口的贫困问题成为当时最主要的社会问题。为此，日本于 1961 年出台了《农业基本法》及其他一系列政策，开始了一直持续至今的对农业的反哺。20 世纪 60 年代是日本农村发展的黄金时期，农民的生活和消费水平于 70 年代中期大踏步追上甚至超越了城市居民，农业也同步基本实现了现代化。日本农业机械化率和良种水平都处于世界前列，农产品的质量安全监管和追溯体系十分严格和完善，农户收入、农村基础设施和公共服务水平城乡差异不大。

日本农业生产土地规模小，为此大力提高单位面积农业产出率、发展优质农产品成为发展目标，日本的优良品种、植物工厂等技术水平走在世界前列。经营管理上，依靠农协组织提供的技术推广、生产设计、集中采购和销售，协调并支持各地农业生产。依靠农协覆盖全国的银行网络系统，政府将投入到农业部门的贷款资金和利息补贴资金向下传递，农协以各类优惠条件向农民发放贷款。在发展方式上，发展精致农业、品牌农业，20 世纪 90 年代开始的"六次产业"发展理念推动了农业生产向第二、三产业延伸，通过挖掘农业多种功能，切实提高农业附加值。此外，日本政府还大力支持本土农产品，通过实施高强度的农业贸易保护政策，保护国内农产品市场。但是日本农业的贸易管制、价格支持等政策措施导致日本国内财政负担过大，也在一定程度上限制了农业的发展。与农业发达国家相比，日本农业没有规模优势和成本优势，而与发展中国家相比，日本农业没有人力成本优势，过高的原料价格影响着日本食品企业，而农业保护政策也影响着日本的工业出口和贸易投资等。

乡村建设上，1979 年开始提倡实施的"一村一品"造村运动，将农村中与农业相关的经济发展与人才发展作为重点，实现了农业农村发展的融合。日本的非农就业与农业就业收入比为 1.1，低于其他发达国家，日本实现了城乡一体化。近年来，尽管日本政府做了多种措施，日本的农村地区人口仍呈减少和过疏化的趋势，为此很多乡村开始实施"空房库存计划"，通过获得免费住房的政策吸引劳动力，这一方面是日本社会老龄化的直接后果，另一方面也是乡村发展吸引力弱于城市的普遍现象的反映（表 4）。

表 4　日本振兴乡村的政策经验汇总

时期	乡村发展面临的主要问题	政策目标	关键政策和举措
20 世纪 90 年代	农户经营活力下降，农业生产后继乏力，农村人口外流和老龄化加剧	以立法为核心，在农业产业发展、乡村振兴和环境治理方面开展一系列改革	出台《食品、农业、农村基本法》(1999)、《过疏地区自立促进法》(2000)、《六次产业化法》(2011)，主要包括围绕农业的多功能性、建设"生活优先"且有地域文化的城乡一体化居住环境；吸引劳动力回流，促进一产与二三产业融合发展

资料来源：作者整理。

（五）韩国

韩国是二战后发展最快的经济体，连续 30 年经济增长率维持在 9%～10%的水平。1962 年人均收入不到 100 美元，到 2009 年，韩国的人均国民收入就已经达到 19 830 美元，步入发达国家行列。应该说，韩国是现代化转型最快的国家之一。宏观经济稳定、高储蓄率和高投资率、出口导向、注重人力资源投资以及友好的私人投资环境是韩国实现快速发展的成功策略。最重要的是，政府主导应该是韩国及东亚发展的一大经验。在经济高速增长的同时，韩国的广袤农村也发生了变化，其中最为瞩目的便是农村地区实行新村运动，乡村振兴有了实质化进展。

韩国国内战争后的 20 世纪 50—60 年代，韩国开展了农地改革，政府把非农者或非自营者的土地、自耕或自营面积超过 3 公顷以上的土地收买后，再通过补偿的方式有偿卖给无地或少地的农民，这一政策确立了韩国的小农经济体制。此时韩国工业蓬勃发展，农业、农村为工业的发展提供了大量人力物力资源，农村人口向城市集中，而同时韩国一方面接受美国的粮食援助，另一方面政府的粮食收购价很低，经营不足 1 公顷耕地的农户占 67%，年均收入不到城市居民的 50%，农村基础设施差，农村人口大量流入城市，农村空壳化现象严重。20 世纪 60 年代中期，仍有 60%～

70％的人生活在贫困中，且主要为农村贫困人口。

为推进农村的发展建设，20 世纪 70 年代韩国实施了"新村运动"，标志着韩国工业反哺农业的开端。韩国"新村运动"初期，政府工作重点就以改善农村道路、水利灌溉、房屋改造、公共浴池和饮用水设施、厕所等生产、生活性基础设施作为突破口，到 20 世纪 70 年代末，所有农民都住进了砖瓦房。与此同时，韩国政府于 1967 年颁布了《农业基本法》，实施了一系列农业保护政策，如限制国外农产品的进口，加大农业基础设施建设投资，推进机械化、推广农业良种良法等，尤其是 1970 年初开始的双重粮价政策，既保证了农民的收入和种粮积极性，也维持了城市居民的低工资，"新村运动"改善了农村生产生活环境，提高了农业生产水平，到 1975 年韩国主粮基本实现自给自足，农民收入一度超过了城市居民。1970—1979 年，农民家庭年均收入增长了 9 倍；1975 年，农村家庭收入一度超过城市家庭收入。这一阶段成为韩国农业发展的鼎盛时期。在此之后的 20 年，城乡居民收入差距较小，农村地区文盲几乎消失，婴儿死亡率大大降低。

为高效推进"新村运动"建设，韩国政府构建了自上而下的垂直组织管理体制。中央政府成立由内务部和农协等主要金融机构组成的中央协议会，制定"新村运动"的大政方针，推动地方建立相应组织。各市道（一级行政区）和各市郡（二级行政区）分别组建新村运营协议会，进行新村综合计划和综合指导；各邑面（三级行政区）组建新村促进委员会，推动新村事业发展；各里洞（四级行政区）组建新村开发委员会，具体组织推进新村运动；最基层的村庄也建立负责村会，具体实施新村建设。此外，韩国还建立了国家农牧业合作社联合会，对化肥、小型农业机械的投入和信贷进行补贴，支持农业的现代化转型。建立农村振兴厅等机构对农业科技进行推广。总体而言，由中央政府发动和主导发展进程，地方政府积极配合与严格执行，这是新村运动取得成功的关键。

韩国新村运动的核心内容是"建设和谐满意的共同体"，即建设在物质和精神上都能使社成员感到满足的农村社会。基本建设目标为改善农民生活条件和乡村环境、密切城乡和工农关系、建设文明社会和值得国民骄傲的国家，这让乡村建设成为了一项有着社会意义的集体活动。也就不难理解，韩国在这场运动中表现出的令人赞赏的全民参与能力。经过"新村运动"，农村基础设施得到明显改善，农业生产结构更加趋于优化，农业产值总体保持稳定增长态势，韩国从落后的农业国一跃成为发达的工业国，较好地解决了城乡发展不平衡的问题，基本实现了城乡经济的协调发展和城乡居民收入的同步增长（表5）。

表5　韩国振兴乡村的政策经验汇总

时期	乡村发展面临的主要问题	政策目标	关键政策和举措
20 世纪 60—90 年代	城乡收入差距大，农村人口外流，农村空壳化，土地撂荒、生态污染	通过立法，开展新村运动，促进农民素质提升，缩小城乡和工农差别，促进乡村可持续发展	《农村振兴法》（1962年），《农地担保法》（1966年），《农村现代化促进法》（1978年），《农业机械化促进法》（1996年），《农协法》（2000年），20 世纪 70 年代开展开展"新村运动"

资料来源：作者整理。

二、发达国家振兴乡村的主要经验

（一）发达国家已经完成农村转型和结构转型

依据发展经济学中工业化阶段思想和结构主义理论，在不同发展阶段应采取适应本国国情的农业支持和农村发展政策以促进农村转型。前工业化阶段，农业是主导产业，农业人口占比高且下降缓缓。这一阶段农业支持工业，为工业提供积累是带有普遍性的趋向；工业化阶段，农业就业和农村人口占比都出现快速下降趋势，产业结构调整加快，工业反哺农业、城市支持农村也是带有普遍性的趋向；后工业化阶段，农村人口占比继续下降，城乡一体化趋势明显。速水佑次郎在分析日本农业保护问题时也提出了相应的阶段理论，即第一个阶段，农业政策的主要目标为保障食品供给；第二个阶段，农业政策的主要问题为维持小农的收入和生计；第三个阶段，农业政策的主要目标是缩小城乡收入差距。农村发展的国际经验表明，一方面，以提升农业生产力为主要特征的农村经济转型促进了国民经济的结构转型；另一方面，以工业化和城市化为主要驱动力的结构转型加速了农村转型和发展。同时，结构转型和农村转型相辅相成，最终实现城乡劳动收入的趋同。

以经济合作与发展组织（简称"OECD"）国家为例，这些国家在过去2～3个世纪均完成了结构转型，实现城乡一体化和等值化。例如，英国到18世纪中期已经实现了农业GDP占比基本等于农业就业占比，基本消除了城乡劳动生产率差异。同英国相比，美国的结构转型速度更快，在结构转型中吸收了大量的农村劳动力，农业劳动生产率和工业劳动生产率在19世纪初就趋同了。德国相对英国等国家而言，虽然工业化与结构转型启动较慢，但从19世纪后期开始劳动生产率在不同部门的差异基本消失。OECD的其他发达国家，在过去2～3个世纪都经历了类似于英国、德国和美国的结构转型和农村转型，这种转型常常被学术界誉为经典的OECD型的转型。

表6显示中国与发达国家在宏观结构上的差异。主要发达国家已经完成结构转型，处于向更高水平现代化迈进阶段。表中所列的发达国家2019年城镇化率均超过了80%，农业增加值占国内生产总值（GDP）的比重以及农业就业人口占比都很低，基本保持在2%以内的水平（韩国除外），农民收入水平很高，以英国为例，农民年均收入达到29800英镑，几乎是中国的17倍。非农就业收入与农业就业收入比大约在1.5左右。由此可见，发达国家振兴乡村是在这样的宏观结构背景下发生的。第一，工业化、城镇化水平较高，农村人口和农业就业人员的比重都很小，专业农户的收入与周边城市中等收入水平相当。第二，农业生产力高度发达，农业增加值绝对水平上升，农业产值在GDP中的比重大幅降低。比较而言中国仍处在转型过程中，与发达国家仍存在较大的差距。2019年中国城镇化率超过了60%，但与发达国家相比，差距仍然很大。2019年我国农业就业人口占比为22.3%，远高于发达国家；城乡收入差距尽管有所下降，但是仍然高于发达国家。与发达国家相比，中国第一、二产业比重仍然比较高，第三产业比重较低，这表明中国的工业化进程仍然没有完成，正处在向高级工业化迈进的阶段。2019年中国第一、第二、第三产业增加值比重分别为7.1%、38.6%和54.3%，而在发达国家，通常来看第一产业增加值比重不到5%，大多在2%～3%，第二产业增加值比重大都在20%以下，而第三产业增加值比重大都高达70%以上。因此，中国

还未完成结构转型，仍处于现代化初级阶段。

表 6　2019 年中国与主要发达国家结构转型指标比较

国别	城镇化率（％）	农业就业占全部人口的比重（％）	农民年均收入	非农就业收入与农业就业收入比
中国	60.6	22.3	16 021（元/人）	2.64
美国	82.4	2.0	41 198（美元/家庭）	1.3
英国	82.8	1.4	29 800（英镑/人）	/
德国	92.3	2.0	30（万元/人）	/
澳大利亚	89.2	1.3	5.7（万澳元/农场）	/
日本	93.9	2.3	550（万日元/户）	1.1
韩国	82.6	6.7	3 824（万韩元/户）	1.5

数据来源：世界银行网站，OECD statistics，2019 中华人民共和国统计公报等。

（二）为应对不同阶段的乡村衰落问题积极制定和调整乡村发展战略

发达国家在工业化和城市化进程中，针对乡村衰落问题，适时制定或调整乡村发展战略。总体上看，发达国家乡村发展战略呈现这样几个阶段性特征。①在城市化率为 30％～50％、城乡差距显著的阶段，各国乡村发展均聚焦于农业农村基础设施建设，全面改善农村居民生产生活环境，缩小城乡发展差距。从美国的实践经验看，20 世纪 30 年代美国乡村经济发展水平与城市相比非常落后，因此美国政府投入大量财政资金用于解决乡村水、电、路等硬件基础设施建设落后的问题，力图通过政府财政资源的再分配缩小城乡差距。英国则是通过乡村规划优化乡村空间布局，促进城乡要素平等交换及公共资源均衡配置。德国的村庄更新具有典型的渐进式特点，20 世纪 50 年代乡村更新的主题主要集中于完善基础设施。韩国的新村运动也是从改善乡村环境、加强生产性基础设施建设、提升农村家庭收入开始的。②在城市化率达到 50％～70％、城乡差距逐渐缩小的阶段，各国乡村发展战略强调乡村产业发展以及就业机会提升、保护乡村自然人文景观以及加快乡村社会服务水平建设。在这个阶段，乡村发展的重点是加强村镇建设，提高乡村社会化服务水平。比如，美国联邦政府增加投入为基础设施、信贷、乡村教育培训、商业发展、环境保护等方面落实具体项目和资金方案，同时为农村人口提供新的和高收入的就业机会，创造良好社区环境。德国则通过村庄更新项目开展土地整治，调整产业特别是工业生产布局，提升农村产业收益率。在村庄更新过程中，德国政府高度重视农业和乡村自然人文景观的保护，禁止因新增建设用地侵占耕地。日本则通过造村运动，在乡村基础设施建设完备的基础上，重点发展农业特色产业。③当城市化率达到 70% 以上，则采用综合的乡村发展战略，提升乡村自我发展能力和多功能性，城乡社会服务均等化，基本实现城乡一体化。这个阶段采取自下而上的综合农村发展战略，强调社区自我发展能力和赋权。城乡社会服务实现均等化，农民在教育、医疗和养老方面和城市居民享有同等待遇，乡村只是作为一种区别于城市的自然空间而存在，城乡之间不存在二元制度，乡村本质上只是人口密度相对低的地区，农业成为现代社会分工链条中的一个门类，农民本质上是城外市民，城乡之间主要在产业政策和环境政策上有差别。

发达国家振兴乡村的一个重要经验是通过立法和系统性的财政投入确保各阶段的战略政策能够顺利推行。每个国家在其发展的不同阶段都可以找到标志性的法律法规，这些标志性的法案基本确定了一段时期内乡村发展的战略方向和重点。此外，国家会依据经济社会发展阶段所面临的乡村发展问题适时调整乡村发展战略，从而确保战略的延续和创新。

（三）农业和农村分而治之的管理体系和结构

从发达国家的经验看，农业和农村分而治之的特点非常鲜明。农业部门主要负责制定农业发展政策并提供相应的服务，包括农业市场服务、农业研究和信息服务、动植物检验检疫、食品和营养、自然资源保护等。而针对乡村发展部门的管理范围则涵盖乡村的基础设施建设、公共服务供给、民生保障以及住宅管理等。两个部门的工作有交叉的领域，但工作范围和职能则是独立的。比如，在美国是农业部下属的不同局分别管理农业和农村发展事务，涉及农业管理的包括农业市场局、农业研究局、动植物检验检疫局、农场服务局、对外农业局、林业局等，而实施乡村发展事业的核心机构则是其下设的三个局，分别是农村商业与合作发展局、农村公共事业服务局和农村住宅服务局，它们承担着帮助乡村可持续发展，提升居民生活质量的重要职能。农村商业与合作发展局的宗旨是为乡村地区提供工商贷款和技术支持，创造就业机会，改善乡村的经济和环境条件。农村公共事业服务局的主要任务是向乡村提供基础设施投资、制定信贷项目，从而实现公共设施服务的普及化。农村住宅服务局的职能范畴是为乡村提供安全住房和改善社区基础设施，支持方式有赠款、直接贷款和担保贷款三种。德国联邦食品与农业部 2015 年专门成立了乡村战略司，将促进乡村可持续发展作为其重要任务。

虽然农业和农村在时间和空间维度紧密联系，但是其功能和服务内容仍存在区别。农业作为一个产业部门，其主要功能是提供绿色安全的农产品；而农村除了作为农业生产的场所外，也承担着居住和提供就业的功能，因此在实现农业和农村现代化的背景下，发达国家针对农业和农村分而治之的管理架构有助于其进一步明确管理职能，细化公共服务内容并提升服务质量。

三、对我国乡村振兴的启示

正确认识中国与发达国家所处发展阶段的不同对于推进我国乡村振兴战略实施具有重要的启示意义。从推进路径看，任何超越目前发展阶段而实施的政策措施都是不切实际或者超前的，唯有立足国情，顺应发展阶段的基本规律，稳妥有序地推进乡村振兴才是适合中国的乡村振兴之路。

（一）正视中国目前的发展阶段，持续推进城市化

中国仍然是发展中国家，虽然已经完成由传统农业国向工业国的转变，但是农业农村现代化程度仍然较低，户籍人口城市化率明显滞后。2019 年中国城市化率为 60.6%，而户籍人口城市化率为 44%，相差 16 个百分点，而发达国家城市率一般都超过 80%，因此乡村振兴一定是与城市化同步进行的。特别是要加快推进农业转移人口的市民化过程，使得大约 2.26 亿长期生活在城镇的农民获得市民身份以及享受市民待遇。

（二）以科技创新为动力，持续推动农业产业化和现代化

我国农业部门仍然面临由传统向现代转型的问题，农业部门劳动力、

土地要素投入的回报率仍然低于第二、三产业，农业部门产业、市场体系与现代产业体系仍然存在差距。因此，仍然需要推动农业产业化和现代化发展，从产业链、物流体系、金融服务以及数字经济基础设施和服务等增加供给和支持，不断提升农业部门生产要素投入回报率。

（三）着眼于缩小城乡差距，实现基本公共服务均等化

现代化是由现代化城市和现代化乡村共同组成的，而中国乡村发展程度明显落后于城市，二元经济特征突出。如何在城市化进程中保持城乡差距不再扩大是现代化进程中面临的现实难题。从社会发展角度看，推进城乡基本公共服务均等化无疑是重要的切入点。应建立城乡合一的基本公共服务体系以及进一步改善乡村基础设施和人居环境，为促进城市乡村等值化奠定基础。

（四）注重激发村民积极性，以社区为基础实施乡村振兴

注重社会力量与乡村民众的参与是发达国家乡村发展的重要经验。以社区为基础促进乡村综合发展是发达国家在乡村建设后期所采取的主要措施，也是其实现乡村治理现代化的主要方式。中国也需充分调动社会各界尤其是农民参与乡村建设的积极性。但随着社会发展，城乡差距日益明显，村庄中人才流失现象严重，不仅"谁来种地"成为难题，"谁来治村"也引起了广泛的关注和思考。因此，在城市化和农村人口持续流出背景下，要思考基于乡村本土社会网络的人才和社会资源引入机制，通过引入机制激发乡村活力和村民积极性，不断培育村民内生动力，提升乡村治理水平。

◆ **参考文献**

冯勇，刘志颐，吴瑞成.2019.乡村振兴国际经验比较与启示——以日本，韩国、
　　欧盟为例［J］.世界农业（1）.

胡月，田志宏.2019.如何实现乡村的振兴——基于美国乡村发展政策演变的经
　　验借鉴［J］.中国农村经济（3）.

黄季焜，陈丘.2019.农村发展的国际经验及其对我国乡村振兴的启示［J］.农

林经济管理学报（6）.

贾建芳 .2003. 世界现代化进程的基本经验［J］. 江汉论坛（10）.

克拉潘，剑桥 .1977. 现代英国经济史［M］. 第 2 卷：北京：商务印书馆：171 - 172.

梁成艾，黄旭东，陈俭 .2019. 德国职业农民专业化发展的经验与启示［J］. 东岳论丛（11）.

罗鸣，才新义，李熙，等 .2019. 美国农业产业体系发展经验及其对中国的启示［J］. 世界农业（4）.

罗屹，武拉平 .2020. 乡村振兴阶段的农业支持政策调整：国际经验及启示［J］. 现代经济探讨（3）.

叶兴庆，程郁，于晓华 .2019. 德国如何振兴乡村［J］. 农业信息化（7）.

于立 . 英国乡村发展政策的演变及对中国新型城镇化的启示［J］. 武汉大学学报（人文科学版）（2）.

中国农业银行三农政策与业务创新部课题组 .2018. 发达国家推动乡村发展的经验借鉴［J］. 宏观经济管理（9）.

中国农业银行三农政策与业务创新部课题组 .2018. 发达国家推动乡村发展的经验借鉴［J］. 宏观经济管理（9）.

Isabelle Tsakok. 2011. Success in Agriculture Transformation［M］. Cambridge University Press.

Isabelle Tsakok. 2011. *Success in Agriculture Transformation*［M］. Cambridge University Press.

Kearns，Gerry. 1984. The population history of England：1541 - 1871：a reconstruction［J］. Medical History，28（2）.

Park，Sup & Hee，Hang. 1997. Korean State and Its Agrarians：A Political and Social Condition for Saemaul Movement［J］. *Korean Political Science Review*（3）.

【作者简介】　于乐荣，中国农业大学人文与发展学院副教授，硕士研究生导师，主要研究方向为农村发展和反贫困；武晋，中国农业大学人文与发展学院教授，博士生导师，主要研究领域为中国与国际发展，统筹城乡就业与保障。

图书在版编目（CIP）数据

中国乡村振兴智库报告.2021：乡村振兴前沿问题研究／国家乡村振兴局中国扶贫发展中心，中国农业大学国家乡村振兴研究院编. —北京：中国农业出版社2022.2

    ISBN 978-7-109-29150-8

Ⅰ.①中… Ⅱ.①国…②中… Ⅲ.①农村－社会主义建设－研究报告－中国－2021 Ⅳ.①F320.3

中国版本图书馆 CIP 数据核字（2022）第 030976 号

中国农业出版社出版

地址：北京市朝阳区麦子店街 18 号楼
邮编：100125
责任编辑：赵 刚
版式设计：王 晨   责任校对：刘丽香
印刷：北京中兴印刷有限公司
版次：2022 年 2 月第 1 版
印次：2022 年 2 月北京第 1 次印刷
发行：新华书店北京发行所
开本：700mm×1000mm 1/16
印张：14
字数：215 千字
定价：88.00 元